本书荣获国家社会科学基金重大项目
"全球气候变化与人类应对视角下的极端灾害综合风险防范体系研究"（18ZDA050）资助出版

本书系国家社会科学基金重大项目
"冷战后全球主流媒体意识形态演变与人类命运共同体理念
引领国际舆论对策研究"（18ZDA320）阶段性成果

国家社会科学基金重大项目阶段性成果

人类命运共同体理念的全球传播

媒体报道视角

高金萍　孙有中　等著

中央党校出版集团　大有书局

图书在版编目（CIP）数据

人类命运共同体理念的全球传播：媒体报道视角 / 高金萍等著 . -- 北京：大有书局，2024.1
ISBN 978-7-80772-162-8

Ⅰ. ①人… Ⅱ. ①高… Ⅲ. ①"一带一路"—新闻报道—研究 Ⅳ. ① F125 ② G210

中国国家版本馆 CIP 数据核字 (2023) 第 247959 号

书　　名	人类命运共同体理念的全球传播：媒体报道视角
作　　者	高金萍　孙有中　等著
策划统筹	李瑞琪
责任编辑	李盛博
出版发行	大有书局
	（北京市海淀区长春桥路6号　100089）
综 合 办	（010）68929273
发 行 部	（010）68922366
经　　销	新华书店
印　　刷	北京九州迅驰传媒文化有限公司
版　　次	2024年1月第1版
印　　次	2024年1月第1次印刷
开　　本	710毫米 × 1000毫米　1/16
印　　张	18
字　　数	263千字
定　　价	58.00元

本书如有印装问题，可联系调换，联系电话：（010）68928947

前　言

自2011年《中国的和平发展》白皮书首次提出"命运共同体"概念以来，命运共同体理念便开始向全球传播。2017年2月，联合国社会发展委员会第55届会议一致通过"非洲发展新伙伴关系的社会层面"决议，首次将"构建人类命运共同体"理念写入决议。在中东和非洲部分国家，人类命运共同体理念也得到比较积极的响应。但就全球范围来看，人类命运共同体理念在多大程度上被接受？不同国家和区域在接受该理念时存在哪些差异？为什么有些国家积极响应，而另一些国家却不以为然甚至怀有敌意？进一步传播人类命运共同体理念的障碍到底在哪里？这些问题已受到我国政府部门和学界的高度关注。

本书深入剖析全球具有重要影响力的15个主要国家的主流媒体对人类命运共同体理念的接受状况，重点考察媒体关注度、议程设置、叙述框架、态度倾向等指标，在此基础上评价国际舆论对人类命运共同体理念的认可程度、认可内容、竞争话语等。

本书的一个重要视角是各国主流媒体人类命运共同体理念报道的议程设置。中国政府所倡导的人类命运共同体理念经过多年的探索，已经形成一个比较完整的体系，包括五个方面：建立平等相待、互商互谅的伙伴关系，营造公道正义、共建共享的安全格局，谋求开放创新、包容互惠的发展前景，促进和而不同、兼收并蓄的文明交流，构筑尊崇自然、绿色发展的生态体系。在对外传播的过程中，人类命运共同体理念的哪些方面受到关注？这五个方面的关注度排序如何？哪些观点最受关注？此外，"一带一路"建设可以说是中国政府实践人类命运共同体理念的标志性工程。从人类命运共同体理念的视角来看，"一带一路"的建设实践在国际主流媒体上呈现什么样的形象？

人类命运共同体理念的全球传播：媒体报道视角

在多大程度上以及在哪些具体方面，"一带一路"的建设实践被国际主流媒体理解为人类命运共同体理念的体现？在多大程度上以及在哪些具体方面，"一带一路"的建设实践被国际主流媒体认为背离了人类命运共同体理念？对这些问题的考察，将深化我们对人类命运共同体理念全球传播的接受情况的了解。

本书的另一个重要视角是叙述框架。当我们从中国视角讲述中国版的人类命运共同体理念时，世界各国的主流媒体必然且只能从各自的视角进行转述和重构。因此，中国版的人类命运共同体理念在各国媒体上必然呈现不同的面貌。作为传播者，我们自然希望"他们的"理解与"我们的"理解完全一致，或至少基本一致；而现实是，"他们的"理解与"我们的"理解常常只是部分重叠，甚至大相径庭。究其根本原因，"我们"和"他们"借以观察和理解事物的认知图式，因各自所处的历史背景和现实条件不同而互异乃至迥异。在新闻传播学的概念体系里，这个认知图式就是叙述框架。考察各国主流媒体对人类命运共同体理念的叙述框架，旨在揭示各国主流舆论理解该理念及其倡导者中国的意义参照系，这个意义参照系所反映的其实就是该国主导性的意识形态。可见，研究各国主流媒体的叙述框架，不仅可以加深我们对人类命运共同体理念全球接受状况的了解，而且可以深化我们对世界舆论多样化状况的认识。

此外，本书还关注各国主流媒体的竞争话语。世界舆论场是一个众声喧哗的话语竞技场。各种话语体系代表着话语主张者——个人、群体、国家——的信念、价值观和利益诉求。人类命运共同体理念自然代表着中国的信念、价值观和利益诉求，在其全球传播的过程中必然会与其他话语体系产生竞争。例如，自由主义话语体系视个人自由为终极价值，认为人类命运共同体理念忽略了个人自由；现实主义国际关系话语体系视国与国的关系为追求权力的零和博弈，认为人类命运共同体理念不过是中国谋求霸权的政治宣传。有研究表明，一些东南亚国家的舆论从历史上的朝贡关系角度看待中国"一带一路"建设所提供的援助。对世界舆论场竞争话语体系的研究，不仅有助于我们理解人类命运共同体理念在全球传播的过程中所遇到的障碍和制约因素，理解来自各方面的批评和怀疑，而且有助于我们求同存异处理好与竞争话语体系之间的关系，并吸纳竞争话语体系中的合理成分来丰富人类命运共同体理念的内涵，提高其竞争力，从而提高中国的国际话语权。

本书的具体分工如下：

第一章　高金萍

第二章　高金萍、余悦、韩青玉、张笑一、钟点

第三章　孙磊、韩青玉、周海霞、许涌斌、李东旭、赵启琛

第四章　刘欣路、丁红卫、周晓蕾、张忞煜、范帅帅

第五章　李洪峰、郭石磊、刘辰、江璐、赵启琛、马敏、陈绿夏

第六章　刘滢、蒲昳林

推动人类命运共同体理念的全球传播，是提高中国国际话语权和软实力的关键举措。这方面的深入研究才刚刚展开。本书首次在全球范围内考察了人类命运共同体理念的传播与接受状况，以期抛砖引玉，为这一伟大的理论和实践工程贡献绵薄之力。

孙有中
2021年元宵节于北外

目录

第一章　人类命运共同体理念全球传播图景与全球传播路径 ……… 1
第一节　人类传播的新方位 ………………………………………… 2
第二节　人类命运共同体的全球传播图景 ………………………… 9
第三节　人类命运共同体的全球传播路径 ………………………… 15

第二章　美洲三国主流媒体人类命运共同体报道研究 …………… 21
第一节　美国主流媒体视域下人类命运共同体的呈现与传播策略
　　　　研究 ……………………………………………………… 22
第二节　美国主流媒体人类命运共同体传播的现状及启示 ……… 33
第三节　加拿大主流媒体人类命运共同体传播的现状及对策研究 … 45
第四节　巴西主流媒体人类命运共同体传播与传播策略 ………… 52

第三章　欧洲四国主流媒体人类命运共同体报道研究 …………… 61
第一节　俄罗斯主流媒体人类命运共同体报道探析 ……………… 62
第二节　英国主流媒体人类命运共同体传播的现状及启示 ……… 79
第三节　德国主流媒体报道中人类命运共同体的呈现 …………… 90
第四节　德国媒体人类命运共同体报道的批评话语分析 ………… 103
第五节　法国主流媒体人类命运共同体报道分析 ………………… 122

第四章　亚洲四国主流媒体人类命运共同体报道研究……130
- 第一节　沙特阿拉伯《利雅得报》人类命运共同体报道研究……131
- 第二节　日本主流媒体人类命运共同体报道分析……144
- 第三节　韩国舆论中的人类命运共同体与中韩命运共同体分析……151
- 第四节　印度主流媒体人类命运共同体报道分析……171

第五章　非洲和大洋洲四国主流媒体人类命运共同体报道研究……180
- 第一节　塞内加尔主流媒体涉华报道研究……181
- 第二节　南非主流媒体人类命运共同体报道现状与传播对策……194
- 第三节　埃及主流媒体人类命运共同体报道分析……207
- 第四节　澳大利亚媒体人类命运共同体报道研究……221

第六章　全球性社交媒体人类命运共同体呈现研究……239
- 第一节　人类命运共同体社交媒体呈现研究的现状与目标……240
- 第二节　人类命运共同体理念在 Twitter 平台的呈现……244
- 第三节　人类命运共同体在国际社交媒体传播的趋势……255

参考文献……258
后　记……270

图目录

图 2-1　中国学者人类命运共同体研究文献趋势……………………23
图 2-2　美国主流媒体对人类命运共同体理念的关注度趋势………25
图 2-3　美国媒体人类命运共同体相关报道的态度倾向……………27
图 2-4　美国主流媒体人类命运共同体相关报道的年度变化………35
图 2-5　人类命运共同体相关报道的媒体及篇数分布………………36
图 2-6　美国主流媒体人类命运共同体相关报道的总体情感评价…37
图 2-7　美国主流媒体人类命运共同体相关报道的情感评价………38
图 2-8　美国主流媒体关于人类命运共同体相关报道所涉议程的情感
　　　　评价……………………………………………………………39
图 2-9　加拿大主流媒体对人类命运共同体的关注趋势……………47
图 2-10　加拿大主流媒体人类命运共同体相关报道的态度…………48
图 2-11　加拿大主流媒体人类命运共同体相关报道的关注领域……51
图 2-12　巴西主流媒体人类命运共同体相关报道的议题分布………54
图 2-13　巴西主流媒体人类命运共同体相关报道的情感倾向分析…56
图 3-1　俄罗斯主流媒体及人类命运共同体相关报道的篇数比例分布………64
图 3-2　俄罗斯主流媒体人类命运共同体相关年度报道的增长趋势………65
图 3-3　俄罗斯主流媒体人类命运共同体相关报道一级议题的情感评价
　　　　（"中俄全面战略协作伙伴关系"阶段）………………………65
图 3-4　俄罗斯主流媒体人类命运共同体相关报道一级议题的情感评价
　　　　（"中俄新时代全面战略协作伙伴关系"阶段）………………68

3

图3-5　英国主流媒体人类命运共同体相关年度报道的数量及趋势变化……81
图3-6　英国主流媒体人类命运共同体相关报道的次数及比例分布……82
图3-7　英国主流媒体人类命运共同体相关报道的作者国别及报道量……83
图3-8　英国主流媒体人类命运共同体相关报道的议题分布……84
图3-9　英国主流媒体人类命运共同体相关报道所涉议题的总体评价……85
图3-10　英国主流媒体人类命运共同体相关报道所涉议题的互动结构……87
图3-11　SDM语料库关键词分布词云……108
图3-12　SDM语料库子语料库关键词分布词云……111
图3-13　法国主流媒体人类命运共同体相关报道的数量及趋势……124
图4-1　《利雅得报》人类命运共同体报道的相关议题分析……135
图4-2　《利雅得报》新冠疫情期间中国相关报道的数量与报道倾向
　　　　分析……140
图4-3　日本主流媒体人类命运共同体相关报道的趋势……145
图4-4　韩国媒体人类命运共同体与中韩命运共同体相关报道的分布……153
图4-5　韩国主流媒体人类命运共同体与中韩命运共同体相关报道的
　　　　频率……154
图4-6　韩国主流媒体人类命运共同体相关报道的议题设置与倾向……156
图4-7　韩国主流媒体中韩命运共同体相关报道的议题设置与倾向……156
图4-8　2013年以来印度主流媒体人类命运共同体理念相关报道的
　　　　趋势……172
图4-9　印度主流媒体人类命运共同体相关报道的数量及比例分布……172
图4-10　印度主流媒体人类命运共同体相关报道的议题及比例分布……174
图5-1　2020年1—5月塞内加尔三大日报涉华报道数量曲线……183
图5-2　塞内加尔主流媒体高频词与报道来源的关联网络分析……185
图5-3　南非媒体来源及其报道数量……195
图5-4　南非主流媒体人类命运共同体相关报道的数量与趋势……197
图5-5　南非主流媒体人类命运共同体相关报道文章的作者分析……200
图5-6　南非主流媒体人类命运共同体相关报道文章的主要议题分析……200
图5-7　南非主流媒体人类命运共同体相关报道的关键词词云……203

图 5-8　埃及主流媒体人类命运共同体相关报道的趋势 ⋯⋯⋯⋯⋯⋯⋯ 208

图 5-9　埃及主流媒体人类命运共同体相关报道的议题分析 ⋯⋯⋯⋯⋯ 211

图 5-10　埃及主流媒体人类命运共同体相关报道的态度倾向分析 ⋯⋯ 214

图 5-11　澳大利亚媒体人类命运共同体相关报道的趋势 ⋯⋯⋯⋯⋯⋯ 225

图 5-12　澳大利亚媒体人类命运共同体相关报道的态度倾向分析 ⋯⋯ 231

图 6-1　涉及人类命运共同体的媒体账号及篇数比例分布 ⋯⋯⋯⋯⋯⋯ 245

图 6-2　人类命运共同体理念相关推文的年度变化 ⋯⋯⋯⋯⋯⋯⋯⋯⋯ 246

图 6-3　2015—2016年人类命运共同体相关报道的语义网络 ⋯⋯⋯⋯ 248

图 6-4　2016—2017年人类命运共同体相关报道的语义网络 ⋯⋯⋯⋯ 249

图 6-5　2019—2020年人类命运共同体相关报道的语义网络 ⋯⋯⋯⋯ 249

图 6-6　不同情感属性的报道数量统计 ⋯⋯⋯⋯⋯⋯⋯⋯⋯⋯⋯⋯⋯⋯ 253

表目录

编号	标题	页码
表1-1	全球18个国家和地区的主流媒体	10
表3-1	俄罗斯主流媒体人类命运共同体相关报道的议题分类及频次占比（"中俄全面战略协作伙伴关系"阶段）	66
表3-2	俄罗斯主流媒体人类命运共同体相关报道的议题分类及频次占比（"中俄新时代全面战略协作伙伴关系"阶段）	69
表3-3	德国主流媒体关于人类命运共同体的报道量	92
表3-4	德国媒体人类命运共同体相关报道的年份变化	105
表3-5	德国媒体人类命运共同体报道中提及的相关事件	106
表3-6	德国媒体人类命运共同体相关报道的搭配词	113
表3-7	法国主流媒体人类命运共同体相关报道的来源及数量分布	123
表5-1	塞内加尔主流媒体涉华报道主题	191
表5-2	澳大利亚人类命运共同体相关报道的媒体、报道数量及比例分布情况	224
表5-3	澳大利亚媒体人类命运共同体相关报道的议题分类及频次比例分布	229
表6-1	人类命运共同体相关推文的议题分布	246

第一章　人类命运共同体理念全球传播图景与全球传播路径

在人类命运共同体理念提出十周年之际，全球格局正面临重大调整，新冠疫情的暴发推动全球化的转型，与此同时，人类命运共同体正从国际舆论的"冷话题"转为"热话题"。本章从以国际主流媒体为代表的国际舆论角度出发，对15个国家和地区主流媒体关于人类命运共同体理念的传播状况进行考察，系统地展现了这一理念的全球传播图景。

20世纪90年代末期，人类的传播形态逐步从国际传播转向全球传播，国际传播指向的是人群的分化，全球传播则指向共同体的重建。全球化与互联网成为嵌入人类社会的结构性力量，推动人类社会从国际传播转向全球传播。从时空来看，全球化为人类创造了实在的共同体，全球化引领人类进入全球传播时代；从传播渠道来看，互联网为人类创造了全球传播的平台。在以自由主义为核心、由资本逻辑主导的全球化遭遇挫折之时，充满东方色彩和中国智慧的人类命运共同体理念，日益彰显其代表人类社会理想图景的特征，并成为全球传播的主导性理念。

自人类命运共同体理念提出以来，国际舆论对其关注度较低，但呈上升之势；各国舆论对人类命运共同体理念的报道态度和关注点各有差异，出现了"我方讲得多、外媒说得少"的现象。过去，这一理念呈现为"冷话题"的原因可归结为三个：一是主流媒体将这一理念视为"中国制造""中国模式""中国特色"，有先入为主之见；二是传播者认为这一理念具有较高的抽象度，视为一个封闭的政治话语；三是中国外宣媒体尚未构建这一理念的叙事话语体系，缺乏中国话语的世界表达。未来，中国外宣应探索将这一理念日常生活化，叙事话语国际化，开展一国一策精准传播，努力使传播手段柔化，多元传播渠道与公共外交相结合。

第一节 人类传播的新方位

人类命运共同体理念是新时代中国参与全球治理、推动构建国际新秩序的行动指南，是中国共产党对国际形势和人类走向的重要判断。2011年9月6日，中国国务院新闻办公室发布《中国的和平发展》白皮书，首次提出"命运共同体"的概念。在中国共产党第十八次全国代表大会的报告中，为维护世界和平，促进人类共同进步，推动建设持久和平、共同繁荣的和谐世界，党中央正式提出构建人类命运共同体。这一理念提出之后，国内一致认同并于2017年10月载入中国共产党新党章、2018年3月载入《中华人民共和国宪法修正案》[1]，从而体现为执政党意志和国家意志；这一理念也在国际社会引发共鸣并载入联合国不同层面的多份决议[2]，在一定程度上体现为一种全球意识，对于推动全球治理体系变革、构建新型国际关系和国际新秩序的共同价值规范发挥了重要作用。在这一理念提出十周年之际，全球格局正面临着重大调整。当前，人类命运共同体理念是如何被国际舆论呈现的？在新的国际秩序中，如何让这一理念被世界各国更好地理解和接受？这些问题令人瞩目，本书从国际主流媒体报道角度出发，系统考察全球15个主要国家和地区对这一理念的认知状况，并针对国际舆论对这一理念的呈现，探索中国外宣提升人类命运共同体理念传播实效的路径。

知识社会学创始人卡尔·曼海姆曾提出，辩证思维始终致力于回答两个问题：首先，当前我们在社会进程中所处的方位是什么？其次，当

---

[1] 2017年10月通过的《中国共产党章程》外交政策部分，写入"推动构建人类命运共同体"。2018年3月通过的《宪法修正案》第三十五条，写入"推动构建人类命运共同体"。

[2] 2017年2月10日，联合国社会发展委员会第55届会议协商一致通过《非洲发展新伙伴关系的社会层面》决议，呼吁国际社会本着合作共赢和构建人类命运共同体的精神，加强对非洲经济社会发展的支持。3月17日，"人类命运共同体"被写入联合国安理会关于阿富汗问题的第2344号决议。3月23日，被写入联合国人权理事会《经济、社会、文化权利决议》和《粮食权决议》。11月1日，第72届联大负责裁军和国际安全事务第一委员会（简称"联大一委"）会议通过了《防止外空军备竞赛进一步切实措施》和《不首先在外空放置武器》两份安全决议，"构建人类命运共同体"理念再次载入这两份联合国决议，这是这一理念首次纳入联合国安全决议。

前的要求是什么？[①]对于这一命题，习近平主席在2013年3月23日莫斯科国际关系学院的演讲中作出了回答："这个世界，各国相互联系、相互依存的程度空前加深，人类生活在同一个地球村里，生活在历史和现实交汇的同一个时空里，越来越成为你中有我、我中有你的命运共同体。"人类的相互联系、相互依存，是推动全球化进程的主观需求，科技的发展尤其是互联网技术的推广和普及为全球化的真正到来提供了物质技术保障。19世纪以来，由蒸汽机带动的工业革命逐渐完成，全球化初露端倪，并在科技发展和交通通信的进步中不断深化；20世纪后，两次世界大战划定了民族国家的疆界，形成了以英、美等发达资本主义国家为主导的、以资本主导全球发展的世界格局；21世纪，全球化已成为人类社会的主要潮流，世界各国被裹挟其中，在全球市场中生产与消费、发展或衰落。21世纪的二十余年来，2001年"9·11"恐怖袭击、2008年国际金融危机、2020年全球新冠疫情等一系列事件，让全球化有起有伏、有涨有落，虽然"逆全球化"和"反全球化"的声音不绝于耳，但英国社会学家安东尼·吉登斯认为，迄今为止尚未出现引起全球化逆转的灾难[②]，其根本原因在于，由全球化带来的全球供应链与全球化市场给人类社会提供的强大动力和效益尚未出现衰减。

一、从时间和空间来看，全球化为人类创造了实在的共同体

全球化是伴随着人类社会发展而出现的现象和过程，当人类的全球联系不断增强，个人、机构与国家之间的相互依存不断深化时，便形成了全球市场。全球市场为人类创造了一个实在的共同体，推进人员、资本、商品、信息在全球自由流动。但是，环境污染、生态危机、恐怖主义、流行疾病等各种全球性问题亟待解决，现代化风险威胁着人类的生

[①] 曼海姆：《意识形态与乌托邦》，李步楼等译，北京：商务印书馆，2017，第169页。
[②] 阿尔布劳：《中国在人类命运共同体中的角色：走向全球领导力理论》，严忠志译，北京：商务印书馆，2020，"前言"第2页。

存；各种"逆全球化"和"反全球化"的思潮和力量客观存在，给世界经济与和平发展带来不确定因素。人类命运共同体的意识和实践还有待确立和推进。

全球化具有多重维度和多种动因，是一个既同一又混杂的社会过程。从技术驱动的角度来看，全球化经历了四个阶段：一是19世纪初期至第一次工业革命完成，人类进入全球化1.0时代，马克思从唯物史观的高度，第一次科学阐释了资本主义全球化的本质及其内在逻辑，他认为"资产阶级社会的真实任务是建立世界市场（至少是一个轮廓）和以这种市场为基础的生产"；二是19世纪中期至21世纪初期，人类进入全球化2.0时代，第二次工业革命推动交通和通信技术迅速发展，世界各国的交流更为频繁，并逐渐形成了一个全球化的国际政治、经济体系，大多数国家和地区都被卷入全球化进程之中；三是20世纪90年代全球化逐步深入，进入全球化3.0时代，以互联网为代表的信息传播技术为驱动，全球化扩展到政治、文化、社会等诸多领域，互联网把世界变成了全球村，每个行为体（包括个人和组织，尤其是主权国家）在全球网络体系中的节点位置无一例外地发生改变，人员和资本在全球流动，产业链在全球布局[1]；四是21世纪以来，人工智能、大数据、云计算等技术的发展推动人类进入全球化4.0时代。2019年1月22日至25日，在瑞士达沃斯举行的世界经济论坛年会以"全球化4.0：打造第四次工业革命时代的全球架构"为主题，世界经济论坛主席克劳斯·施瓦布指出，第四次工业革命的力量已经促成一种新经济和新型全球化[2]。这种新经济就是新型的创新驱动型经济，它破坏并重组了无数行业。新经济正在通过增加价值创造中的知识密度，实现非物质化生产，进而增强国内产品、资本、劳动力市场之间的竞争，也加剧了各国之间的竞争。

全球化浪潮出现以来，其领导者始终为发达资本主义国家，从19世

---

[1] 弗里德曼：《世界是平的》，何帆等译，长沙：湖南科学技术出版社，2006，"序"第2—5页。

[2] 《2019年冬季达沃斯论坛今日开幕，聚焦全球化》，搜狐网，http://www.sohu.com/a/290625764_119725，2019-01-22。

纪的英国到20世纪以来的美国，它们依赖其雄厚的硬实力和软实力，以自由主义为核心理念，构建了以美国为中心的、单边主义的世界秩序。21世纪以来，随着"金砖国家"等新兴经济体的崛起，美国一极独霸的优势逐渐弱化。特别是2020年新冠疫情暴发，美国和一些西方大国在疫情防控方面屡屡失当，其长期遵从的自由主义价值理念尽显困境，资本逻辑下的全球化遭遇重大挫折。与此同时，中国倡导以全球合作为核心的人类命运共同体理念，在新冠疫情面前显示出应对现代性风险和全球挑战的优势，正如美国前国务卿亨利·基辛格所认为的，新冠疫情的暴发将永久地改变世界秩序[1]，一个新的世界秩序正在缓缓形成，中国倡导的共同体范式为化解全球危机提供了一种新的思路。

二、从传播渠道来看，互联网为人类创造了全球传播平台

法国传播学者阿芒·马特拉认为，"传播的全球化意味着经济和社会的全球化"[2]，传播的全球化依赖互联网技术的普及与应用。1995年，全球互联网用户不足4000万人；2020年，全球互联网用户已超过45.40亿人，接近全球总人口的60%[3]。卡斯特从互联网技术对社会价值生产与分配的作用角度出发，提出人类社会已经从传统社会跨入网络社会——一个全球性社会[4]，这个全球性社会"以全球经济为力量，彻底动摇了以固定空间领域为基础的民族国家或所有组织的既有形式"[5]。互联网打破了工业社会的垂直结构，改变了以其为逻辑运作的财富、权力和文化意识形态。

---

[1] 基辛格：《新冠疫情将永久改变世界秩序》，参考消息网，http://column.cankaoxiaoxi.com/2020/0407/2406882.shtml，2020-07-05。
[2] 马特拉：《世界传播与文化霸权：思想与战略的历史》，陈卫星译，北京：中央编译出版社，2005，代译序第3页。
[3] 《2019年全球移动互联网用户大数据行为报告：联网用户达45.4亿》，百家号，https://baijiahao.baidu.com/s?id=1662699030904549561&wfr=spider&for=pc，2020-09-20。
[4] 卡斯特：《传播力》，汤景泰、星辰译，北京：社会科学文献出版社，2018，第20页。
[5] 卡斯特：《网络社会的崛起》，夏铸九、王志弘等译，北京：社会科学文献出版社，2003，第3页。

人类命运共同体理念的全球传播：媒体报道视角

以互联网技术为支撑的网络社会是扁平的和开放的，是去中心化的网络空间，基于这一逻辑产生的冲突与竞争不再是国家与国家之间的，而是更多地存在于企业之间、社会组织之间、个体之间，而它们正是全球传播的主体。

最初，人们仅把互联网等信息传播技术视为实现增长率最大化的生产要素，直到互联网的节点式关系深刻地影响了现实的人际关系以后，人们才意识到互联网作为人类社会发展工具的价值。20世纪60年代，加拿大传播学者麦克卢汉预言媒介技术的发展让人类进入"地球村"和"信息时代"[1]。随着20世纪90年代互联网技术的成熟，由之引领的三种逻辑——淡化管理、非中介化和市场开放——不断地在全球扩张，与之相适应，媒介融合也在日益加强，融合不仅体现在媒介产品和媒介内容层面——技术手段改变了媒介生产流程、传播范式、话语体系，而且嵌入媒介产业结构调整——电信产业、IT产业、娱乐业与传媒产业整合，形成全产业链的巨无霸组织。媒介融合已经超越了单一的技术视角，深刻地影响社会文化，"包括横跨多种媒体平台的内容流动、多种媒体产业之间的合作以及那些四处寻求各种娱乐体验的媒体受众的迁移行为等"[2]。

互联网激发的媒介融合，带来了信息传播渠道的升级换代与更广泛的社会流动。正如美国学者霍华德·H.弗雷德里克在阐释全球传播概念时指出的："过去几十年，我们一直称国际传播（International Communication），其定义本身就把民族国家放到了很高的位置，而'全球传播'（Global Communication）则涵盖了地球上所有的信息通道。"[3] 互联网创造了一个无限广阔的人类行为储藏所，这一储藏所改变了社会组织在其他空间存在的可能性，任何一个节点的行为都可能与其他地方的行为连接起来，网络化媒介大大拓展了社会流动。加拿大学者哈罗

---

[1] 麦克卢汉：《理解媒介——论人的延伸》，何道宽译，北京：商务印书馆，2000，麻省理工学院版"序"第1页。

[2] 詹金斯：《融合文化：新媒体与旧媒体的冲突地带》，杜永明译，北京：商务印书馆，2015，第30页。

[3] Howard H. Frederick, *Global Communication and International Relations*, Wadsworth Publishing Company, 1993, p. 270.

德·伊尼斯认为，媒介有"空间偏向"和"时间偏向"①，互联网无疑是"空间偏向"的，它不仅极大地拓展了人类的信息流动和社会流动，将偏安一隅、囿于一国的人们安置于整个互联网空间中，彻底打破了国际传播的国家、民族疆界，而且在全球这个空间中嵌入了新型传播体系的权力建构——个体和社会行为主体挑战国家权力和传统政治秩序的能力②。从这个角度来看，互联网与全球化正是一个硬币的两面，在把社会流动释放于全球空间的同时，也赋予传播以权力，传播权力就是网络社会中的权力。

基于互联网技术特别是移动互联网技术的社交媒体，是人类传播史上最全面地将个人与全球系统联结在一起的媒体。2011年人类命运共同体理念提出之际，全球社交媒体也迅猛发展，影响力与日俱增。全球数字化转型和创新研究思想领袖之一布莱恩·索利斯在《社交媒体2011年状况》一文中指出，社交媒体1.0发展时代已经结束，社交媒体正在从初级发展阶段走向成熟阶段。大量事实证明，社交网络在线下的影响力也往往超过其他媒体。2011年尼尔森调查数据显示，社交媒体占据人类传播的主导地位已不仅限于美国，而且成为全球现象，成为人类的一种数字化生活方式。

全球传播的目标是通过构建全球范围内自由而均衡的信息传播，促进理想的国际关系、群际关系和人际关系的建设，最终实现全球关系的公正化、合理化，实现和保障人类的自由和幸福③。马克思、恩格斯在《共产党宣言》中提出"自由人的联合体"，这一联合体中理想的传播图景即全球传播。

---

① 伊尼斯：《传播的偏向》，何道宽译，北京：中国人民大学出版社，2003，"译者序言"第9页。
② 卡斯特：《传播力》，汤景泰、星辰译，第42—43页。
③ 伽摩利珀：《全球传播》（第2版），尹宏毅译，北京：清华大学出版社，2008，"前言"第3页。

三、全球传播的主导性理念

中西方对人类社会发展前景的思考中最具有代表性的有两个：一是中国儒家学派在《礼记·礼运》中倡导的大同思想，其构建的是一个"至平、至公、至仁"的社会模式，它以社会公正为价值导向，以民主治理为政治前提，以社会和谐为终极目标[①]，既代表着儒家学派对现实社会的反思与批判，也体现着儒家学派对理想社会的探索，这一思想经由康有为、郭沫若的创造性阐释，对百年来中国的社会治理产生了重要影响；二是德国古典哲学家康德在《论永久和平》中提出的世界公民和世界联邦的观念，他倡导以共和制国家的联合来实现国际社会的持久和平，这篇"定言式"的论文深刻地影响了现代国际法和外交准则[②]。中西方这两篇文献代表了人类对理想社会的基本追求，彰显了民主、平等、和平、自由等人类共同价值。

习近平主席在出席第七十届联合国大会一般性辩论时讲道："'大道之行也，天下为公。'和平、发展、公平、正义、民主、自由是全人类的共同价值，也是联合国的崇高目标。"[③]这也是人类命运共同体的核心价值，并以其代表着全人类的共同价值而成为全球传播的核心理念。

人类命运共同体的基本内涵由"五位一体"的"五个世界"构成，即党的十九大报告提出的"坚持对话协商，建立一个持久和平的世界；坚持共建共享，建设一个普遍安全的世界；坚持合作共赢，建设一个共同繁荣的世界；坚持交流互鉴，建设一个开放包容的世界；坚持绿色低碳，建设一个清洁美丽的世界"[④]。这一理念创造了一个"不同文明、不同制度和平共处、互利共赢、共同发展"的新格局，世界各国将逐渐形成

---

① 高亿诚：《中国传统大同思想及当代启示》，《南京航空航天大学学报》2020年第1期。
② 詹世友：《康德"永久和平"论题的三重根》，《湖北大学学报》2019年第4期。
③ 习近平：《携手构建合作共赢新伙伴 同心打造人类命运共同体——在第七十届联合国大会一般性辩论时的讲话》，《人民日报》，2015年9月29日。
④ 习近平：《决胜全面建成小康社会 夺取新时代中国特色社会主义伟大胜利——在中国共产党第十九次全国代表大会上的报告》，北京：人民出版社，2017，第58—59页。

利益共同体、责任共同体、命运共同体①。

人类命运共同体成为全球传播的主导性理念,在于它顺应了人类社会从封闭走向公平、开放的趋势,打破了20世纪以来相对封闭的不平等体系②,把全人类的共同价值和整体价值置于人类传播活动和社会行为的首位。

第二节　人类命运共同体的全球传播图景

通过中国知网检索,截至2020年8月31日,全网关于"人类命运共同体与外媒"主题的研究文献仅有4篇。许文胜、方硕瑜的《"人类命运共同体"英译在英语社会的传播与接受——基于G20国家新闻报道的研究》认为,在"人类命运共同体"英译的各版本中,"common destiny"、"shared future"和"shared destiny"具有较高的接受度。还有2篇发表于2018年,均以党的十九大后国际舆论分析为主题:张力、刘长宇的《十九大后国际涉华舆论发展形势分析》提出,党的十九大以后,"新时代"成为中国的新名片[③];许启启、宁曙光的《国际舆论中的"人类命运共同体"》认为,人类命运共同体建设已成为外界观察中国对外政策的重要窗口[④]。此外,高金萍的《外媒眼中的中国国家形象与舆论斗争的策略选择》从新冠疫情暴发以来日渐加剧的中西舆论战角度进行舆情分析,认为人类终将在全球风险的威胁下走向一体,中国政府应抓住契机,将新冠疫情带来的危机化为助推构建人类命运共同体的转机[⑤]。通过国家图书馆网站检索,涉及人类命运共同体主题的图书共有38部,其中,涉及国外的仅有《人类命运共同体视阈下中国对葡文化交流研究》[⑥],该书通

---

① 李包庚:《世界普遍交往中的人类命运共同体》,《中国社会科学》2020年第4期。
② 丁晔:《马克思恩格斯世界历史理论与人类命运共同体构建》,《科学社会主义》2019年第4期。
③ 张力、刘长宇:《十九大后国际涉华舆论发展形势分析》,《对外传播》2018年第4期。
④ 许启启、宁曙光:《国际舆论中的"人类命运共同体"》,《公共外交季刊》2018年第1期。
⑤ 高金萍:《外媒眼中的中国国家形象与舆论斗争的策略选择》,《中国记者》2020年第4期。
⑥ 曾祥明:《人类命运共同体视阈下中国对葡文化交流研究》,北京:中国言实出版社,2019。

过中葡文化交流的全景式及"中葡论坛"案例的具象分析，透视与推动人类命运共同体的发展，未涉及媒体报道。

北京外国语大学国家社科重大招标项目"冷战后全球主流媒体意识形态演变与人类命运共同体理念引领国际舆论对策研究"研究团队通过道琼斯公司旗下的Factiva数据库和各国主流媒体网站，使用定量与定性相结合的研究方法，考察了全球五大洲18个主要国家和地区主流媒体关于人类命运共同体理念的报道状况。

一、研究对象

本研究按照区域划分，从五大洲每洲抽取3—5个主要国家（大洋洲抽取1个国家），选取其主流媒体，使用其官方语言进行检索，检索词包括中国官方的人类命运共同体表述、该国主流媒体常用的人类命运共同体表述。检索时间为2011年9月1日至2020年5月31日。18个国家和地区包括：美洲的美国、加拿大、巴西、拉丁美洲及加勒比地区国家，欧洲的俄罗斯、英国、德国、法国、意大利、乌克兰，亚洲的沙特阿拉伯、日本、韩国、印度，非洲的南非、塞内加尔、埃及，大洋洲的澳大利亚（见表1-1）。分析这些国家的主流媒体对人类命运共同体的报道，能够较为全面地揭示全球舆论对于这一理念的认知状况。

表1-1 全球18个国家和地区的主流媒体

洲别	国别	主流媒体
美洲	美国	报纸：《华尔街日报》《华盛顿邮报》《纽约时报》《洛杉矶时报》《今日美国》 电视台：NBC、CBS、ABC、Fox TV 通讯社：美通社
美洲	加拿大	报纸：《环球邮报》《国家邮报》《多伦多星报》《渥太华公民报》
美洲	巴西	报纸：《圣保罗州报》《环球报》 网站：UOL新闻网
美洲	拉丁美洲及加勒比地区国家	墨西哥的《改革报》《金融家报》 智利的《三点钟报》《信使报》

续表

洲别	国别	主流媒体
欧洲	俄罗斯	报纸：《俄罗斯报》《共青团真理报》《论据与事实》 通讯社：俄通社—塔斯社、卫星通讯社
	英国	报纸：《泰晤士报》《每日电讯报》《金融时报》《卫报》《独立报》《伦敦标准晚报》《星期日电讯报》《星期日快报》
	德国	报纸：《世界报》《每日镜报》《德国商报》《南德意志报》《莱茵邮报》《法兰克福汇报》 周刊：《明镜》《时代》《焦点》 广播电台：德国之声 通讯社：德新社
	法国	报纸：《世界报》《费加罗报》《回声报》《每日舆论报》《观点》《人道报》《自由南方报》《新观察家》 周刊：《玛丽安娜》《新观察家》 通讯社：法新社 网站：大西洋新闻网
	意大利	报纸：《晚邮报》《共和国报》《信使报》《新闻报》《日报》
	乌克兰	报纸：《政府信使报》《乌克兰之声》《真理报》 电视台：24频道、第五频道、"1+1"频道 通讯社：乌通社、乌克兰独立新闻社
亚洲	沙特阿拉伯	报纸：《利雅得报》
	日本	报纸：《读卖新闻》《朝日新闻》《每日新闻》《产经新闻》
	韩国	报纸：《朝鲜日报》《东亚日报》《中央日报》《韩民族日报》《京乡新闻》《世界日报》《每日经济》《首尔经济》《亚洲经济》《亚细亚经济》
	印度	报纸：《印度时报》《印度斯坦时报》《印度教徒报》 通讯社：印度报业托拉斯 网站：连线网、"印刷"网、《太阳日报》（印地语）网
非洲	塞内加尔	报纸：《太阳报》《南方日报》《晨报》
	南非	报纸：《星报》《开普时报》《比勒陀利亚新闻报》《水星报》《商报》
	埃及	报纸：《金字塔报》《华夫脱报》《今日埃及人报》《七日报》
大洋洲	澳大利亚	报纸：《澳大利亚人报》《悉尼先驱晨报》《澳大利亚财经评论》《时代报》《每日电讯报（悉尼）》《西澳报》 电视台：澳大利亚广播公司

11

二、研究结果

检索结果显示，乌克兰、意大利、拉丁美洲和加勒比地区国家的主流媒体鲜见关于人类命运共同体的报道，仅有国家主席习近平访问该国时发表的署名文章提及这一理念，中国驻该国使馆推送的重要文章（如大使署名文章等）以及《人民日报》在当地主流媒体上推送的专版中也会提及这一理念，该国主流媒体基本未有涉及这一理念的文章。基于此，研究团队将报道量统计与词频分析、内容分析、批判话语分析等研究方法相结合，对其他15国主流媒体自2011年以来涉及人类命运共同体理念的报道和文章结合语境进行分析研究，探察各国主流媒体对这一理念的报道态度、报道倾向及其话语背景，以此描绘国际舆论对人类命运共同体理念呈现的特点。

其一，十年来国际舆论对人类命运共同体理念的关注度日趋上升。2018年以来，伴随着中非命运共同体、中阿命运共同体、中韩命运共同体、中俄命运共同体等理念的践行，国际舆论对命运共同体的报道量大幅上升，正在由"冷话题"转向"热话题"。就美国媒体对人类命运共同体理念的报道情况来看，2011—2017年的文本量仅有37篇[①]；2018年至2020年6月的文本量达93篇，其中，2020年上半年已有26篇，超过2019年全年的文本量。2020年暴发的新冠疫情，是第二次世界大战结束以来最严重的全球公共卫生突发事件，是人类社会面临的重大挑战。在这次全球性疫情中，全球主要国家的媒体关于人类命运共同体和人类卫生健康共同体的报道量都呈上升趋势，客观显示了中国提出的这一全球治理观受到各国关注，中国方案和中国智慧正在影响和改变世界。

其二，十年来各国舆论对人类命运共同体理念的报道态度和关注点各有差异。这种报道差异是由多种因素导致的，既包括国际关系、国家利益、意识形态，也包括新闻文化传统和民族个性。其中不仅投射着中外

---

① 高金萍、余悦：《美国媒体视域下"人类命运共同体"理念的呈现》，《新闻爱好者》2020年第3期。

第一章 人类命运共同体理念全球传播图景与全球传播路径

的合作与较量,也映射着中国的快速发展。从近三年报道量增多的趋势来看,人类命运共同体中蕴含的协商、尊重和包容理念,正受到越来越多国家与人民的关注和接受。2018年11月,世界针灸学会联合会在法国巴黎举办的"2018国际针灸学术研讨会"暨"世界针灸日走进联合国教科文组织特别活动"中,发布《2018巴黎宣言——携手共创人类健康共同体》,正式提出了人类命运共同体的属概念——人类健康共同体,在新冠疫情中,各国人民的生命受到严重威胁,世界经济陷入深度衰退,全球合作遭遇强劲逆流,构建人类健康共同体和人类命运共同体的需求也空前高涨,成为国际舆论中的一股清流。

其三,美国、英国、澳大利亚、加拿大等国舆论对人类命运共同体理念的关注度较低,报道态度以负面为主。报道立场主要是基于意识形态的刻板成见以及本国国家利益,对中国和平发展、合作共赢的立场和主张持警惕心理和警戒态度,甚至对人类命运共同体倡导的"天下大同"进行反向解读,认为是中国称霸世界的"野心";对人类命运共同体的推进行动"一带一路"倡议持否定态度,将其称为中国的"马歇尔计划",从多个角度为这一理念打上"中国挑战现有国际秩序"的标签,对这一理念污名化。相比较而言,这些国家的智库机构对这一理念的关注度高于主流媒体,加拿大智库早于主流媒体从2014年开始对这一理念进行研究和分析;2019年,加拿大智库对这一理念的研究文章是加拿大主流媒体报道量的两倍。

其四,德国、法国等国舆论对这一理念的关注度低,报道态度变化较大,正面报道与负面报道同在。报道立场是从本国国家利益出发,客观介绍中国政府提出的人类命运共同体理念,将这一理念视为中国的外交战略,还有一些文章阐述了新冠疫情与人类命运共同体理念价值意义的关联。在新冠疫情中,德、法等国主流媒体认同中国提出的人类卫生健康共同体,但是对于中国的口罩外交等持否定态度,认为中国借此谋求与一些国家发展友谊是包藏祸心之举。

其五,中国周边国家舆论对这一理念较为关注,这些国家的主流媒体主要从国际关系视角分析中国崛起将对世界、对本国产生的影响,如

人类命运共同体理念的全球传播：媒体报道视角

韩国、印度、日本等。这些国家的主流媒体报道中不乏客观报道，对国家主席习近平在多个外交场合谈及人类命运共同体均有报道，但是受美英等国媒体对这一理念污名化的影响，叙事框架中不乏"中国威胁论"的阴影，对于中国崛起抱持戒备之态。各国相关报道的态度也有差异，韩国媒体的报道较为积极、正面；日本媒体的报道负面态度突出；印度媒体的报道量最少，关注度最低。

其六，部分"一带一路"沿线国家和非洲国家对这一理念的报道量较多，发展中国家对这一理念的报道量略多，对理念的阐述较为准确、明晰，报道态度正面、积极，如南非、塞内加尔、埃及等。这些国家的主流媒体对中非命运共同体抱有期待，及时报道中国长期以来特别是在新冠疫情中对该国的援助和支持。非洲国家对人类命运共同体的报道往往集中于中非论坛举办时期，往往与中非命运共同体的话题密切相关。2020年6月17日中非团结抗疫特别峰会前后，埃及等多国媒体曾提及人类命运共同体和中非命运共同体。

其七，部分国家主流媒体将人类命运共同体视为一个封闭的政治话语体系，甚至将之归为意识形态话语或外交辞令，如意大利、拉丁美洲和加勒比地区国家、乌克兰等。由此导致部分国家主流媒体缺少报道这一话题的意愿，出现"我方说得多、外媒讲得少"的现象。习近平主席往往会借出访之机在到访国主流媒体上发表署名文章，以表达中国立场、推广人类命运共同体理念，但是到访国媒体对习近平主席文章的转发量往往有限。2019年3月，习近平主席访问意大利时在《晚邮报》上发表了题为《东西交往传佳话，中意友谊续新篇》的署名文章，呼吁中意合作构建人类命运共同体，但是意大利其他媒体并未转发这一文章的核心观点。从新闻文化角度来看，这些国家的主流媒体往往属于商业化体制，媒体市场化程度较高，往往从受众需求角度出发，很少有对政治理念等抽象概念的报道。

如果把人类命运共同体视为一个抽象度较高的意识形态话语，它真正为全球受众所接受必然需要一个漫长的传播过程，首先需要被各国精英阶层、知识阶层理解并接受，进而成为国际舆论中常见的话语，而后被大众知晓。2018年2月中国外文局发布的《中国话语海外认知度调研报告》显示,"命运共同体"一词已进入英语圈国家民众认知度最高的榜单,成为外国民众耳熟能详的中国政治话语词汇[①]。尽管如此,全球主要国家的主流媒体基于意识形态和国际政治考量,对这一理念的报道难免会堕入"系统效应"[②]的陷阱,在政治、经济、文化和社会等多重变量的复杂性中,在均势的需求中,或淡化、或弱化、或丑化、或美化人类命运共同体理念,而认知扭曲可能导致错误知觉或敌意的螺旋式上升,进而带来可怕的后果。因此,中国如何通过"信号传递"——传播——让全球各国受众接受人类命运共同体理念,是决定这一理念能否真正发挥全球治理效能的关键。

第三节 人类命运共同体的全球传播路径

当前,人类命运共同体理念在全球传播的关注度较低,报道内容往往偏离本身宗旨,在国际舆论中表现为"冷话题",即在报道中处于非主流话题、非热点话题。其深层原因在各个国家是各不相同的,从普遍性角度出发,其原因可归结为三个:其一,部分国家的主流媒体将这一理念视为"中国制造""中国模式""中国特色",先入为主地对之持警惕态度;其二,传播者认为这一理念具有较高的抽象度,与普通受众的日常生活相去甚远,将其视为一个封闭的政治话语;其三,中国外宣媒体尚未构建这一理念的叙事话语体系,缺乏中国话语的世界表达。只有抓住传而不"通"的根本原因,方能对症下药,药到病除,实现传必通达。

---

① 《中国外文局首次发布〈中国话语海外认知度调研报告〉》,中国网,http://guoqing.china.com.cn/2018-02/17/content_50550737.htm?f=pad&a=true,2020-07-08。

② 杰维斯:《系统效应:政治与社会生活中的复杂性》,李少军等译,上海:上海人民出版社,2008,"前言"第1页。

一、理念日常生活化

人类命运共同体理念存在两个面向：一是关注国家与国家之间的交往和关系，二是偏向于生活实践。所谓日常生活中的命运共同体，并非日常生活本身，而是人们日常生活中的共同依存和共同发展问题。在人类社会早期，人们结群而居，就是以基于血缘和族群结成本源共同体的方式来实现自我生存和发展的。随着民族国家的诞生、资本主义的发展、科学技术的进步，人类社会的分工日益细密，资本逻辑推动下的全球交往打破了基于血缘和族群结成的共同体，传统的人类共同体成为虚幻的共同体。人类命运共同体是推动人类从虚幻的共同体走向真正的共同体的必然阶段[①]。

人类命运共同体的生活方式报道，就是从人类历史发展的角度，从每个个体生存和经历的角度，讲述共同体的故事和价值。王玉波从历史唯物主义原理出发，认为只有"把握住生活方式的变化，才能完整地说明历史发展的客观规律和各个环节"[②]。共同体是在人们追求美好生活的过程中形成的，这个过程并不是自觉的，往往以与生命本质相分离和对立的形态出现[③]，如资产阶级通过资本的全球运作，很大程度改变了绝对贫困的现象，但是通过大众文化剥夺了公众的个性化和创造性。马克思和恩格斯揭示了资本主义制度的矛盾并提出未来社会是一个"实现人的全面而自由的发展"的联合体。由此来看，人类命运共同体的生活方式报道，就是从日常生活角度，关注不同地区、不同民族和不同国度的人们在相互交流和彼此合作中为实现美好生活而付出的努力和收获的甘甜。因此，关注国家与国家之间的交往和关系，最终要体现于对人们日常生活的关注。

[①] 马乔恩、马俊峰：《人类命运共同体的历史唯物主义意蕴》，《重庆社会科学》2018年第11期。

[②] 王玉波：《要重视生活方式变迁史的研究——读吕思勉史著有感》，《光明日报》，1986年5月2日。

[③] 王雅林：《生活方式研究40年：学术历程、学科价值与学科化发展》，《西北师大学报（社会科学版）》2019年第5期。

二、一国一策精细化

一国一策即紧密结合目的国的国情和媒体文化，制定切实可行的传播方案，追求精准化的传播效果。依据对18个国家和地区主流媒体报道现状的分析可见，各国媒体对人类命运共同体的报道中既有规律性的闪现，如与政府观点一致、坚守国家利益；也有非规律性的因素，如在多种语言的国家中（如印度），不同语种媒体的报道重点和报道方式各不相同。因此，在深化人类命运共同体理念传播的进程中，必须坚持一国一策的方针，精细化制定传播方案，让目的国媒体有报道由头、有报道内容、有报道效果。

对基于意识形态分歧和国家利益需求，对人类命运共同体理念持漠视甚至批评态度的西方国家（如美国），中国应依托5G、6G技术和社交媒体平台，着力提升消解其霸权话语体系的能力、营造平等包容的国际语境与话语空间。对基于地缘政治与本国中心主义（如德国、法国和部分亚洲国家等），对人类命运共同体理念持部分认可、偶尔批评态度的国家，中国应积极打造中国特色的平台渠道，坚持专业化、市场化、全球化道路，加快建设全球传播新格局。而"一带一路"沿线国家（如沙特阿拉伯）和非洲多国（如塞内加尔等），它们对人类命运共同体理念持理解、认同态度，中国外宣媒体要应势而动、顺势而为，遵循新闻传播规律，着力提升讲好中国故事的话语能力，创新传播话语体系。

三、叙事话语国际化

人类命运共同体理念是中国面对全球化发展困境提出的中国方案。构建人类命运共同体的叙事话语，不仅要表达中国立场、发出中国声音，而且要展现中国方案的全球价值和全人类共同价值，展现人类命运共同体的现实意义及全球治理的合作价值，构建能够吸纳世界各国关注、具有科学阐释力的叙事话语。对于与西方价值理念冲突的行为或观念，要善于结合历史与变化讲清楚中国提出人类命运共同体的背景和愿景，讲清楚构建人类命运共同体是适应全球化发展实际的有效途径，讲清楚构建人类命运共同体是更符合世界人民利益的发展之路，这是中国与世界分享中国智慧和中国方案、构建新的世界秩序的基础。

在人类命运共同体理念全球传播中实现叙事话语国际化的重要方式，就是充分挖掘人类命运共同体的世界文化资源，从与世界各民族的融通中寻找共同的思想情感，提炼能够包容世界各国价值理念的话语表达。回顾政治哲学史，西方哲学家和政治家曾就共同体这一命题进行过不懈的探索。19世纪，康德在《论永久和平》《具有世界性目标的普世历史理念》等论著中阐释过世界联邦的理念，马克思和恩格斯在《共产党宣言》中提出了"自由人的联合体"的构想；20世纪，罗尔斯在《正义论》中将公平正义视为人类联合体的基本宪章；哈贝马斯在《包容他者》中提出"除了行政权力和自我利益，团结是社会统合的第三股力量"[1]。由此可见，人类命运共同体是与全人类福祉紧密关联的，它既是国家治理的全球延伸，也是全球治理的中国方案[2]。

四、传播方式善变化

自2009年以来，中国启动了"媒体走出去"的国际传播能力建设工程。十余年来，中国外宣媒体在整体实力上有了极大提升，但在传播能力上还存在传播方式僵化、重要议题反应迟缓的问题。在人类命运共同体理念的对外传播中，在很多国家没有实现"借嘴说话""借筒传声"，一些国家关于这一理念的报道往往源于习近平主席访问时发表的讲话、驻华大使的讲话或《人民日报》在当地媒体的整版推送。

在全球传播中，先声夺人与主动发声是争夺话语权的重要方式。先声夺人就是在关键问题上要抢先设置议题，追求首因效应。主动发声就

---

[1] 张国清、李长根：《协商、尊重和包容：人类命运共同体的观念史考察》，《中国社会科学报》，2020年6月16日。
[2] 朱卫卿：《构建人类命运共同体的治理之道》，《中国社会科学报》，2020年5月20日。

是在日常传播中要积极地明确表态，含糊其词只能给竞争对手以可乘之机；只有观点明确，传播才能有效。此外，虚实结合与舆论多元也是提升传播效果的重要方式。在具体问题上，要通过真假交织、虚实结合的手法，改变舆论的单一态势，影响对方舆论，为国家战略实施创造一定的回旋余地。要善用"借嘴说话""借台唱戏""借船出海"，借知华、友华的外国人士向国际社会传达人类命运共同体理念的真实内涵，借联合国及其他国际组织的平台传播中国的声音，借经贸活动或文化交流活动介绍中国和平发展的理念，借外方媒体表达中国合作与交流的善意和诚意。

五、多元主体与公共外交相结合

21世纪以来，大众自传播正在成为人类传播的重要形态。民众正在成为信息传播的主体，社交媒体已取代传统的国际广播和国际电视，成为全球传播的主渠道。中国应充分利用社交媒体，让更多的受众（网民）参与到人类命运共同体理念的全球传播中，让多元参与主体共同发声，以多种语言和声音共同讲述人类命运共同体的日常故事。

在外交领域，公共外交（公民外交）正在成为政府外交的重要补充，以及新兴的观念或思想的重要传播平台。中国既要善用主场外交、跨国合作、中外人文交流活动，精准传播人类命运共同体理念，积极分享中国在不同领域建设利益共同体、价值共同体、命运共同体的具体实践，以实际行动为全球化发展注入中国力量，展现中国对外合作交流的开放姿态；也要通过文化艺术、学术交流等公共外交途径，包括电影、音乐等大众文化传播以及中国文化中心、图书馆等机构的文化艺术巡展交流，润物无声地传播人类命运共同体理念。中国应善用民间渠道，广泛开展公共外交。通过多种渠道，推进与各国的学术交流、技术合作、人文交流，筑牢双方共识的基础，并在此基础上积极发掘更多的利益交汇点，寻求更广泛领域内的共识、交流与合作，通过公共外交加快这一理念的全球传播速度、广度和深度。

六、结语

任何一种观念的传播和接受，都不是短期可塑、一蹴而就的。人的观念的改变，需要颠覆过去的认知和思维定式；全球治理观念的改变，更需要国家之间的协作和包容，甚至需要在一定程度上牺牲本国的局部利益。人类命运共同体理念要被全球认可、接受、践行，必然要经过一个较为漫长的时间和过程，以及一个恰当的转折契机。

随着5G等通信技术、人工智能和大数据技术的推广应用，科技将打破旧的、保守的意识形态，引领人类进入全新的文明。加拿大媒介学者伊尼斯曾指出，一种新媒介将导致一种新文明的产生[1]。回顾人类历史，每一种新媒介的诞生，都意味着一个新的历史时代的来临。伴随着新一代通信技术带来的人类传播去中心和去边界化，人类传播将超越欧美中心主义，淡去地缘主义色彩，逐步形成全球范围内自由而均衡的信息传播，构建新的全球传播图景。

在十年的铺垫和酝酿之后，新冠疫情的暴发已经推动人类命运共同体和人类卫生健康共同体的传播出现了一个前所未有的高峰。不言而喻，人们在面对现代化风险和旧的全球治理困境时，必然会寻找新的全球治理观并以之为主构建新的世界秩序。人类命运共同体从国际舆论的"冷话题"转为"热话题"，已然晨光熹微。

---

[1] 伊尼斯：《传播的偏向》，何道宽译，"译者序言"第11页。

第二章 美洲三国主流媒体人类命运共同体报道研究

美洲共有35个国家，本章以北美洲的美国、加拿大和南美洲的巴西为代表，通过对这三个国家主流媒体关于人类命运共同体理念报道现状的考察，依据国别策略提出未来传播的对策建议。

人类命运共同体是中国为解决当今全球面临的一系列问题而提出的中国方案，迄今为止，美国媒体对于人类命运共同体的传播呈现两大态势：其一，关注少、误读多，关于人类命运共同体理念的报道量远远低于"中国梦""一带一路"，当前美国媒体关于这一理念报道的三种主要观点，基本上偏离人类命运共同体的本意；其二，美国媒体报道与中国媒体报道比较，呈现平台有别、情感评价迥异、议程偏向明显、话语冲突加剧等特点。总体上，中方围绕医疗卫生和商品贸易议题，以"和合"话语模式，倡议全球携手共建人类命运共同体；而美方主要利用以美国民众为受众主体的《华尔街日报》和《华盛顿邮报》，聚焦国家关系和金融投资两个议题，以"对抗"话语模式，蓄意制造"中国威胁论"，质疑中国倡议构建人类命运共同体的动机。基于上述发现，中国应加强官方传播与公共外交的结合，尊重西方的思维习惯，使用国际化的话语方式讲述全球公民社会的现实意义及全球治理的合作价值，让人类命运共同体的声音覆盖全世界。

加拿大关于人类命运共同体理念的传播呈现整体关注度非常低、负面观点为主、主题聚焦政治领域等特点。对这一理念的漠视、窄化、曲解及对共同体概念的理解差异是造成上述情况的主要原因。为数不多的持中立和正面态度的声音主要来自对中国有着长期亲密接触和深入了解的学者。为了加强人类命运共同体理念在加拿大的传播，中国应重视发展与加拿大的关系、圈定重点优势领域，增强与加拿大的人文交流。

随着中巴关系的持续发展和"一带一路"倡议在拉美地区的稳步实施，人类命运共同体理念越来越受到巴西主流媒体的关注。就巴西最具话语权的三大主流媒体《圣保罗报》、UOL新闻网和Globo环球网来看，巴西主流媒体对人类命运共同体理念的报道较少，但已有报道对该理念的解读均为正面，与中方提出的人类命运共同体理念高度契合，彰显了拉美国家参与人类命运共同体建设的良好愿望。

第一节 美国主流媒体视域下人类命运共同体的呈现与传播策略研究

人类命运共同体理念，是中国为解决当今世界面临的挑战和困境、寻找出路而提出的中国方案，是一个斟酌再三、已经成熟、易为国际社会各方接受的概念[①]。2011年9月6日，中国国务院发布《中国和平发展》白皮书，首次提出"命运共同体"的概念。2012年，党的十八大明确提出"倡导人类命运共同体意识，在追求本国利益时兼顾他国合理关切"[②]。2013年3月，习近平主席访问莫斯科国际关系学院时提出，"这个世界，各国相互联系、相互依存的程度空前加深，人类生活在同一个地球村里，生活在历史和现实交汇的同一个时空里，越来越成为你中有我、我中有你的命运共同体"[③]，生动诠释了人类命运共同体的时空特征，引起国际社会关注。迄今为止，人类命运共同体理念已得到全球多个国家和地区的认同和响应。但是，对于长期掌控国际社会舆论主导权的美国来说，越是具有现实价值的中国方案，越是其全球霸权的挑战。基于此，美国主流媒体对于人类命运共同体的传播，呈现关注少、误读多的态势。本节拟结合量化数据和文本分析，勾勒美媒对于人类命运共同体报道的样貌，回答"怎么报道""报道什么"的问题，为中国媒体人类命运共同体的全

[①] 薛安泰：《对习近平构建人类命运共同体的探讨》，《岭南学刊》2019年第3期。
[②] 胡锦涛：《坚定不移沿着中国特色社会主义道路前进，为全面建成小康社会而奋斗——在中国共产党第十八次全国代表大会上的报告》，《人民日报》，2012年11月9日。
[③] 《习近平谈治国理政》，北京：外文出版社，2014，第272页。

球传播探索新的角度。

一、研究现状与研究方法

中华优秀传统文化有"协和万邦""天下大同""和而不同"的"和合"思想。"人类命运共同体"理念从中汲取理论营养，认为国际社会虽然存在多样文明、多种文化，但各国都是一荣俱荣、一损俱损的命运共同体，可以多元共生、和平相处，从而实现优势共享、资源共享、发展共享[①]。人类命运共同体理念展示了中国价值，促进了全球治理的变革[②]。2017年，构建人类命运共同体两次被写入联合国决议，表明这一彰显中国智慧的中国方案得到国际社会的认可。

人类命运共同体理念自提出以来，受到国内外广泛的关注。中国学者对于人类命运共同体理念的阐释与解读成果众多（见图2-1），在实证研究上，关世杰通过问卷调查法研究了西方受众对人类命运共同体的认知态度[③]。在已有研究中，对于西方媒体如何报道阐释人类命运共同体理念的实证研究十分匮乏，自2020年新冠疫情暴发后，国内陆续出现了从新冠疫情报道论及人类命运共同体的实证研究成果。

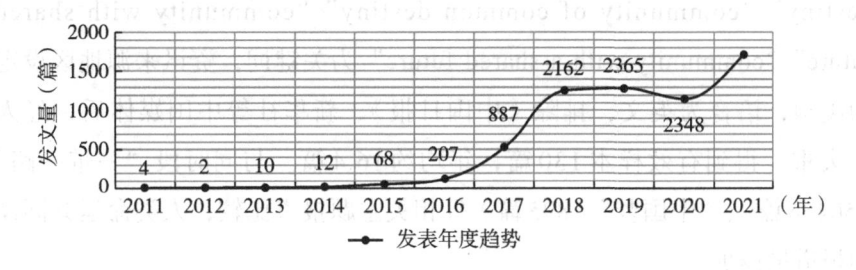

图2-1 中国学者人类命运共同体研究文献趋势

数据来源：中国知网

[①] 周宗敏：《人类命运共同体理念的形成、实践与时代价值》，《学习时报》，2019年3月29日。

[②] 吴晓斐：《逆全球化背景下构建人类命运共同体的意义》，《南方论刊》2018年第5期。

[③] 关世杰：《美国民众对人类命运共同体认知态度研究》，《国际传播》2019年第2期。

20世纪以来，以美国为首的西方国家主导着国际话语权，凭借其强大的全球传播网络，占据国际舆论的制高点。在当今传播格局下，美媒对于人类命运共同体的理解和阐释仍然在很大程度上影响着西方受众的认知。在这一现实背景下，准确把握美国媒体对人类命运共同体的传播现状，能够更加精准高效地为中国方案、中国价值观的国际传播提供建议。

本节运用定量和定性研究方法，对美国媒体自2011年以来涉及人类命运共同体理念的报道和文章结合语境进行内容分析、文本细读，分析美国媒体对这一理念的报道态度、报道倾向及其话语背景。

二、漠视——美国主流媒体人类命运共同体理念关注度分析

本节使用道琼斯旗下的Factiva数据库，以2011年9月6日《中国和平发展》白皮书发表到2020年6月30日为检索时段进行检索。结合美国媒体关于人类命运共同体的相关译法，以"community of shared future""community of common future""community of shared destiny""community of common destiny""community with shared future""community with a shared future"为关键词，资讯来源地区设定为美国，语言为英文，排除《中国日报》、新华社等中国媒体后，经人工去重，得到有效样本130篇，年均约16.4篇。与同时段"一带一路"（50466篇）、"中国梦"（895篇）等相关主题报道比较，人类命运共同体的报道量偏少。

（一）美国媒体对人类命运共同体的关注度趋势

就样本总量而言，美国媒体对人类命运共同体理念的关注度低。就美媒的关注度趋势而言，如图2-2所示，2011—2012年，人类命运共同体的报道为空白；2013—2018年，媒体报道量呈上升趋势，并在2015年和2018年出现两次小高峰；2019年与2018年相比，报道量呈现回落态

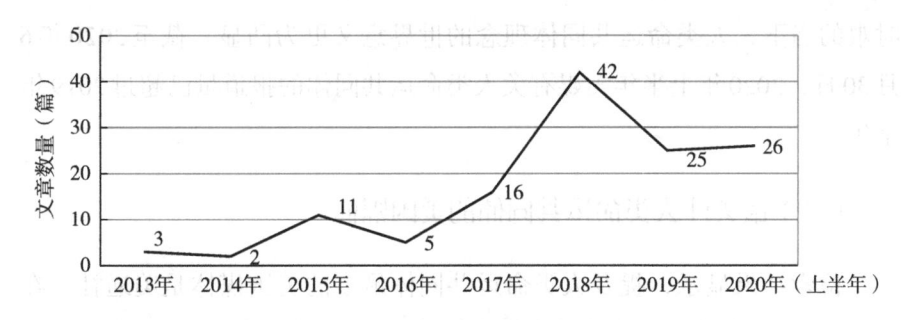

图2-2　美国主流媒体对人类命运共同体理念的关注度趋势

势；2020年上半年的报道量已超过2019全年的报道量。

自2013年中国首次在国际场合提出人类命运共同体后，美国媒体对这一理念的关注度并不高。2015年，中国举办的多次主场外交（纪念中国人民抗日战争暨世界反法西斯战争胜利七十周年阅兵；博鳌亚洲论坛；"一带一路"完成顶层设计，并与沿线国家进行战略衔接；亚洲基础设施投资银行成立），引起西方媒体关注；同年9月28日，习近平主席以中国国家元首身份首次出席联合国大会一般性辩论，向世界庄严宣告构建人类命运共同体这一重要思想，并首次对如何打造人类命运共同体进行解读，对这一事件的报道形成了人类命运共同体报道的第一个小高峰。习近平主席在2016年新年贺词中提出："中国将永远向世界敞开怀抱，让我们的'朋友圈'越来越大。"此后，2017—2019年，习近平主席连续三年在新年贺词中提及人类命运共同体，中国声音陆续传向全球。2018年，中国主办四大主场外交（博鳌亚洲论坛年会、上海合作组织青岛峰会、中非合作论坛北京峰会、中国国际进口博览会），始终将人类命运共同体作为贯穿其中的一条主线。由此，2018年美媒关于人类命运共同体的报道再次出现高峰，达到42篇。

2019年3月以来，中美贸易摩擦进入实质性对峙，中美关系屡现"冷战"趋势，2019年，美国媒体关于人类命运共同体的报道量低于2018年。2020年伊始，新冠疫情在全球蔓延，并被世界卫生组织认定为全球性大流行病。在疫情防控上，中国始终秉持人类命运共同体理念，与国际社会分享抗疫经验，提供抗疫支持，开展抗疫合作。在全球共克时艰的当下，人类命运共同体理念的世界意义更为凸显。截至2020年6月30日，2020年上半年美媒有关人类命运共同体的报道量已超过2019年全年。

（二）最关注人类命运共同体的美国媒体

检索结果显示，提及人类命运共同体最多的美国媒体是美通社。在130条有效样本中，美通社共有45篇文章，超过报道总量的三分之一。

美通社成立于1954年，是私营企业信息发布机构，2016年被全球公关和营销领先企业Cision集团收购。美通社目前拥有遍及全球170多个国家、覆盖数十万家传统媒体和新兴媒体的信息发布网络，内容涵盖政治、经济、科技等多个领域[①]。美通社现有客户包括全球7万多家企业和机构，每天以40多种语言，将客户的最新文字、图片和视频资讯推送给世界各地的目标受众，提供全球媒体数据监测和分析服务，为客户进行传播策略制定、竞争分析和效果评估，协助企业与媒体、投资者、有影响力人群以及普通公众沟通，帮助企业提高知名度、打造品牌、推动销售、吸引投资。2002年，美通社进入中国市场，目前为2000余家中国企业提供全球新闻稿发布服务，为280多家中国在海外上市公司提供信息披露和投资者传播服务。

美通社关于人类命运共同体的报道，主要与"一带一路"、企业合作、美国企业涉华业务等密切相关；对人类命运共同体的报道，持中立立场，中性报道居多，而且有正面报道。作为一家以拓展中国市场为主要目标的国际公关公司，美通社关于人类命运共同体的报道倾向与美国主流媒体和其他组织机构的差距较大，可以说是"反向"的，这是资本追逐利润最大化的驱动使然。

美国主流媒体对人类命运共同体的报道相对较少，报道量最多的是《华尔街日报》，共17篇，报道量仅次于美通社，其次是《华盛顿邮报》，共12篇。

---

① 关于美通社（PR Newswire），见 https://www.prnasia.com/about。

从近十年的报道走势来看，美国主流媒体对人类命运共同体的关注度低，美国媒体在这一话题报道中基本上高度默契，实质上显示了美国主流舆论对中国提出的这一全球价值观的刻意忽略或漠视。美媒对人类命运共同体的报道往往与中国主办的重大活动以及中国发挥重要影响力的全球行动契合，客观表明，中国与世界各国的政治经济文化交往，是人类命运共同体理念全球传播的最好契机。

三、误读——美国媒体对人类命运共同体理念报道的三种主要观点

综观美国媒体对人类命运共同体理念的报道态度，如图2-3所示，130篇报道中正面报道少，共22篇；正面和中性报道合计占比约为61.54%；负面报道占比约为38.46%。值得注意的是，美通社作为报道量最多的媒体，其报道均为中性或正面报道，在美国媒体的全部中性和正面报道中占比约为56.3%。而50篇呈负面态度的报道及文章，较多来自《华尔街日报》、《华盛顿邮报》、《纽约时报》和CNN等主流媒体。由此可见，美国主流媒体对人类命运共同体的态度总体上是负面的、否定的。具体来看，美国媒体对人类命运共同体的主要观点有三种。

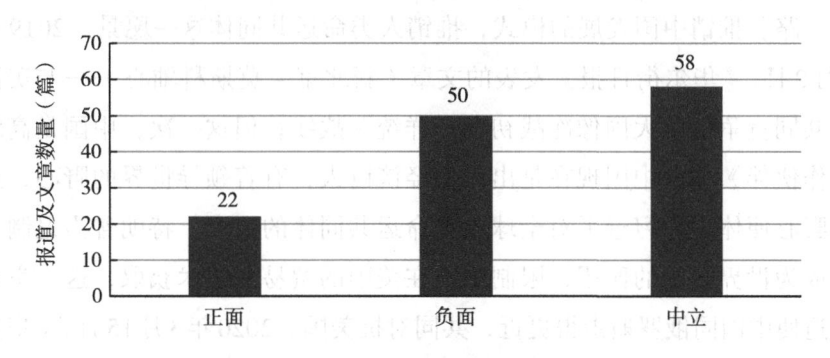

图2-3 美国媒体人类命运共同体相关报道的态度倾向

（一）人类命运共同体理念体现"中国野心"

全球化时代，中国始终秉持共商、共建、共享的全球治理理念，主

人类命运共同体理念的全球传播：媒体报道视角

张构建以合作共赢为核心的新型国际关系。然而，随着中国越来越多地参与全球事务，吸引越来越多国际伙伴并肩发展，基于冷战思维，西方媒体中始终存在一种声音——"中国威胁论"，中国提出的人类命运共同体被视为中国企图重塑世界格局的野心，部分美媒报道认为中国的发展旨在取代美国的世界地位，创造一个以中国为核心的全球生态。谈及人类命运共同体，美媒会聚焦"一带一路"倡议、中非关系、中俄关系等话题。2017年9月1日，美国《国家利益》杂志刊登的《争夺欧亚大陆》一文认为，"一带一路"是中国在欧亚大陆实施的"马歇尔计划"，习近平主席提出的"人类命运共同体"并非人人平等的平均主义，而是以中国为中心的平均主义，中国将建立一个以北京为中心的欧亚超级大陆。美国政府出版局2018年3月4日公开美国众议院外交委员会下属的非洲事务、全球健康、人权和国际组织委员会听证会内容，讨论中国在非洲的发展，提到中国与非洲的关系是一种新的殖民主义形式，中国想要将中国模式变成世界模式，认为习近平主席有成为所有领域主导人物的野心，之所以提出人类命运共同体是因为联想到中国古代帝国辉煌的过去。2018年1月31日，《华尔街日报》在《中国的世界：美国在大规模基础设施计划下向中国割让影响力》中称，中国具有巨大"野心"，也将"一带一路"倡议形容为21世纪的"马歇尔计划"，习近平主席通过"一带一路"推销中国发展的模式，推销人类命运共同体这一愿景。2019年2月2日，《华尔街日报》发表的文章《新北京–莫斯科轴心——与美国的共同竞争使两大国像冷战初期一样统一战线；但这一次，中国是高级合作伙伴》称，中国现在是出口型经济巨人，有着领导世界的野心，这一野心便体现在习近平对全球人类命运共同体的追求。特朗普为遏制中国成为世界强国的愿望，限制中国在美国的贸易和技术获取，这一举动则迫使中国同俄罗斯走得更近，共同对抗美国。2020年3月15日，《华盛顿邮报》发表的题为《中国打算重塑自己为抗击病毒的仁慈领袖》的文章写道，通常不会让政治评论在互联网上存活很久的中国共产党却允许反美的声音存在，目的在于显示中国体制的优越性，同时将美国的疫情应对描述为混乱而愚蠢，凸显习近平不仅是中国仁慈的领导人，还是世界的领导人。中国的做法是为了转移人们对中国政府故意拖延冠状病毒警报这一确凿事实的关注。这与中国政府过去几年不断发出的信息高度吻合，即全人类都是一个命运共同体，中国是其中的主导力量。2020年3月31日，美国《国家评论》杂志刊登的题为《中国全球化阴影笼罩意大利》的文章写道，疫情期间，中国向意大利和其他地中海国家提供看似充满人道主义的援助，实际上是为了保护其一些规模最大、战略价值最高的海外投资，并获取地缘政治力量。事实上，中国趁着病毒危机正加速利用全球港口网络和物流基础设施所产生的经济杠杆作用，将目标国拉入北京的政治轨道。中国官方媒体的文章通常称，中国希望建立人类命运共同体，但正在意大利上演的"具有中国特色的全球化"，是一个没有国家愿意分享的黑暗未来。2020年5月10日，《华盛顿邮报》刊登的题为《中国想要什么？特朗普再撑四年》的评论认为，长期以来，在合作共赢和命运共同体的宣传背后，中国共产党和习近平都渴望在技术、经济以及军事上追赶并超越美国，尽管作为世界第二大经济体中国在实力上仍无法与美国匹敌，不过在特朗普给美国造成的混乱中，一扇能削弱美国实力优势的窗口正在打开，中国将其专制政权作为一个更稳定、更具吸引力的替代品，取代美国有时混乱的民主制度。

（二）人类命运共同体理念与美国价值观对立

在美国媒体中也有声音认为，人类命运共同体作为一种去中心化的价值体系[1]，是美国价值观的对立面。多篇报道在提及人类命运共同体时，同时提到时任美国总统特朗普提出的"美国优先"口号。例如，《华尔街日报》在《中国对特朗普浪费美国软实力幸灾乐祸，将华盛顿的意识形态转变看作天赐之物》（2017年3月1日）一文中称，美国传统价值观在亚洲的消退，让中国认为自己有能力填补这一空白。不同于特朗普的"美国优先"，习近平提出了"亚洲命运共同体"，为支持这一口号，中

---

[1] 李淑文、刘婷：《人类命运共同体对外传播的现实困境与实践路径》，《出版发行研究》2019年第5期。

国在亚洲投入巨大财力，在习近平不断地与邻国建立联系的同时，特朗普却在主张修建墨西哥边境墙。2018年1月29日，《华盛顿邮报》刊登的题为《我们正处于新军备竞赛高潮》的评论文章称，习近平采取一种与特朗普信奉的新美国主义截然相反的方式，认识到相互依赖的现实性，必须缓和彻底的竞争，习近平领导下的中国在气候变化问题上起了带头作用，并呼吁建立一种新型大国关系，构建人类命运共同体。新美国主义与中国阐述的世界观相悖，也为下一次世界秩序的形成提供了一场盛大的竞赛。其另一篇评论《当特朗普的"美国优先"遇上中国的人类命运共同体：杰克逊式的民粹主义与中国古典哲学面对面》（2018年2月9日）中也将"美国优先"和"人类命运共同体"看作两种截然不同的主张，并追溯了各自的理念来源，"美国优先"源于19世纪中叶的民粹主义，人类命运共同体则来自中国古代的"天下观"。2019年6月3日，美国《大西洋月刊》发表的题为《建立在"非美国"原则基础上的中东和平计划》的文章称，中国的内外政策都是以政府创造繁荣条件为前提的，作为回报，人民必须放弃政治自由。正如迈克尔·斯温所说，他们"在制定全球准则时，把经济权利凌驾于个人政治权利之上"作为优先考虑，并希望在中国建立一个人类命运共同体。然而，要人们放弃尊严和政治诉求是一种违背美国价值观的信息，也与美国的外交政策背道而驰。

（三）人类命运共同体理念代表中国全球化主张

美国主流媒体中仅有少量报道对人类命运共同体进行了客观阐释，认为人类命运共同体理念代表中国坚定主张全球化，积极参与全球治理，并呼吁建立一个更加公平包容的全球秩序。2017年10月18日，《今日美国》刊登的题为《中国驻美大使：中美关系的基础是合作，而不是对抗》的评论文章认为，当今世界被前所未有的全球化紧密相连，零和心态已经过时，中国面对全球挑战提出了自己的理念，即建立公平公正的世界秩序，同美国建立新型国际关系，构建一个国际命运共同体，这些理念也旨在为大多数人提供最大的好处。2017年10月24日，《华盛顿邮报》刊登的题为《西方媒体错了，中国还将继续崛起》的报道称，习近平主张新的全球化形式，呼吁建立全球命运共同体，在这一形式下，国家间的相互联系加强，而不以牺牲主权为代价。2018年2月6日，《华盛顿邮报》刊登的题为《特朗普不能与中国冷战，即使他愿意；美国的战略信誉可能已严重损害》的评论文章称，习近平提出人类命运共同体，暗示中国希望国际社会的每一个成员都承担起全球治理的责任。美通社2019年1月14日转载中国网《约瑟夫·奈：中美两国不是"冷战"，而是合作竞争》一文，文中美国政治学教授约瑟夫·奈认为，与特朗普的"美国优先"政策不同，习近平提出的人类命运共同体概念反映了当今全球所需要的协作精神。在其转载中国网的另一篇报道《潘基文：展望未来，战胜人类面临的挑战，期盼更多中国贡献》（2019年10月24日）中，联合国前秘书长潘基文对中国的开放发展持肯定态度，潘基文认为改革开放以来，中国已成为世界第二大经济体，在国际事务中发挥着越来越重要的作用。通过"一带一路"倡议，中国加强区域经济合作，推动以互利合作为基础的国际关系发展，建设人类命运共同体，这些彰显中国方案和中国智慧的例子已经被列入联合国决议，并得到越来越多国家的支持。2020年1月1日，《今日军备控制》杂志发表的题为《核武器控制，与中国打交道的机会》的文章称，美国因退出关键军控机构而蒙受巨大声誉损失，华盛顿为北京赢得全球支持创造了机会，以凸显其在倡导合作军控方面的领导地位，这是实现习近平关于构建人类命运共同体愿景的必要步骤。2020年2月28日，《纽约时报》发表的题为《要保护全球健康，那就与中国合作》的评论文章写道，新冠疫情的暴发既不是人类面临的第一个挑战，也不是最后一个。在单边主义、保护主义和民粹主义抬头的今天，多边贸易体制受到攻击，军备竞赛升温，恐怖主义、气候变化和网络攻击的威胁日益严重。所有这些都考验着人类的智慧、国际协调能力和全球治理。我们应该超越社会制度、历史文化和发展水平的差异，同甘共苦，共同保护地球村，继续建设习近平主席提出的人类命运共同体。当这个世界欣欣向荣时，中国才会繁荣，一个繁荣的中国只会带来更美好的世界。2020年4月19日，美国出版集团逆流（Counter Currents）发布的题为《Covid-19流行下的反华宣传》的文章认为，当中国成为世界第二大经济体时,它正在努力建设一个新的世界秩序,它主张构建人类命运共同体,以取代霸权和剥削。

从上述媒体文章来看,尽管部分美媒报道对人类命运共同体理念存在客观解读,甚至表示认可,但其更多报道在很大程度上延续了美国主流媒体在中国政治、政党、社会进步等议题报道中传统的负面议题和冷战思维,视人类命运共同体为美国自20世纪80年代以来极力推行的新自由主义的挑战者,是美国主导的全球秩序的破坏者。基于此,美国主流媒体对人类命运共同体或者不予理睬,或者对其反向解读,在较大程度上背离了中国提出这一理念的初衷,明显表现出对这一理念的误读。

四、结论与对策

经由"一带一路"倡议的实践,人类命运共同体理念已踏上全球传播之路,逐步影响着沿线近百个国家和地区的政治、经济、科技、教育等不同领域。但美国媒体利用其长期以来形成的话语霸权,在国际社会中宣扬"中国威胁论",将"一带一路"倡议解读为中国野心,漠视人类命运共同体理念。随着中美贸易摩擦的发酵,以及新冠疫情暴发以来部分美国政府官员向中国持续输出的质疑和诋毁,美国媒体所持的负面态度更为明显。美国媒体对中国的误读始终大于客观中肯的评价,归根结底是由于中国国际话语权的缺失和中美利益的冲突。

面对这一现实,中国更需要加强对人类命运共同体理念的全球传播,把人类命运共同体的声音传遍全世界,为此可从以下四个层面着手。

其一,依托5G等通信技术和社交媒体平台,着力提升消解西方霸权话语体系的能力,营造平等包容的国际语境和话语空间。回顾人类历史,每一种新媒介的诞生,都意味着一个新的历史阶段的来临。随着5G技术的应用和6G技术的研发,科技将打破旧的、保守的意识形态,引领人类进入全新的文明。20世纪以来,以自由主义为核心、以资本逻辑为主导的世界秩序,将为以人类命运共同体为核心的新的世界秩序所取代。在新的世界秩序中,人类传播将超越欧美中心主义,淡化地缘主义色彩,逐步形成全球范围内自由而均衡的信息传播。中国外宣媒体应通过打造新的话语体系、创造新的话语方式，来构建新的全球传播图景。

其二，加强官方传播与公共外交的结合，既要善用主场外交、跨国合作、中外人文交流等活动，精准传播人类命运共同体理念，积极分享中国在不同领域建设利益共同体、价值共同体、命运共同体的具体实践，以实际行动为全球化发展注入中国力量，展现中国对外合作交流的开放姿态；也要通过文化艺术、学术交流等文化型公共外交途径，包括电影、音乐等大众文化传播，以及中国文化中心、图书馆等机构的文化艺术巡展交流，润物无声地传播人类命运共同体理念。

其三，尊重西方的思维习惯，善用国际化的话语方式讲述全球公民社会的现实意义及全球治理的合作价值，对与西方价值理念冲突的行为或观念，要善于结合历史与变化讲清楚中国提出人类命运共同体的背景和愿景，讲清楚构建人类命运共同体是适应全球化发展实际的有效途径，讲清楚构建人类命运共同体是更符合世界人民利益的发展之路，这是中国与世界分享中国智慧、中国方案，构建新的世界秩序的基础。

其四，提高传播方式的针对性，善用"借嘴说话""借台唱戏""借船出海"，借友华、知华的外国人士向国际社会传达人类命运共同体理念的真实内涵，借联合国或其他国际组织的平台传播中国的声音，借经贸活动或文化交流活动介绍中国和平发展的理念。

第二节　美国主流媒体人类命运共同体传播的现状及启示

自2012年党的十八大报告正式提出人类命运共同体理念以来，以构建"持久和平、普遍安全、共同繁荣、开放包容、清洁美丽的世界"为内容的人类命运共同体理念不仅凝聚起了全中国人民的共识，并最终载入了中华人民共和国新宪法和中国共产党新党章，而且得到了联合国的广泛认可，先后写入联合国社会发展委员会《非洲发展新伙伴关系的社会层面决议》、联合国人权理事会《经济、社会、文化权利决议》等多个

人类命运共同体理念的全球传播：媒体报道视角

国际文件。同时，这一理念也引发了国内学界的研究热潮，但国外学者对这一理念的研究较为罕见。综观国内学界相关研究，多数从马克思主义哲学[①]、全球治理[②]、中国外交[③]等视角对这一理念的渊源、内涵、意义等进行了阐释，少数从国际传播视野就这一理念在美、德、俄等少数几个国家的传播情况进行了研究[④]。上述研究虽取得了一些成绩，达成了一些共识，但现有从他国视野对这一理念的审视仍显不足，尤其考虑到这一新型理念触动了现有国际秩序的最大受益国——美国的利益，美国对这一新型理念的舆论态势如何，值得深入研究。鉴于此，本节以人类命运共同体理念在美国媒体上的相关报道为研究对象，通过分析报道趋势、议程设置、话语模式等，力图对这一理念在美国媒体上的传播现状进行全面梳理，并在此基础上，就中国在新形势下妥善处理对美关系和更好开展人类命运共同体理念国际传播提出一些针对性建议。

本研究使用Factiva数据库进行检索，检索时间跨度为2012年12月1日至2020年7月1日。鉴于人类命运共同体这一关键词有多个英译版本，关键词分为三组进行检索：第一组为a community of common destiny（这一关键词为党的十八大报告的英译文），第二组为a community with a shared future（这一关键词包括党的十九大报告以及新华社和外交部通稿中使用的两个英译版本 a community with a shared future for mankind /

[①] 田鹏颖：《历史唯物主义与"人类命运共同体"》，《马克思主义研究》2018年第1期；王义桅：《从〈共产党宣言〉到人类命运共同体》，《文汇报》，2018年2月23日；赵可金：《人类命运共同体思想的丰富内涵与理论价值》，《前线》2017年第5期；田鹏颖、张晋铭：《人类命运共同体思想对马克思世界历史理论的继承与发展》，《理论与改革》2017年第4期。

[②] 常健：《构建人类命运共同体与全球治理新格局》，《人民论坛·学术前沿》2017年第12期；吴志成、迟永：《"一带一路"倡议与全球治理变革》，《天津社会科学》2017年第6期；赵可金、赵远：《人类命运共同体的中国智慧与世界意义》，《当代世界与社会主义》2018年第3期。

[③] 王义桅、古明明：《热话题与冷思考——关于"人类命运共同体与新时代中国外交"的对话》，《当代世界与社会主义》2018年第3期；赵可金：《人类命运共同体思想与中国外交新方向》，《人民论坛》2017第34期；刘建飞：《新时代中国外交战略基本框架论析》，《世界经济与政治》2018年第2期。

[④] 高金萍、余悦：《美国媒体视域下"人类命运共同体"理念呈现》，《新闻爱好者》2020年第3期；唐婧：《人类命运共同体理念对德传播的两大原则》，《天津外国语大学学报》2020年第2期；袁昊：《人类命运共同体研究文献计量分析——兼谈在俄罗斯的接受与反应》，《天津外国语大学学报》2020年第2期。

humanity），第三组为 a community of shared future（这一版本也在一些媒体中使用）。

一、前期波动较大，后期呈上升之势

通过关键词检索，发现人类命运共同体这一关键词在美国主流媒体上总共出现78次，篇数为78篇。

2013年，人类命运共同体理念首次见诸美国主流媒体，报道量为4篇，2014年下降为2篇，2015年攀升至13篇，2016年骤跌至1篇，2017年转而上升至7篇，2018年小幅上升至15篇，2019年与2018年持平，为15篇，2020年截至7月1日的报道量为21篇（见图2-4）。

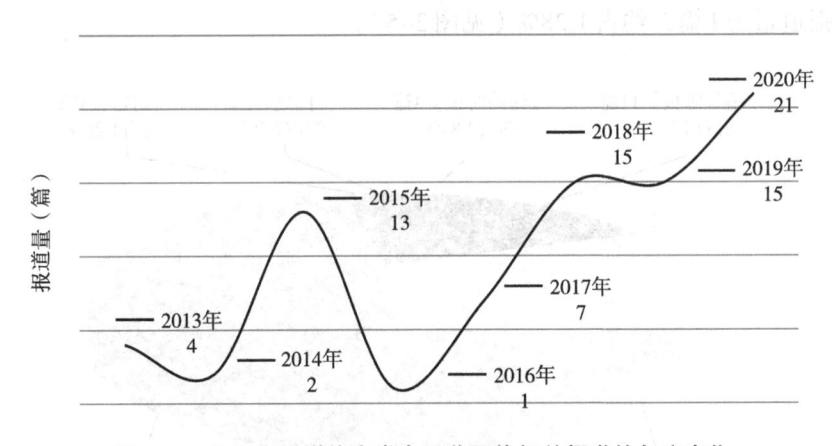

图2-4 美国主流媒体人类命运共同体相关报道的年度变化

自2012年人类命运共同体理念提出至今，美国媒体对于这一理念的报道量在2017年以前波动较大，其间，除2015年由于博鳌亚洲论坛举行，中方积极利用美通社主动发声，向世界传播携手共建人类命运共同体理念，其他年份美国媒体对这一理念的关注度不高。但自2017年特朗普上台之后，伴随着中美在贸易、科技以及新冠疫情防控领域的分歧加剧，美国媒体对这一理念的关注度开始逐渐增多。

二、中美发声媒体有别，情感评价迥异

就发文媒体而言，美通社、《华尔街日报》以及《华盛顿邮报》是美国人类命运共同体理念的主要报道机构。

具体而言，在通讯社方面，美通社的报道量为36篇，约占46.15%；美联社的报道量为5篇，约占6.41%。在报纸方面，《华尔街日报》（包括该报网站）的报道量为20篇，约占总报道量的25.64%；《华盛顿邮报》（包括该报网站）的报道量为11篇，约占14.10%；《纽约时报》（包括该报网站）的报道量为3篇，约占3.85%。在广播电视媒体上，美国之音（VOA）的报道量为2篇，约占2.56%；在杂志方面，美国《财富》杂志的报道量为1篇，约占1.28%（见图2-5）。

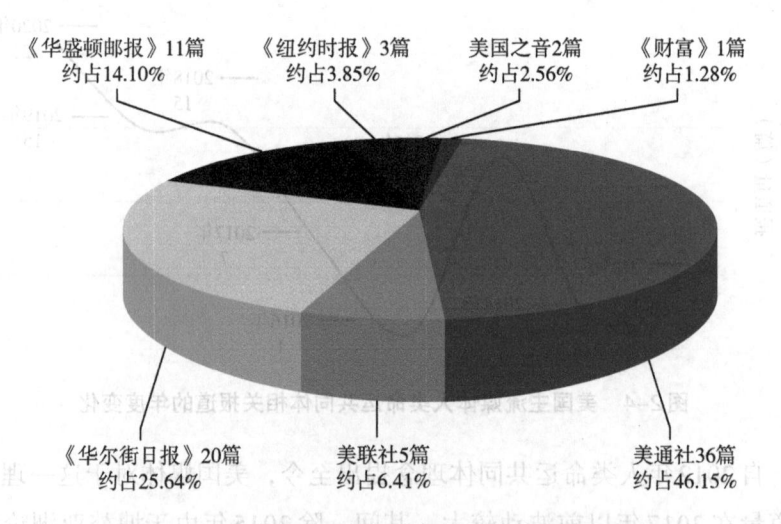

图2-5 人类命运共同体相关报道的媒体及篇数分布

为方便分析，本研究就美国媒体对人类命运共同体理念相关报道所涉议题进行了归类、编码，并根据相关议题提及频次进行了统计。结果显示，所涉议题可归为国际关系、金融投资、医疗卫生、商品贸易等22类，所有议题出现频次总量为124次（见图2-8）。

就总体情感评价而言，这一理念所涉议题在美国媒体上的正面评

价频次为59次，占比约为47.58%；负面评价频次为50次，占比约为40.32%；中立评价频次为15次，占比约为12.10%。

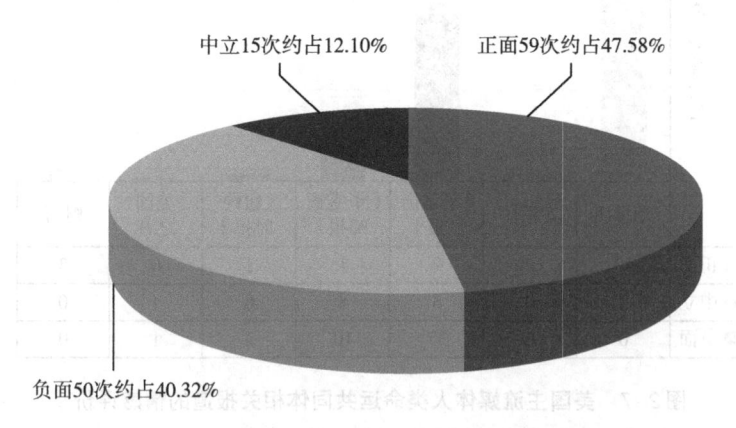

图2-6　美国主流媒体人类命运共同体相关报道的总体情感评价

具体来讲，在通讯社方面，美通社所涉议题出现频次为46次，其中，正面评价为43次，占比约为93.48%；其余3次为中立，占比约为6.52%。美联社所涉议题出现频次为2次，均为正面评价，占比为100%（见图2-7）。

在报纸方面，《华尔街日报》所涉议题出现频次为49次，其中，正面评价9次，占比约为18.37%；中立3次，占比约为6.12%；负面评价37次，占比约为75.51%。《华盛顿邮报》所涉议题出现频次为19次，其中，正面评价1次，占比约为5.26%；中立8次，占比约为42.11%；负面评价10次，占比约为52.63%。《纽约时报》所涉议题出现频次为3次，其中，正面评价1次，占比约为33.33%；其余2次为负面评价，占比约为66.67%（见图2-7）。

在广播电视方面，美国之音所涉议题出现频次为2次，中立和负面评价各1次，占比均为50%（见图2-7）。

在杂志方面，《财富》所涉议题出现频次为3次，均为正面评价，占比为100%（见图2-7）。

上述分析表明，就情感评价而言，人类命运共同体理念在美国媒体上的传播总体呈现通讯社趋向正面、报媒趋向负面的格局。虽然正面评

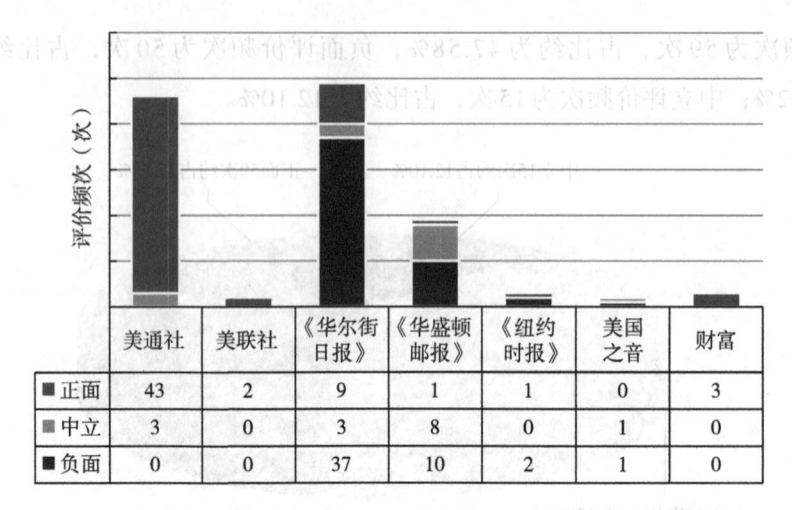

	美通社	美联社	《华尔街日报》	《华盛顿邮报》	《纽约时报》	美国之音	财富
■ 正面	43	2	9	1	1	0	3
■ 中立	3	0	3	8	0	1	0
■ 负面	0	0	37	10	2	1	0

图2-7 美国主流媒体人类命运共同体相关报道的情感评价

价在总量上占有一定优势，但这一优势主要来自面向全球媒体征集和发布稿件的美通社，而非以美国民众为主体受众的报纸媒体。美通社对人类命运共同体理念的积极评价约占上述所有媒体积极评价总量的72.88%，其中的大部分稿件来自中方（包括来自中国大众媒体、政府、企业官网以及政府官员、高校学者等的稿件）。由于通讯社是向其他新闻媒介提供新闻服务的机构，这种性质决定了在报道国际新闻时，一方面为了拓宽稿源，另一方面为提高稿件采用率，通常会尽量避免带有明显意识形态的负面评价。因而，美通社有关人类命运共同体的报道并不排斥中方稿源。而美国报纸是美国价值理念的重要舆论阵地，担负着固守与传承美国价值理念的职责，因而在涉华报道中通常会大量援引对华抱有偏见人士的文章和观点，与美国国家战略亦步亦趋，制造对华负面舆论。突出表现在，《华尔街日报》对人类命运共同体理念的负面评价占上述所有媒体负面评价总量的74%。

三、中美议程偏向明显

尽管从传播量来看，人类命运共同体理念在美国媒体上的正面评价处于优势，但传播效果最终还是取决于受众的接受程度。议程设置理论表明，媒介对议程的设置在很大程度上会影响到受众对世界的认知、评价。因此，从议程设置的角度考察人类命运共同体理念在美国媒体上的呈现，对于洞察这一理念在美国的接受情况具有重要参考意义。

若将占总议题量比例≥10%的议题视为凸显议题进行分析，发现美国媒体对人类命运共同体理念的报道主要由国家关系、金融投资、医疗卫生以及商品贸易4个议题构成。其中，国家关系和金融投资两个议题主要由西方声音主导，总体评价偏向负面；而医疗卫生和商品贸易两个议题主要由中方声音主导，总体评价偏向正面。

具体而言，国家关系议题数为33次，其中，正面评价为8次，占比约为24.24%；中立为7次，占比约为21.21%；负面评价为18次，占比约为54.55%。金融投资议题数为17次，其中，正面评价为4次，占比约为23.53%；中立为1次，占比约为5.88%；负面评价为12次，占比约为70.59%。医疗卫生议题数为17次，其中，正面评价为14次，占比约为82.35%；其余3次为负面评价，占比约为17.65%。商品贸易议题数为14次，其中，正面评价为11次，占比约为78.57%；中立为2次，占比约为14.29%；负面评价为1次，占比约为7.14%（见图2-8）。

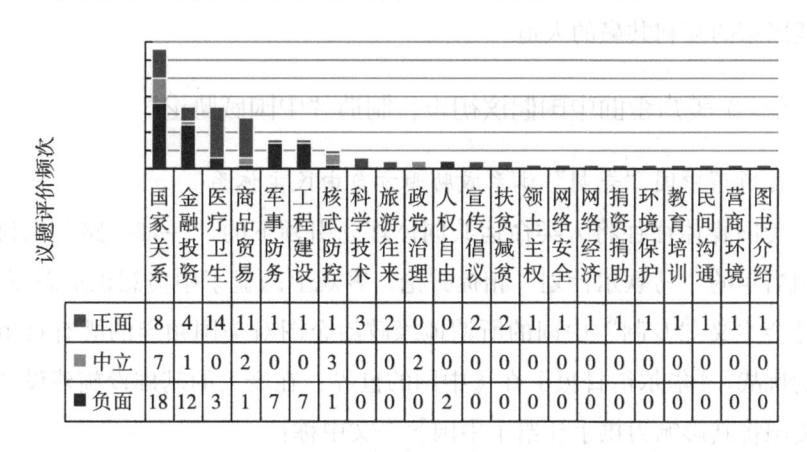

议题评价频次	国家关系	金融投资	医疗卫生	商品贸易	军事防务	工程建设	核武防控	科学技术	旅游往来	政党治理	人权自由	宣传倡议	扶贫减贫	领土主权	网络安全	网络经济	捐资捐助	环境保护	教育培训	民间沟通	营商环境	图书介绍
■正面	8	4	14	11	1	1	1	3	2	0	0	2	2	1	1	1	1	1	1	1	1	1
■中立	7	1	0	2	0	0	3	0	2	0	0	0	0	0	0	0	0	0	0	0	0	0
■负面	18	12	3	1	7	7	1	0	0	0	2	0	0	0	0	0	0	0	0	0	0	0

图2-8 美国主流媒体关于人类命运共同体相关报道所涉议程的情感评价

就国家关系议题而言，美国媒体往往将中国描述为一个日益走向世界舞台中央，挑战美国全球霸主地位，并意图改变世界秩序，危及西方自由民主体系的"专制强权"。就金融投资议题而言，美国媒体主要聚焦于由中国倡议设立的亚洲基础设施投资银行，将其视为中国设下的金融陷阱。就医疗卫生议题而言，一方面，美国媒体普遍认为中国在应对埃博拉病毒方面为全球作出了贡献；另一方面，在新冠疫情期间，主要由于美通社较多采用中方稿件，使中国呼吁全球合作"抗疫"的声音有机会向世界进行传播。就商品贸易议题而言，由于美通社较多地采用中方稿件，使中方与世界各国在互惠互利、合作共赢基础上开展经贸往来的主张也有机会向世界进行传播。

四、中美话语冲突加剧

人类命运共同体理念在美国媒体上的传播，呈现中方"和合"话语与美方"对抗"话语竞争的态势。美方歪曲中国倡议初衷，不断制造"中国威胁论"，声称所谓中国"专制"体系威胁西方自由民主体系，指责所谓中国"一带一路"金融"殖民"危害其他小国利益。而中方积极向世界表达中国互惠互利，合作共赢的主张。一方面，呼吁全球携手共同抗击新冠疫情；另一方面，积极向世界阐明"一带一路"是一条惠及沿线国家的互利共赢的大道。

（一）美方歪曲中国倡议初衷，制造"中国威胁论"

1.所谓中国"专制"体系威胁西方自由民主体系

美国媒体往往将人类命运共同体理念引领下的"一带一路"倡议与美国当年的"马歇尔计划"相提并论，客观上凸显了中美意识形态竞争，即社会主义"专制"中国的所谓地缘政治企图对美国领导的既有自由秩序的挑战。《华尔街日报》在《中国的世界：在庞大的基础设施建设计划下美国将其影响力拱手让给了中国》一文中称：

> 许多人认为，2013年启动的中国"一带一路"倡议——21世纪的"马歇尔计划"——根本上来讲与金钱无关……相反，"一带一路"的根本还在于其重塑世界观念的力量，这是真正能与"马歇

尔计划"进行比较的……事实上,"马歇尔计划"的持久遗产并不在于用美国贷款建造的工厂、学校和医院,而在于它对战后自由秩序价值观的贡献——自由贸易、民主以及强力多边机制下基于规则的治理……还有习近平先生本人是中国品牌的代言人。他所推广的——产品——是"中国模式":专制控制下的快速经济发展,与美国主导的自由秩序背道而驰。处于领先地位的是国有企业,如国家电网和中国国家建筑工程公司,它们都是按产业计划运营的。它们所服务的许多政府都有专制倾向。"[1]

2. 所谓"一带一路"金融"殖民"危害小国利益

美国媒体不仅通过质疑中国提出人类命运共同体理念及"一带一路"倡议的初衷,炒作对象国债务危机,还将商业抵债行为歪曲为中国对沿线国家的新型"殖民",甚至给中国冠以"债主帝国主义"的名号。

《华尔街日报》称:"斯里兰卡政府因无力偿还汉班托塔港口建设中方贷款,去年将该港口以99年的租约租给了一家中国国有公司。美国和印度官员一直认为中国意图在那里建立一个海军前哨基地,但中国否认了这一点。"[2] 该报援引乔纳森·希尔曼(Jonathan Hillman)的话称:"正当斯里兰卡庆祝脱离英国帝国统治70周年之际,一些人担心该国现在面临着一种新型殖民主义。"[3] 该报还借希尔曼之名借题发挥:"对希尔曼来说,'这段插曲把小小的汉班托塔变成了一座坐落在印度洋上的全球灯塔,对中国全球基础设施建设推广发出了危险警告,即便这些建设项目可能对小型经济体的发展有所帮助,但同时也可能使这些小型经济体产生依赖'。有人甚至为中国经济扩张的潜在后果创造了一个新词:'债

---

[1] A. Browne, "China's World: U.S. Cedes Clout to China Under Massive Infrastructure Plan", *The Wall Street Journal*, 2018-01-31.

[2] J. Page, & S. Shah, "China's Global Building Spree Hits Trouble in Pakistan—To Fund a 70-Nation Infrastructure Initiative, Beijing has Extended Loans in Opaque Deals", *The Wall Street Journal*, 2018-07-23.

[3] A. Browne, "Market Turmoil Drags Xi Jinping's Ambition Down to Earth", *The Wall Street Journal*, 2015-07-15.

主帝国主义'。"①《华尔街日报》还援引美国国防部长吉姆·马蒂斯（Jim Mattis）的消息，将当下中国实施的"一带一路"项目和历史上明朝时期中国与周边国家的关系作比较，称"明朝似乎是他们的榜样，尽管那时更为强硬，要求其他国家成为其朝贡国，对其磕头臣服"②。

（二）中方向世界表达中国互惠互利、合作共赢的主张

人类命运共同体理念与"一带一路"倡议以及中国抗击新冠疫情的成就在遭到美国报媒普遍误解的情形下，中方设法在美国媒体上积极发声，阐释中国立场，努力用"一带一路"建设的成就、中国抗击全球新冠疫情的表现来化解美方疑虑。

1. "一带一路"是一条互利共赢的大道

2019年4月23日，中国驻美大使崔天凯在美国《财富》杂志发表题为《不应错失"一带一路"的发展机遇》的署名文章，文章针对美国质疑"一带一路"倡议企图指出："批评者认为，'一带一路'必定有什么潜在的战略意图。如果非要这么说的话，这个意图就是推动构建人类命运共同体，因为'一带一路'最重要的意图就是要实现互联互通。'一带一路'开放、包容、透明，我们决不靠'一带一路'搞地缘政治的一套，从不拉'小圈子'，也不排斥谁或强拉谁。"③

针对美国舆论炒作对象国财务危机和所谓中国金融债务陷阱的言论，该文章也进行了反驳：一些人渲染"债务陷阱"，这是无稽之谈。很多参与并受益于"一带一路"倡议的沿线国家已经站出来用事实和数据公开辟谣。菲律宾财政部长多明格斯公开表示，截至2018年底中方债务仅占菲总债务的0.65%。斯里兰卡驻华大使科迪图瓦库也批驳了所谓中国"债务陷阱外交"的说法。"一带一路"合作框架下的项目选择及投融

---

① A. Browne, "Market Turmoil Drags Xi Jinping's Ambition Down to Earth", *The Wall Street Journal*, 2015-07-15.
② A. Browne, "Market Turmoil Drags Xi Jinping's Ambition Down to Earth", *The Wall Street Journal*, 2015-07-15.
③ Cui Tiankai, "Why the U.S. Shouldn't Sit Out the Belt and Road Initiative", *Fortune*, 2019-04-23.

资合作，都是各方共同商量并进行风险评估和投资可行性分析后慎重作出的决策。事实上，到目前为止，没有一个国家因为参与共建"一带一路"而陷入债务危机，相反，很多国家通过参与"一带一路"合作走出了"欠发达的陷阱""不发展的陷阱"，比如肯尼亚。肯尼亚铁路局代理局长说，肯尼亚经济和民众都从中国帮助该国扩建升级交通基础设施中受益①。

2. 呼吁世界携手共同抗击新冠疫情

2020年3月6日，美通社采用中国《科技日报》的一篇名为《构建"人类命运共同体"的共鸣曲：中国联合世界共同抗击新冠疫情》的文章，文章称："面对未知病毒，人类尚未充分了解其产生机制、流行趋势、传播途径等，因而共享信息、开展合作极为迫切。中国已经有了一套诊断和治疗的有效方法和一套进行社区防控和公共卫生教育的有效体系。中国正在积极与世卫组织和国际社会开展合作和交流信息。全球各国防治流行病的努力为构建人类命运共同体谱写了一曲共鸣曲。"②

美通社还于2020年4月30日采用中国《科技日报》的一篇题为《数据表明中国抗击新冠疫情的及时性和有效性》的文章，文章称："从统计结果来看，中国从两个方面向世界发出了警报：首先，在与新冠病毒的战斗中，中国获得了第一手的病理数据，这使世界充分认识到了新冠病毒在世界各地的快速传染性；其次，中国采取了最严格的措施，封锁城市，防控疫情，这些大胆的措施令世界感到震惊。中国凭借第一手经验赢得了世界抗击新冠病毒的时间。"③

---

① Cui Tiankai, "Why the U.S. Shouldn't Sit Out the Belt and Road Initiative", *Fortune*, 2019-04-23.

② Yu Haoyuan, "Chorus of a Community of Shared Future for Mankind—China Unite the World to Fight Against the Covid-19", PR Newswire, originally from *Science and Technology Daily*, 2020-03-06.

③ Chen Chao & Long Yun, "Statistical Results Show the Timeliness and Effectiveness of China's Measures against COVID-19", PR Newswire, originally from *Science and Technology Daily*, 2020-04-30.

五、结语与启示

人类命运共同体理念在美国主流媒体上的传播呈现中美双方各自发声媒体平台有别、情感评价迥异、议程偏向明显、话语冲突加剧等特点。总体上，中方主要利用面向全球发稿的美通社，围绕医疗卫生和商品贸易两个议题，以"和合"话语模式，倡议全球携手共建人类命运共同体；而美方主要利用以美国民众为受众主体的《华尔街日报》和《华盛顿邮报》，聚焦国家关系和金融投资两个议题，以"对抗"话语模式，蓄意制造"中国威胁论"，质疑中国倡议世界共建人类命运共同体的动机。尽管在上述三家报纸上也有少数美方人士呼吁正解倡议、开展合作的声音，不过美方期待合作的范围仅限于气候变化、核武防控、医疗卫生等有限领域。

上述研究结果对中国在新形势下妥善处理对美关系和更好开展人类命运共同体理念国际传播有着如下启示：第一，中方还需要拓宽传播渠道，设法利用主要面向美国民众的媒介载体，持续开展对话沟通，明确阐明中方和平发展道路，互利共赢的开放战略，共同、综合、合作、可持续的安全观，和而不同、兼收并蓄的文明观，最大可能地消除美方疑虑，避免产生中美对抗的风险；第二，继续推进中美在防止气候变化、核武扩散以及医疗卫生等领域内已有的交流和合作，筑牢双方共识的基础，积极发掘更多的利益交汇点，寻求更广泛领域内的共识、交流与合作，继续写好中美合作共识的历史篇章，积极推进中美新型大国关系的构建；第三，研判"一带一路"建设、新冠疫情防控过程中可能存在的风险点，妥善处理已出现的问题，用实实在在的行动和看得见的成绩，证明中国构建人类命运共同体的意志和行动，以此消解美方质疑。

第三节 加拿大主流媒体人类命运共同体传播的现状及对策研究

2011年9月6日,《中国的和平发展》白皮书提到要"形成'你中有我、我中有你'的命运共同体"①。2012年,党的十八大报告明确提出:"要倡导人类命运共同体意识,在追求本国利益时兼顾他国合理关切,在谋求本国发展中促进各国共同发展。"②加拿大是老牌西方发达国家之一,是联合国、二十国集团等当今最重要的国际组织的创始国之一,具有广泛的国际影响力。人类命运共同体理念在加拿大的传播情况值得研究。

一、研究对象

本研究以2011年9月6日至2020年5月31日的加拿大报纸和智库涉及人类命运共同体的内容为研究对象。在关键词的选取上,结合《环球时报》《中国日报》等媒体和外交部通讯稿对人类命运共同体的翻译,选择以下6组关键词进行检索:community of common destiny, community of shared destiny, community of a shared future, community of shared future, community with shared future, community with a shared future。

本研究在道琼斯旗下的Factiva数据库对加拿大3个全国性报纸和1个地方性报纸进行上述的关键词检索,共获得有效报道9篇。3个全国性报纸分别是立场相对中立的《环球邮报》、立场偏右的《国家邮报》和立场偏左的《多伦多星报》,1份地方报纸是总部和主要读者群都在加拿大渥太华的《渥太华公民报》。

本研究选取18个最具影响力的加拿大智库,在其官方网站进行上

---

① 《国务院新闻办发表〈中国的和平发展〉白皮书(全文)》,新华社,http://www.gov.cn/jrzg/2011-09/06/content_1941204.htm,2011-09-06/2020-06-01。
② 《中共首提"人类命运共同体"倡导和平发展共同发展》,人民网,http://cpc.people.com.cn/18/n/2012/1111/c350825-19539441.html,2012-11-11/2020-06-02。

述的关键词检索，共获得智库报告11篇。选取的智库分别是国际治理创新中心（Centre for International Governance Innovation）、加拿大全球事务研究所（Canadian Global Affairs Institute）、麦唐纳·劳里尔研究院（Macdonald-Laurier Institute）、不列颠哥伦比亚大学亚洲研究院（Institute of Asian Research, University of British Columbia）、多伦多大学蒙克中心（Munk Centre, University of Toronto）、亚太基金会（Asia Pacific Foundation）、菲莎研究所（Fraser Institute）、南北研究所（North-South Institute）、C. D. 豪研究所（C.D. Howe Institute）、公共政策研究所（Institute for Research on Public Policy）、加拿大国际理事会（Canadian International Council）、大西洋市场研究所（Atlantic Institute for Market Studies）、国际可持续发展研究所（International Institute for Sustainable Development）、加拿大会议委员会（Conference Board of Canada）、蒙特利尔经济研究所（Montreal Economic Institute）、公共政策论坛（Public Policy Forum）、前沿公共政策中心（Frontier Centre for Public Policy）、国际和国防政策中心（Centre for International and Defence Policy）。

二、内容特点及原因分析

（一）整体关注度低

如前所述，在2011年9月6日至2020年5月31日的近9年时间内，加拿大涉及人类命运共同体理念的报纸报道仅9篇，智库研究仅11篇，整体关注度非常低（见图2-9）。

低关注度背后的原因有二：其一，加拿大媒体普遍认为人类命运共同体理念只是一种外交辞令，并无实质意义。正如加拿大著名智库国际治理创新中心在《中国改变了其区域政策路径吗？》[①]一文中指出，包括

[①] Benoit Hardy-Chartrand, "Has China Altered Its Course on Regional Policy?", *Center for International Governance Innovation*, 2015-02-03, https://www.cigionline.org/articles/has-china-altered-its-course-regional-policy, Accessed 2020-02-05.

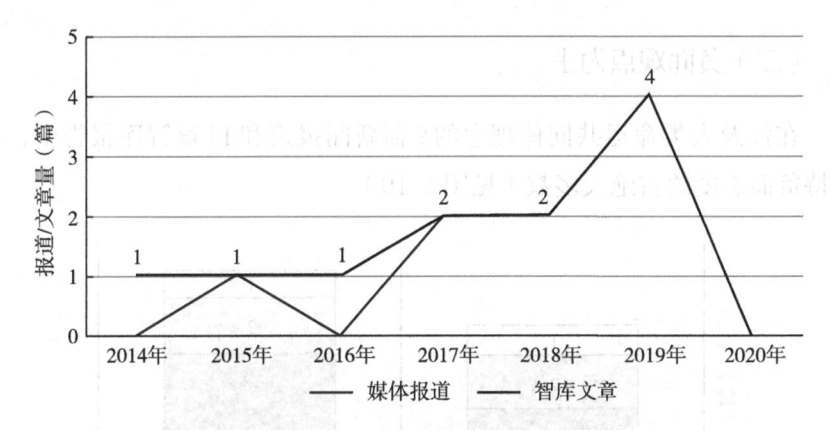

图2-9 加拿大主流媒体对人类命运共同体的关注趋势

人类命运共同体在内的相关表达只是"辞令上的软化"和"话语上的变化",而中国在亚洲的实际政策仍然是强势的和进攻性的。"一带一路"是人类命运共同体理念的最重要的实践之一,两者之间联系紧密。然而,上述4份加拿大报纸在同期对"一带一路"的报道数量是对人类命运共同体理念的报道数量的10倍,对人类命运共同体理念本身却很少提及。其原因很可能就是加拿大媒体认为"一带一路"是有具体内容的举措,而人类命运共同体却是空洞的无实质意义的辞令。其二,"共同体"一词在西方语境下的含义使人类命运共同体这一概念在西方语境下很难有说服力。不列颠哥伦比亚大学的亚洲研究院在论述亚太地区安全的研究报告中谈及人类命运共同体的概念,并对"共同体"一词作出了定义性的解读:"共同体需要深层的社会纽带、基本价值观的趋同以及由持续的经济融合和强有力的机制所塑造的集体身份。"[1]显然,如果依照这个定义,人类社会的各个国家与团体之间矛盾不断、价值观不同、经济一体化受阻、全球治理机制失效,是不可能形成这种意义上的共同体的。假如上述定义代表了加拿大媒体对此概念的认知,加拿大的媒体和智库显然不会觉得人类命运共同体概念值得信服,因而也就不会对其严肃对待。

---

[1] Evans, Paul and Chen Dongxiao, "Advancing Cooperative Security in Asia Pacific:Ingredients of a 21st Century Security Order", *Institute of Asian Research*, 2014-11-11, p. 6, https://sppga.ubc.ca/wp-content/uploads/sites/5/2017/04/cooperative_security_2.0_II_2014-12.pdf, Accessed 2020-06-06.

（二）负面观点为主

在涉及人类命运共同体理念的9篇新闻报道和11篇智库报告中，对华持负面态度的占绝大多数（见图2-10）。

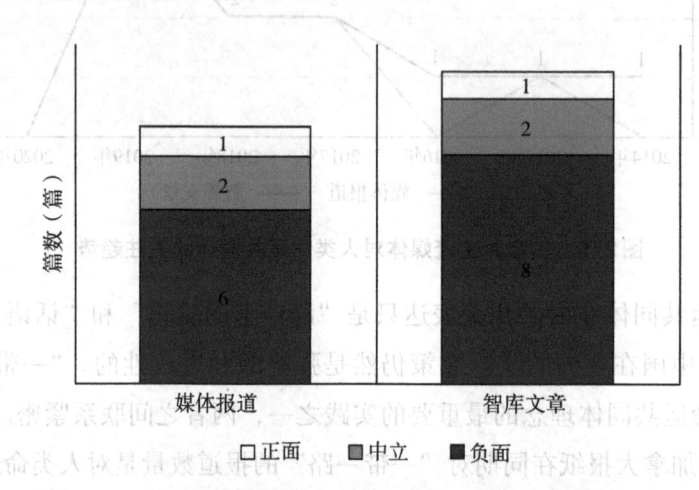

图2-10 加拿大主流媒体人类命运共同体相关报道的态度

具体来说，6篇态度负面的报道的主题分别是"联合国成立70周年中国的主旨演讲指向西方"（《环球邮报》2015年10月3日）、"王毅部长新闻发布会显示中国全球野心"（《环球邮报》2017年3月9日）、"特鲁多在对华关系中丧失立场"（《国家邮报》2017年12月7日）、"加拿大有被中国控制的危险"（《渥太华公民报》2018年2月14日）、"香港推迟修订《引渡法案》显示专制政权的裂缝"（《环球邮报》2019年6月17日）、"新冠疫情之下中国政府的虚伪性"（《环球邮报》2020年4月4日）。2篇态度中立的报道的主题分别是"美中科技争霸战"（《环球邮报》2019年5月18日）、"新冠疫情之下关于戴口罩的文化差异"（《环球邮报》2020年3月30日）。1篇态度正面的报道的主题是"朝鲜问题上中国的核心作用"（《环球邮报》2018年6月13日）。

8篇态度负面的智库报告的主题分别是"中国并未改变其强硬的亚洲政策"（国际治理创新中心，2015年2月3日）、"中国的国际影响力超过美国"（加拿大全球事务研究所，2017年11月）、"特朗普巩固了中国的专制政权"(加拿大全球事务研究所，2017年11月24日)、"中国在亚洲的势力扩张"(麦唐纳·劳里尔研究院，2018年6月1日)、"中国的北极野心"(加拿大全球事务研究所，2018年10月)、"特鲁多政府对中国出卖加拿大价值观和国家利益"(麦唐纳·劳里尔研究院，2019年11月29日)、"习近平实际上决定了加拿大外交政策"(麦唐纳·劳里尔研究院，2019年12月12日)。1篇经济领域的智库报道的主题是："'一带一路'的财务机制的核心弱点"(国际治理创新中心，2019年9月11日)。2篇态度中立的报告的主题分别是"亚太地区合作安全前景"(不列颠哥伦比亚大学亚洲研究院，2014年11月11日)、"加中建交45周年议题集锦之重塑加中战略伙伴关系"(多伦多大学蒙克中心，2016年2月11日)。1篇态度正面的报告的主题是"中国对全球治理和国际合作的新理念"(国际治理创新中心，2019年11月13日)。

从这些报道和研究报告的主题不难看出，加拿大国内的主流媒体和智库多将人类命运共同体理念与政治主题相联系（这一点将在后文中继续解读），这种窄化的理解与其态度的负面性密切相关。人类命运共同体理念原本包含着"建设持久和平、普遍安全、共同繁荣、开放包容、清洁美丽的世界"等政治、安全、经济、文化、生态等多维度的丰富内容。加拿大国内对此理念漠视无知，仅认为人类命运共同体就是中国彰显自己区域或全球野心甚至控制加拿大的政治说辞。在对人类命运共同体理念无知的基础上，意识形态化的思维就占了上风。

这些新闻和研究报告中对华态度正面和中立的少数几篇也值得究其原因。第一，为人类命运共同体理念发出正面声音的主要为中国学者和华裔学者。新闻中唯一1篇态度正面的报道的主题是"朝鲜问题上中国的核心作用"[①]，其作者是美国巴克内尔大学华裔教授朱志群。研究报告中唯一1篇对华态度正面的报告是北京大学国际关系学院王勇教授关于人类

---

① Zhu Zhiqun, "Trump Offered Kim His Hand, but Asia Will Do the Heavy Lifting", *The Globe and Mail*, 2018-06-13.

命运共同体理念作为中国对全球治理和国际合作的新理念的研究[1]。第二，为人类命运共同体理念发出客观声音的加拿大学者均对中国有着长期亲密的接触和深层了解。关于亚太地区合作安全前景[2]和重塑加中战略伙伴关系[3]的2篇对华态度中立的智库报告的作者分别是不列颠哥伦比亚大学教授保罗·埃文斯和加拿大卡尔顿大学教授包天民。两位教授都有超过30年的研究亚洲和中国的经历，与中国保持着频繁的往来和密切的联系。保罗·埃文斯广泛参与建设亚太地区安全机制的实务，是亚太安全合作理事会的创办者之一。包天民教授是20世纪70年代最早从加拿大来到中国的留学生之一。由此可见，对中国的深入了解是产出对华客观和正面观点的重要前提。

（三）主题多涉及政治领域

若以政治、经济、社会文化来划分三类主题领域，不难看出，在上述涉及人类命运共同体理念的新闻报道和智库研究报告中，绝大多数的主题都在政治领域。在9篇新闻报道中，6篇的主题属政治领域，2篇属社会文化领域，1篇属经济领域；在11篇智库报告中，10篇的主题属政治领域，1篇属经济领域（见图2-11）。

具体来说，政治领域5篇对华态度负面的新闻的主题有4个："中国与西方的对立关系""中国干预各国政治的全球野心""加拿大被中国控制的危险""香港推迟修订《引渡法案》对中国专制政权的冲击"。政治领域1篇对华态度正面的新闻的主题是"朝鲜问题上中国的核心作用"。

政治领域7篇对华政策负面的研究报告的主题有4个："中国在亚

---

[1] Wang Yong, "China's New Concept of Global Governance and Action Plan for International Cooperation", Center for International Governance Innovation,2019-11-13, https://www.cigionline.org/sites/default/files/documents/no.233.pdf, Accessed 2020-06-05.

[2] Evans, Paul and Chen Dongxiao, "Advancing Cooperative Security in Asia Pacific:Ingredients of a 21st Century Security Order", Institute of Asian Research, 2014-11-11, https://sppga.ubc.ca/wp-content/uploads/sites/5/2017/04/cooperative_security_2.0_II_2014-12.pdf, Accessed 2020-06-06.

[3] Paltiel, Jeremy, "Restoring Strategy to the Strategic Partnership: Canada and China Reimagined", *Moving Forward: Issues in Canada-China Relations*, eds. Scott McKnight and Asif B. Farooq, Asia Institute, Munk School of Global Affairs, University of Toronto, 2016, p. 14.

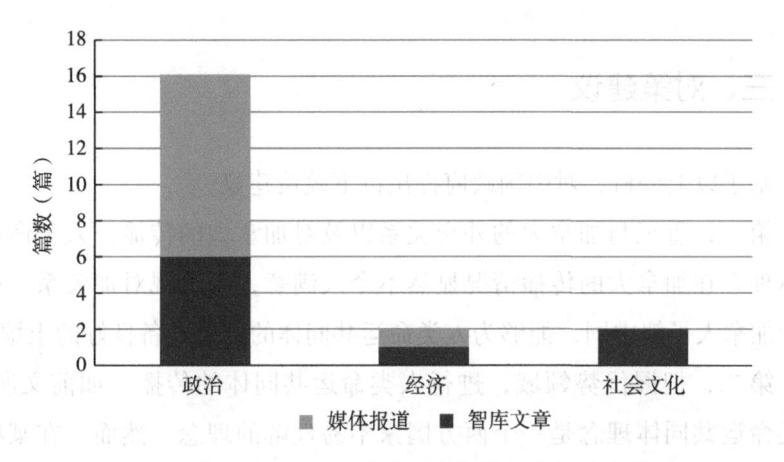

图2-11　加拿大主流媒体人类命运共同体相关报道的关注领域

洲的强权政策和势力扩张""中国的国际影响力和野心""中国的北极野心""中国对加拿大外交的控制"。政治领域3篇对华政策客观或正面的研究报告的主题是"亚太地区合作安全前景""加中建交45周年议题集锦之重塑加中战略伙伴关系""中国对全球治理和国际合作的新理念"。

可从以下两个角度来理解为何加拿大主流媒体和智库在人类命运共同体理念与政治类议题之间有如此高的关联度。一是加拿大作为一个中等强国对国际政治高度敏感。"中等强国首要的国家利益在于一个有序的、可预见的、能够给那些居于统治地位的强权国家的野心和行为设定一些边界的国际环境。"[①] 国际局势与中等强国的国家利益息息相关，中等强国经不起国际局势动荡，需要稳定的国际环境来保护自身利益，往往通过国际制度建设来限制大国霸权、彰显自身的国际影响力。在中国崛起、中美竞争加剧的背景下，加拿大自然将体现中国的"世界观"的人类命运共同体理念与国际政治结合起来。二是加拿大国内对中国的实际情况非常缺乏了解。上述政治领域的新闻和研究报告的具体主题显示其大多数是意识形态有色眼镜之下的臆断，而非基于中国实际的推理。

---

① Robert W. Cox, "Middle powerman ship, Japan, and future world order", *International Journal*, 44.4（1989）: 823—862, p. 824.

三、对策建议

基于以上分析，对中国政府提出以下政策建议。

第一，重视与加拿大的外交关系以及对加拿大的传播。人类命运共同体理念在加拿大的传播情况显然不令人满意，更重视对加关系、更多地让加拿大了解中国，能够为人类命运共同体的传播准备良好的土壤。

第二，把握优势领域，进行人类命运共同体的传播。如前文所述，人类命运共同体理念是一个西方国家不易理解的理念。然而，在某些领域相对容易达成共识。在此项研究中发现，国际可持续发展研究所在线出版了中国环境与发展国际合作委员会的一系列政策报告[①]，其中不乏在环保领域的人类命运共同体的深度阐述。这说明加拿大对环保领域的人类命运共同体理念是较容易接受的。中国在传播人类命运共同体理念时，应该充分认识文化差异和传播的难度，从相对容易取得突破的领域入手，逐步推进。

第三，增强与加拿大的长期人文交流。由于中国与加拿大在价值观、政治、文化等各方面有巨大差异，如果没有与中国打交道的长期经验，加拿大很难在中国的具体环境下理解中国的相关政策和理念。因此，中国政府应努力创造条件，推动中加双方的长期人文交流，培养对中国有深入了解的一批加拿大友人。

第四节 巴西主流媒体人类命运共同体传播与传播策略

人类命运共同体是近年来中国为世界提供的重要公共产品之一，它

---

① China Council for International Cooperation on Environment and Development, "Special Policy Study on Green Belt and Road and 2030 Agenda for Sustainable Development", *International Institute for Sustainable Development*, 2019-05, https://www.iisd.org/sites/default/files/publications/cciced/agm/cciced-sps-green-belt-roads.pdf, Accessed 2020-06-07.

不仅是中国媒体对外传播的重点主题，也是国际媒体普遍关注的报道对象。巴西是拉丁美洲最大的国家，也是南半球最大的发展中国家，深入研究巴西主流媒体对人类命运共同体理论的报道情况对该理念在拉美乃至全球的传播与推广具有重要意义。

一、传播分析

（一）报道趋势分析

本报告以巴西三大主流媒体《圣保罗报》、UOL 新闻网和 Globo 环球网为调研对象，采用文本分析法，依次分析它们对中国提出的人类命运共同体理念及相关议题的报道内容及报道倾向。我们选取的三家媒体是巴西国内传播范围最广、受众最多、话语权最强的传播机构。其中，《圣保罗报》成立于1921年，是一家有着百余年历史的老报。它不仅是巴西发行量最大的报纸，也是南美洲发行量最大的报纸，其网站实时且全版转载该报纸的纸质版涵盖的所有巴西国内及国际新闻；UOL 新闻网是巴西最大的互联网接入商，同时也是世界最大的葡萄牙语内容供应商之一，每日提供丰富的巴西国内外时政资讯；Globo 环球网是巴西著名的综合资讯网站，由巴西最大的传媒实业集团环球集团创办。

本报告在上述三大主流媒体的官方网站上，检索了自2011年9月6日至2020年5月31日所有有关"人类命运共同体"（检索葡语关键词"Comunidade""Destino""Comum"并尝试其各种排列组合）的相关报道。通过人工筛选无关报道和去重，共获得研究文本4篇。其中，2篇来自 UOL 新闻网，2篇来自 Globo 环球网。《圣保罗报》在调研时期内并未对人类命运共同体主题进行过任何报道。

（二）议题及其动因分析

通过对4篇报道样本的分析（见图2-12），我们发现，来自 UOL 新闻网的2篇报道均为2020年新冠疫情期间的报道，内容包括对中国应对

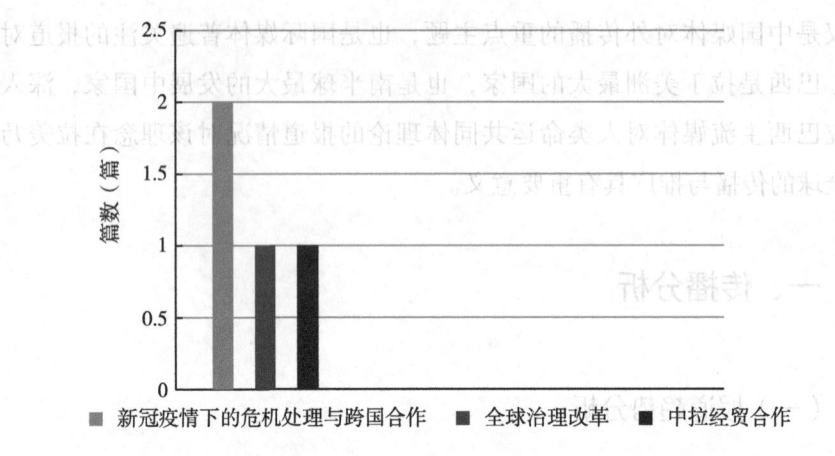

图2-12 巴西主流媒体人类命运共同体相关报道的议题分布

危机方式的介绍以及中国与委内瑞拉等拉美国家在抗击疫情方面的合作进展的梳理等。在来自Globo环球网的2篇报道中，一篇为2014年对路透社有关中国外交部转引习近平主席有关人类命运共同体的讲话的报道的全文转载，另一篇为2018年中国外交部部长王毅撰写的有关人类命运共同体倡议的长文（葡语全文）。王毅部长在文中表达了在人类命运共同体的理念指导下，希望中国与拉美及加勒比地区国家进一步深化经贸合作、提升双边战略伙伴关系的良好愿望。

4篇报道涉及的主要议题包括：新冠疫情下的危机处理与跨国合作，全球治理改革，中国与拉美及加勒比地区国家的经贸合作。

由以上议题的分布情况可得出以下结论：首先，在新冠疫情在拉美进一步蔓延的背景下，中国在疫情防控方面的作为，特别是有关新冠病毒的传染源等敏感问题得到了包括巴西在内的拉美国家的广泛关注；其次，作为习近平主席全球治理改革议程中的重要部分，人类命运共同体理念的提出为中国与巴西进一步开展双边和多边合作奠定了坚实的基础，描绘了积极的前景，也得到了巴西媒体的关注；最后，就未来中巴合作的具体领域而言，经贸合作仍是巴方最为关注的核心议题。

二、内容分析

（一）态度分析

在 UOL 新闻网的 2 篇新冠疫情报道中，媒体的立场和态度均较为正面。其中，题为"中国大使馆逐一击破新冠疫情中巴西社交媒体中的反华谣言"的报道，大量转引了中国驻巴西大使馆对有关疫情期间在巴西社交媒体上广为传播的一系列反华谣言的回应，并详细澄清了在病毒溯源、病毒传播信息封锁、中国与世界卫生组织的合作，以及以美国为首的西方大国对中国提出巨额赔款要求等敏感问题上的详情事实，并清楚地传达了中方的立场。该报道还花了较大篇幅说明中国政府在有效防控新冠疫情中的各项具体措施，对中国政府迅速反应、高效统筹并成功地避免了中国经济在疫情期间遭受重创等成就给予了高度评价[①]。在另一篇题为"委内瑞拉与中国扩大合作以共同抗击疫情"的专题报道中，作者详细介绍了中国在疫情防治领域与委内瑞拉政府的各项合作。该报道认为，与中方的紧密合作对于委内瑞拉的疫情防治有着重要作用。中方的病毒防控经验、技术、资金协助等，都有效地帮助了委内瑞拉在疫情战中处于较为有利的位置[②]。

这两篇报道充分说明，中国政府在防控新冠疫情中的表现得到了当时深陷疫情中的拉美国家的肯定。虽然中国政府当时面临着全球舆论压力和美国等西方国家的猛烈批评，但就国内疫情治理的效果而言，中国是拉美国家无可厚非的榜样。

Globo 环球网刊于 2018 年的题为《中国国家主席表示中国需要引领

[①]《中国大使馆逐一击破新冠疫情中巴西社交媒体中的反华谣言》，UOL 新闻网，https://economia.uol.com.br/colunas/carla-araujo/2020/04/29/coronavirus-china-rumores-embaixada-documento.htm，2020-04-29。

[②]《委内瑞拉与中国扩大合作以共同抗击疫情》，UOL 新闻网，https://noticias.uol.com.br/ultimas-noticias/efe/2020/04/10/venezuela-e-china-ampliam-cooperacao-para-enfrentar-pandemia.htm，2020-04-10。

人类命运共同体理念的全球传播：媒体报道视角

全球治理改革》的文章，对路透社有关中国外交部转引习近平主席有关人类命运共同体的讲话的报道进行了全文的葡语翻译与转载①。由于只是单纯转载，我们无法就该媒体在此事件上的对华态度作出比较肯定的判断。但转载行为说明这些媒体对中方提出的人类命运共同体的倡议并不排斥，甚至是比较感兴趣的。

Globo 环球网刊于2018年的题为《进一步扩大伙伴关系的时代》的文章，对中国外交部部长王毅署名的有关人类命运共同体倡议的长文进行了全文葡语翻译与转载。在转载的同时，该媒体的编辑在文章的网络版索引中强调了王毅外长有关中资企业在拉加大投资的信息，可见该媒体对中拉关系未来在经贸领域的发展抱有正面积极的期待②。

由以上分析可以看出，虽然巴西主流媒体对人类命运共同体倡议的报道数量较少，但凡是涉及这一报道主题的文章对其的情感倾向都是正面，或至少是中性的（见图2-13）。事实上，对这一倡议的报道行为本身就隐含了对它所承载的某些价值的肯定和推崇，这一点也能在对报道内容的本文分析中得到印证。

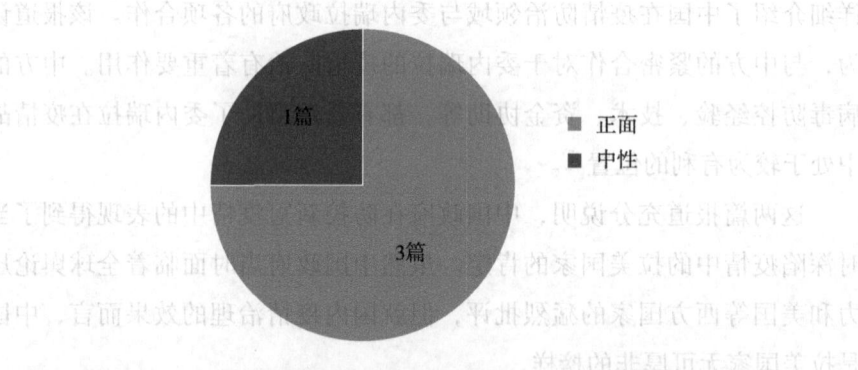

图2-13 巴西主流媒体人类命运共同体相关报道的情感倾向分析

① 《中国国家主席表示中国需要引领全球治理改革》，Globo 环球网，https://oglobo.globo.com/mundo/china-precisa-liderar-reforma-da-governanca-global-diz-presidente-22814162，2018-06-23。
② 《进一步扩大伙伴关系的时代》，Globo 环球网，https://oglobo.globo.com/opiniao/tempo-de-maior-parceria-22298619，2018-01-18。

（二）叙述框架分析

通过对4篇样本的仔细精读发现，巴西媒体对人类命运共同体理念的理解基本符合中国官方立场的解读。首先，在 Globo 环球网转载路透社的报道中，作者在文末评价道："人类命运共同体和'一带一路'倡议的核心思想，将指导着未来中国与世界的关系发展。在美国总统唐纳德·特朗普宣布退出《巴黎协定》和与伊朗的《无核条约》、欧洲也面临着英国脱欧等问题的时候，北京已经成为国际社会负责任的成员。"[1] 这无疑给予了人类命运共同体理念在全球面临分裂的国际形势下具有的重要的价值导向作用以极高的评价。其次，在 UOL 新闻网刊登的《中国大使馆逐一击破新冠疫情中巴西社交媒体中的反华谣言》一文中，作者写道："有一种谣言正在中伤中国，它不实地认为中国帮助其他国家抗击疫情只是为了扩大其地缘政治影响力。但是，病毒无国界，它与肤色或语言无关。中国对其他国家抗击该流行病的帮助不仅来自国际人道主义精神，而且源于中国对人类命运共同体的信念。"[2] 这一观点也反映了巴西媒体对中国政府在抗击疫情的过程中努力承担起大国责任、无私地对其他国家施以援手的态度和胸怀的肯定与赞赏。再次，在 UOL 新闻网刊登的介绍中国在疫情防治领域与委内瑞拉政府的各项合作的文章中，作者转述了委内瑞拉的官方公报内容："（中委）两国的领导人都表示希望能够并肩作战，争取赢得抗击新冠疫情胜利，早日重整旗鼓。委内瑞拉方面相信，中国和委内瑞拉建立的全面战略伙伴关系，与人类命运共同体的建设方向高度契合。"[3] 可以看出，该媒体刊登本文的用意并不只在于对中委现阶

---

[1]《中国国家主席表示中国需要引领全球治理改革》，Globo 环球网，https://oglobo.globo.com/mundo/china- precisa-liderar-reforma-da-governanca-global-diz-presidente-22814162，2018-06-23。

[2]《中国大使馆逐一击破新冠疫情中巴西社交媒体中的反华谣言》，UOL 新闻网，https://economia.uol.com.br/colunas/carla-araujo/2020/04/29/coronavirus-china-rumores-embaixada-documento.htm，2020-04-29。

[3]《委内瑞拉与中国扩大合作以共同抗击疫情》，UOL 新闻网，https://noticias.uol.com.br/ultimas- noticias/efe/2020/04/10/venezuela-e-china-ampliam-cooperacao-para-enfrentar-pandemia.htm，2020-04-10。

段合作成果的简单介绍，它还表达出一种对未来中巴继续加强合作以复制这一成功模式的热切希冀与急迫期待。

可以发现，这些解读均非常正面，不仅与中方所提出的人类命运共同体的原始理念高度契合，而且彰显了拉美国家参与人类命运共同体建设的良好愿望。

三、结论与传播对策建议

人类命运共同体倡议自提出以来，在巴西的传播范围较为有限，报道数量较少，并未在巴西引起重大关注。不仅巴西联邦政府高层从未在公开场合表示过对该倡议的支持，巴西的各大媒体对此概念的报道也寥寥无几，可见该理念并未在巴西的政治界、舆论界和公民社会激起过多波澜。

虽然有少数对人类命运共同体的报道对这一倡议持赞赏和正面回应的态度，但这些报道多为对中方报道的翻译和转载，这充分说明巴西本土主流媒体并没有将人类命运共同体作为主动报道、推介的新闻议题。样本量的稀少也给我们的调研造成巨大的选择性偏误问题，影响了对样本分析结论的外部推广性；由于愿意在报道中引述人类命运共同体的媒体一般对其理念的认同度较高，因此，我们怀疑有更多媒体对此既缺乏兴趣也缺乏支持。

总体而言，人类命运共同体理念在巴西遭到了"冷遇"，其实际传播效果非常有限。从这个意义上讲，人类命运共同体理念在巴西的传播仍任重道远。针对这个问题，本书初步认为，报道量的不足可能反映了人类命运共同体理念在巴西传播的几个困境。

第一，由于部分西方国家对人类命运共同体抱有疑虑或持敌对态度，因此可能间接影响了巴西主流媒体的立场。特别是几个世纪以来一直与巴西保持"微妙"关系的美国在此问题上展现的消极态度，可能引导了巴西舆论朝着"冷落"甚至"无视"人类命运共同体理念的方向偏移。事实上，自新冠疫情全球暴发以来，巴西极右翼政府成员多次对中国进行污名化攻击，中巴关系出现了自两国建交以来最严重的外交"风波"。这可能造成了近期巴西媒体的涉华言论环境的恶化[①]。

第二，由于人类命运共同体的话语层次较高，主要强调的是一种全球治理合作战略和思路，而非拉美国家普遍更关注的中国与拉美在经贸、技术、投资方面的具体合作，因此可能造成了巴西主流媒体对该议题态度比较冷淡的结果[②]。

第三，中巴两国地理位置相距较远，语言不通，中巴之间的新闻信息壁垒较为严重，这可能在很大程度上限制了人类命运共同体理念在巴西的实际传播效果。

针对以上困境，本报告认为中方可在以下几个方面加强努力。

第一，在为数不多的4篇报道样本中，有2篇是巴西本土媒体对中国通过官方渠道（中国驻巴西大使馆、王毅外长）进行的对外发声的内容的转载，这也给人类命运共同体未来在巴西的传播与推介提供了巧妙的思路。中方完全可以开始思考，如何才能更好地扩大与巴西本土对中国持友善态度的媒体的合作和交流，通过他们的声音，扭转目前的舆论趋势。

第二，中方应该进一步充实人类命运共同体理念的具体内容，不仅要在"务虚"方面努力将其建构为中国扩大全球跨国合作战略和构建新型国际关系的基本理论支撑，还要注重在"务实"方面继续扩充其政策性的具体内容，特别是要展现它对其他第三世界国家所蕴含的广阔的发展机遇。本书认为，人类命运共同体在巴西的传播可以多多借用"一带一路"倡议在巴西传播的已有资源，并延续其已被证明有效的传播策略与思路。

第三，中方应该加快搭建多语种特别是葡语的对外传播话语平台。除了加强中巴官媒之间的协调沟通，还应通过孔子学院和中国派驻拉美国家的新闻机构，有针对性地通过自媒体等更加接地气的方式，全面介

---

① 周志伟：《中国—巴西关系"风波"与巴美接近》，《世界知识》2020年第10期。
② 钟点：《巴西主流媒体"一带一路"报道倾向分析》，《国际传播》2018年第2期。

人类命运共同体理念的全球传播：媒体报道视角

绍人类命运共同体理念的内涵。

第四，中国政府应该继续加强中拉媒体人员交流，特别是鼓励拉美媒体从业人员来华，先赢得拉美媒体人的心，再依靠他们的努力，讲好人类命运共同体的故事。

第三章 欧洲四国主流媒体人类命运共同体报道研究

欧洲国家众多，基于国际关系、本国利益和文化传统等诸多原因，各国对中国提出的人类命运共同体理念态度反差较大。本章选取俄罗斯、英国、德国、法国四个重要的欧洲国家为代表，通过对这些国家主流媒体关于人类命运共同体理念的报道状况的考察，探析这四个国家的报道倾向和未来传播策略。

俄罗斯主流媒体基本认同人类命运共同体的内涵，对这一理念的正面评价较多，表示愿同中方共同构建和平发展的世界多极格局，但相关报道流于表面，没有对这一理念的深入理解和分析，究其原因，俄媒缺乏传播、宣介这一理念的积极性。应加快提高中国对外传播能力，提升国际话语权，以有效地开展人类命运共同体理念的对俄传播。英国主流报纸对人类命运共同体理念的报道量偏低，报道趋势起伏较大。英国对中国和平发展、合作共赢的立场和主张持警惕心态，加之本国利益诉求的反向牵拉，致使人类命运共同体理念"天下大同"的"同心圆"理想在英国主流报纸上被挤压为"扁平状"形态。依靠中国外交高层和学界专家在英国对华友好媒体平台上的正向发声，人类命运共同体的价值主张在英国主流报纸上仍处于优势地位。从历史唯物主义的视角来看，只有各国携手努力，超越意识形态偏见与短时利益羁绊，人类命运共同体理念的价值理想才有可能在国际社会的互动实践中得以实现。德媒对人类命运共同体的关注度相对较低，这与美国政府单边主义和保护主义倾向抬头、德国担心切身利益受到影响的大环境密切相关。德媒观察人类命运共同体的视角可以归为两种，即"美国优先"原则的对立方案、西方价值和体制的竞争对手，两种视角均以德国利益为出发点。人类命运共同体理念在德传播经历了"起步—高涨—争议—深化"四个阶段，专题报道少，话语环境多局限在中德领导人的交流访问，传播方式较为单一。中国应在传播过程中重视双向交流、共情传播，将抽象概念具象化，将话语叙事开放化、复调化，结合中国取得的实际成就阐述人类命运共同体的内涵，用其他国家听得懂、听得进的话语传播人类命运共同体。法国主流媒体涉及人类命运共同体理念的报道数量比较有限，大多从中国外交政策动机的角度进行分析，缺乏对这一理念的文化维度诠释，新冠疫情的暴发在一定程度上促进了法国主流媒体对这一理念的正面解读。

第一节　俄罗斯主流媒体人类命运共同体报道探析

中俄关系经过七十年风雨考验，而今已迈入"新时代全面战略协作伙伴关系"的新阶段。这两个携手走向复兴的大国，在国际事务中加强战略协调与合作，共同应对新的机遇与挑战，迎来了两国关系更高水平、更大发展的新时代。基于此，近年来俄罗斯主流媒体对中国基于全球治理角度提出的人类命运共同体理念是否认同，是中国关注的问题。当前已有研究显示，俄主流媒体对这一理念较为关注，且报道态度积极正面。但俄主流媒体对这一理念的关注重点何在？俄媒是否认为践行这一理念有助于巩固和深化中俄关系的政治基础？未来中国应如何面向俄罗斯做好这一理念的传播？这些问题值得深思，本节拟结合俄罗斯主流媒体关于人类命运共同体理念的报道现状，分析探讨上述问题。

一、俄主流媒体人类命运共同体理念报道的现状

通过中国知网检索，涉及俄罗斯与人类命运共同体主题的文献仅有9篇，其中袁昊的《人类命运共同体研究文献计量分析——兼谈在俄罗斯的接受与反应》，综合应用文献计量分析法，从已有的人类命运共同体研究成果和俄罗斯主流媒体对这一理念的报道状况入手，描绘了俄罗斯对人类命运共同体的认知现状，认为俄方对中国提出的这一理念持支持

第三章 欧洲四国主流媒体人类命运共同体报道研究

态度，并且对这一理念今后的发展保持乐观[1]；于小琴的《从人类命运共同体视角看疫情下俄罗斯社会对华舆论及中国形象》，结合俄媒舆情，阐述了疫情背景下两国通过合作抗"疫"，进一步夯实了双边全面战略协作伙伴关系[2]。这两篇文献是当前基于中俄关系视角对俄罗斯媒体进行研究的代表性成果。但已有成果对人类命运共同体俄主流媒体报道的分析侧重于短时段的考察，缺乏对这一理念提出后俄主流媒体对这一理念的全面而长时段的分析，未见到对中俄关系两个发展阶段——从"中俄全面战略协作伙伴关系"到"中俄新时代全面战略协作伙伴关系"——人类命运共同体理念报道状况的总体性研究。本节拟以2019年6月5日为分界点（中俄签署《中华人民共和国和俄罗斯联邦关于发展新时代全面战略协作伙伴关系的联合声明》），从两个历史阶段分析俄主流媒体关于人类命运共同体理念报道的特点，以此探察人类命运共同体理念对于中俄关系产生的影响。2011年9月6日，国务院发布《中国和平发展》白皮书，首次提出"命运共同体"理念。2012年，党的十八大报告提出"倡导人类命运共同体意识"。2013年3月，习近平主席在莫斯科国际关系学院的演讲中提及"人类命运共同体"，这是他首次在俄罗斯宣介该理念。2015年9月在第70届联合国大会一般性辩论上，习近平主席再次阐述人类命运共同体理念。2017年3月，人类命运共同体理念被首次载入联合国人权理事会决议。

本节以5家俄罗斯主流媒体（俄通社-塔斯社、俄新社、《俄罗斯报》、《共青团真理报》和《论据与事实》）为研究对象，通过5家媒体的官方网站检索2011年9月6日至2020年12月5日关于人类命运共同体的报道，检索关键词为党的十九大报告俄译文、《中国关键词》[3]和人民网俄文版、新华社俄文频道、中俄头条等新闻媒体上较常使用的人类命运共同体俄译版本（сообщество единой судьбы человечества、сообщество

---

[1] 袁昊：《人类命运共同体研究文献计量分析——兼谈在俄罗斯的接受与反应》，《天津外国语大学学报》2020年第2期。
[2] 于小琴：《从人类命运共同体视角看疫情下俄罗斯社会对华舆论及中国形象》，《西伯利亚研究》2020年第3期。
[3] 《中国关键词》为"中国关键词多语对外传播平台"项目成果。该项目主要围绕以习近平同志为核心的党中央治国理政新理念、新思想、新战略，进行中文词条编写和多语种编译。

единой судьбы 和 глобальное сообщество единой судьбы 等）。通过文本分析，考察其报道特点。

（一）近十年报道的总体状况

近十年，5家俄罗斯主流媒体关于人类命运共同体相关的新闻文本共216篇，其中俄罗斯国家政府机关报《俄罗斯报》对此关注度最高（106篇），此外两大通讯社也有较多报道，俄通社-塔斯社达54篇、俄新社达42篇（见图3-1）。由此可见，俄罗斯官方媒体比市场化媒体对这一理念的关注度更高。

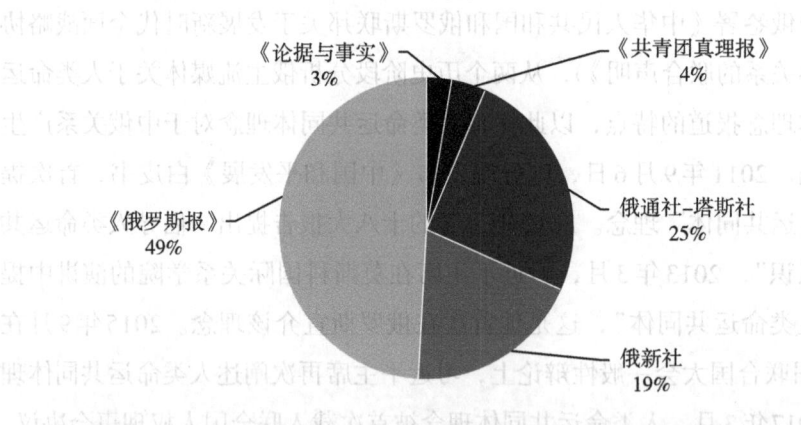

图3-1　俄罗斯主流媒体及人类命运共同体相关报道的篇数比例分布

如图3-2所示，俄罗斯主流媒体对这一理念的最早报道见于2015年的《俄罗斯报》上，数量为2篇；2016年和2017年分别为3篇和9篇。到2018年，俄各主流媒体对人类命运共同体的报道数量大幅攀升，达35篇；2019年报道数量翻倍，跃升至70篇。截至2020年12月5日，相关报道数量已达到97篇。客观数据显示，随着中俄关系进入"新时代全面战略协作伙伴关系"阶段，人类命运共同体理念的报道同步出现了飞跃性增长。

自人类命运共同体理念提出至今，习近平主席、李克强总理等国家领导人和外交部部长王毅、中国驻俄罗斯前任大使李辉及现任大使张汉晖在各种国际场合不断宣传、推广这一理念，俄主流媒体对这一理念的关注度和宣传力度也随之提高，相关报道数量逐年上升。在这样的语境

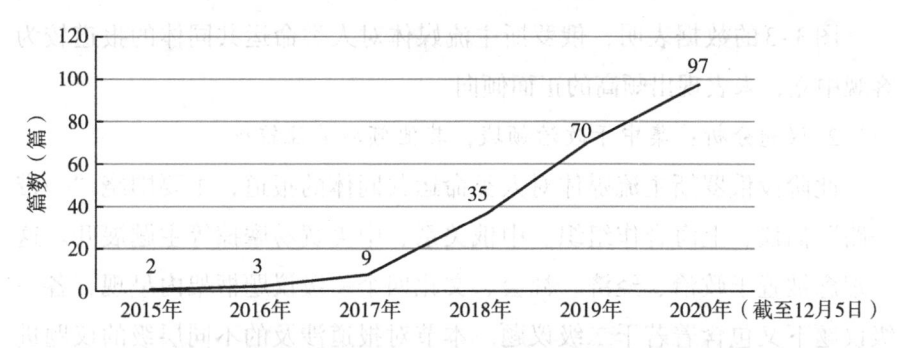

图 3-2　俄罗斯主流媒体人类命运共同体相关年度报道的增长趋势

中,从总体来看,近十年来,俄主流媒体对中国提出的构建人类命运共同体这一理念的关注度持续提升。

(二)"中俄全面战略协作伙伴关系"阶段的报道

1. 报道态度分析:正面报道和中立报道基本持平

按照正面、中立、负面这三种报道情感属性的基本类型进行统计,可以发现,在此阶段全部议题频次中,正面评价为58次,占比约46%;中立评价为67次,占比约54%;无负面评价。各一级议题的具体情感态度评价情况如图3-3所示。

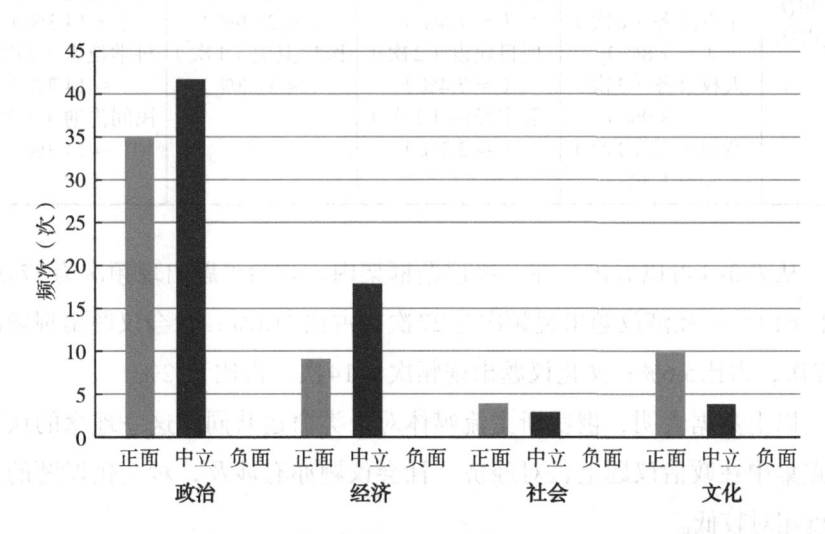

图 3-3　俄罗斯主流媒体人类命运共同体相关报道一级议题的情感评价
("中俄全面战略协作伙伴关系"阶段)

65

人类命运共同体理念的全球传播：媒体报道视角

图3-3的数据表明，俄罗斯主流媒体对人类命运共同体的报道较为客观中立，未表现出颇高的正面倾向。

2. 议题分析：集中于政治领域，其他领域关注较少

此阶段俄罗斯主流媒体对人类命运共同体的报道，主要围绕"一带一路"倡议、上海合作组织、中俄关系、中美贸易摩擦等主题展开。这一理念被置于政治、经济、社会、文化四个一级议题框架内呈现，各一级议题下又包含着若干二级议题。本节对报道涉及的不同层级的议题进行了统计，结果显示，一级议题共出现125次，二级议题的具体分类、频次以及在各自一级议题下所占比重见表3-1。

表3-1 俄罗斯主流媒体人类命运共同体相关报道的议题分类及频次占比（"中俄全面战略协作伙伴关系"阶段）

一级议题频次及占比	政治（77次）（=61.6%）	经济（27次）（=21.6%）	社会（7次）（=5.6%）	文化（14次）（=11.2%）
二级议题频次及占比	国际关系（44次）（≈57.1%） 安全形势（14次）（≈18.2%） 党政治理（9次）（≈11.7%） 军事防务（6次）（≈7.8%） 人权事务（3次）（≈3.9%） 意识形态（1次）（≈1.3%）	经贸合作（10次）（≈37.1%） 营商环境（12次）（≈44.4%） 金融投资（2次）（≈7.4%） 项目建设（2次）（≈7.4%） 数字经济（1次）（≈3.7%）	发展成果（4次）（≈57.1%） 环境保护（2次）（≈28.6%） 医疗卫生（1次）（≈14.3%）	人文交流（6次）（≈42.8%） 媒体往来（2次）（≈14.3%） 对外宣传（2次）（≈14.3%） 科学技术（2次）（≈14.3%） 民间沟通（2次）（≈14.3%）

从表3-1可以看出，在一级议题框架内，政治议题出现频次为77次，占比61.6%；经济议题出现频次为27次，占比21.6%；社会议题出现频次为7次，占比5.6%；文化议题出现频次为14次，占比11.2%。

以上数据表明，俄罗斯主流媒体对人类命运共同体这一理念的认知焦点集中在政治议题上，对经济、社会议题亦有涉及，对文化议题的关注度相对较低。

一级议题"政治"共出现77次，其中，二级议题"国际关系"出现

频次为44次，占比约为57.1%；"安全形势"出现频次为14次，占比约为18.2%；"党政治理"出现频次为9次，占比约为11.7%；"军事防务"出现频次为6次，占比约为7.8%；"人权事务"出现频次为3次，占比约为3.9%；"意识形态"出现频次为1次，占比约为1.3%。由此可见，俄罗斯主流媒体主要以"国际关系"为重心，辅以"安全形势"、"党政治理"和"军事防务"等议题构建人类命运共同体理念的基本内涵。

一级议题"经济"共出现27次，其中，二级议题"经贸合作"出现频次为10次，占比约为37.1%；"营商环境"出现频次为12次，占比约为44.4%；"金融投资"和"项目建设"议题出现频次均为2次，占比均约为7.4%；"数字经济"出现频次为1次，占比约为3.7%。由此可见，俄罗斯主流媒体主要以"经贸合作"和"营商环境"设置人类命运共同体理念传播的经济内涵。

一级议题"社会"共出现7次，其中，二级议题"发展成果"出现4次，占比约为57.1%；"环境保护"出现2次，占比约为28.6%；"医疗卫生"出现1次，占比约为14.3%。由此可见，俄罗斯主流媒体主要以"发展成果"设置人类命运共同体理念的社会内涵。

一级议题"文化"出现14次，其中，二级议题"人文交流"出现6次，占比约为42.8%；"媒体往来""对外宣传""科学技术""民间沟通"均出现2次，各占比14.3%。由此可见，俄罗斯主流媒体主要以"人文交流"设置人类命运共同体理念的文化内涵。

俄罗斯主流媒体聚焦的"国际关系""安全形势""经贸合作""营商环境""发展成果""人文交流"等二级议题，与俄罗斯国家利益密切相关，在这些领域中俄两国利益趋同，因此也更容易得到较多关注。而对于其他二级议题，中俄在相关领域的往来合作仍待拓展，所以关注度尚不高。

（三）"中俄新时代全面战略协作伙伴关系"阶段的报道

2019年6月5日，习近平主席和俄罗斯总统普京在莫斯科共同签署《中华人民共和国和俄罗斯联邦关于发展新时代全面战略协作伙伴关系的联合声明》。声明指出，至此两国关系迈入了一个崭新的历史阶段。从2019年6月5日至2020年12月5日的报道，相较于上一阶段的报道出现了新的特点。

1. 态度分析：正面报道为主

在此阶段相关报道的议题中，正面评价124次，中立评价59次，负面评价1次。各一级议题的具体情感评价情况如图3-4所示。

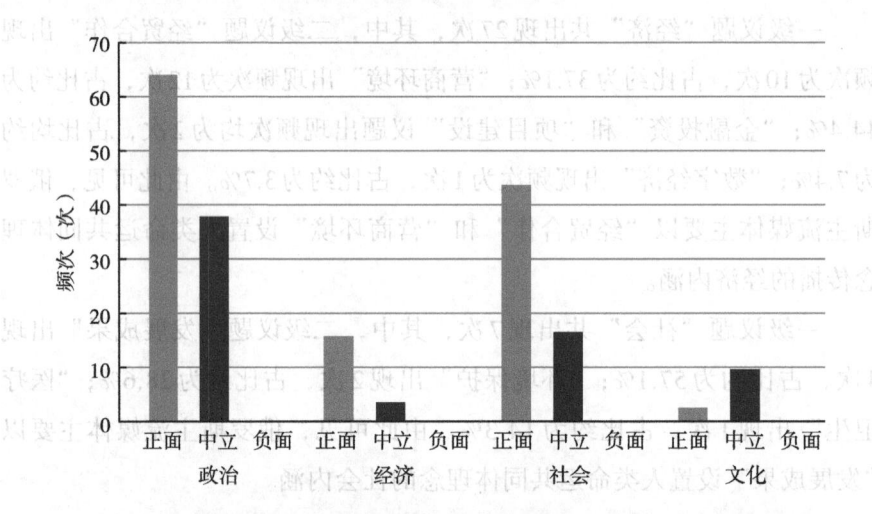

图3-4 俄罗斯主流媒体人类命运共同体相关报道一级议题的情感评价（"中俄新时代全面战略协作伙伴关系"阶段）

和前一阶段相关报道相比，虽然在文化议题下中立报道数量超过正面报道，同时还出现了统计中唯一1次负面报道，但从总数来看，正面评价数量已较大幅度地超过了中立评价。这表明"中俄新时代全面战略协作伙伴关系"的形成在很大程度上影响着俄罗斯主流媒体对人类命运共同体理念的态度变化与报道情感。

2. 议题分析：政治领域为主，社会领域比重提高

此阶段除俄罗斯主流媒体普遍关注的主题外，新冠疫情成为主流媒体关注焦点，因此社会这一一级议题的出现频次明显增长。数据显示，一级议题共出现197次，二级议题的具体分类、频次以及在各自一级议题下占比情况见表3-2。

表3-2 俄罗斯主流媒体人类命运共同体相关报道的议题分类及频次占比
（"中俄新时代全面战略协作伙伴关系"阶段）

一级议题频次及占比	政治（102次）（≈51.8%）	经济（20次）（≈10.2%）	社会（61次）（≈30.9%）	文化（14次）（≈7.1%）
二级议题频次及占比	国际关系（83次）（≈81.4%） 安全形势（7次）（≈6.9%） 党政治理（2次）（≈1.9%） 军事防务（5次）（≈4.9%） 人权事务（4次）（≈3.9%） 领土主权（1次）（≈1.0%）	经贸合作（10次）（=50.0%） 营商环境（8次）（=40.0%） 金融投资（1次）（=5.0%） 项目建设（1次）（=5.0%）	防疫抗疫（45次）（≈73.8%） 发展成果（5次）（≈8.2%） 捐资援助（6次）（≈9.8%） 环境保护（4次）（≈6.6%） 女性领导力（1次）（≈1.6%）	人文交流（2次）（≈14.3%） 媒体往来（4次）（≈28.6%） 对外宣传（2次）（≈14.3%） 科学技术（5次）（≈35.7%） 民间沟通（1次）（≈7.1%）

从表3-2可以看出，在一级议题框架内，政治议题出现频次为102次，占比约为51.8%；经济议题出现频次为20次，占比约为10.2%；社会议题出现频次为61次，占比约为30.9%；文化议题出现频次为14次，占比约为7.1%。与前一阶段报道相比，政治议题数量显著增长，突如其来的新冠疫情使社会议题占比上升至第二位。

一级议题"政治"出现频次为102次，其中，二级议题"国际关系"出现频次为83次，占比约为81.4%；"安全形势"出现频次为7次，占比约为6.9%；"党政治理"出现频次为2次，占比约为1.9%；"军事防务"出现频次为5次，占比约为4.9%；"人权事务"出现频次为4次，占比约为3.9%；"领土主权"出现频次为1次，占比约为1.0%。与前一阶段报道相比，此阶段报道中对"国际关系"的关注进一步加深。

一级议题"经济"出现频次为20次，其中，二级议题"经贸合作"出现频次为10次，占总频次的比例为50.0%；"营商环境"出现8次，占比为40.0%；"金融投资"和"项目建设"议题频次均为1次，占比均为5.0%。经济议题的报道情况总体上与前一阶段大致相同。

一级议题"社会"出现频次为61次，其中，"防疫抗疫"出现频

69

次为45次，占比约为73.8%；"发展成果"出现频次为5次，占比约为8.2%；"捐资援助"出现频次为6次，占比约为9.8%；"环境保护"出现频次为4次，占比约为6.6%；"女性领导力"出现频次为1次，占比约为1.6%。需要指出的是，作为重大公共卫生突发事件，新冠疫情的暴发不仅考验着各国的医疗卫生水平，还对经济形势造成冲击，同时改变着国际经济政治格局。相应地，俄主流媒体相关报道没有局限在医疗卫生领域，而是同时涉及国际援助、企业复工复产、科技合作等多个方面。因此，笔者将新冠疫情相关报道计入"防疫抗疫"这一二级议题，在"医疗卫生"中不再重复统计。

一级议题"文化"出现频次为14次，其中"人文交流"出现频次为2次，占比约为14.3%；"媒体往来"出现频次为4次，占比约为28.6%；"对外宣传"出现频次为2次，占比约为14.3%；"科学技术"出现频次为5次，占比约为35.7%；"民间沟通"出现频次为1次，占比约为7.1%。

本阶段报道中尤其需要指出的是"防疫抗疫"议题的出现。新冠疫情暴发以来，俄罗斯主流媒体的着眼点没有停留在中国疫情的数据变化上，而是包括了防控措施、疫苗研发、国际抗疫合作等方面，并结合人类命运共同体理念，多层面、多角度展现了中国负责任的大国形象。

从以上报道统计结果可以看出，俄罗斯主流媒体对人类命运共同体的关注度不断加强。其原因首先在于这一理念符合人类发展的共同诉求，当今人类社会，各国利益高度关联和融合，经济全球化在促进各国发展进步的同时，也把贫困、战乱、难民危机、环境污染等重大挑战摆在人类面前。在时代呼唤新的全球治理方案的时候，构建人类命运共同体的中国智慧应和了人类利益的共同诉求，成为俄罗斯社会关注的话题。其次，中俄两国是山水相连的友好邻邦，两国关系经过七十年曲折的发展历程，目前已建立了"新时代全面战略协作伙伴关系"，正加强协调与合作，在维护两国核心利益上相互支持。巩固中俄共同利益基础，加强中俄互利共赢的合作关系，将成为双边关系深化发展的重要保障[1]。人类

---

[1] 刘清才、王迪：《新时代中俄关系的战略定位与发展》，《东北亚论坛》2019年第6期。

命运共同体理念符合中俄发展趋势，推动构建人类命运共同体的战略构想对中俄关系未来的发展具有重要的意义。最后，国际形势正经历一场大变革、大调整，大国的战略博弈全面加剧，国际体系和国际秩序深度调整。在纷繁复杂的国际关系中需要有一种能够远瞻人类社会发展未来，代表人类共同利益的声音发出，而不断走近世界舞台中央的中国，自然成为构建新型国际关系的重要力量，以及俄罗斯乃至国际社会关注的焦点。

二、叙述框架分析

在关于人类命运共同体的具体报道中，俄各主流媒体往往通过对新闻事件客观报道，援引官员话语等信源，记者介入评论的方式，设置这一理念的相关议题。

中俄是相邻的两个大国，从地缘政治角度来看，合作是双方不二的选择，且中俄两国都处在转型期，面临着艰巨的经济发展任务，因此一个和平稳定的地区和国际环境是两国共同的现实需要。中俄两国都反对霸权主义和强权政治，在建立多极世界等重大国际问题上具有广泛一致的立场。双方都把两国关系作为外交优先发展方向。两国在各自国家核心利益上相互支持，形成了利益交融的密切关系。基于此，在俄罗斯主流媒体上，表现出俄罗斯理解并认同人类命运共同体内涵，支持该理念，愿同中国一道共同构建新型国际秩序的价值取向。

（一）理解内涵，认同理念

人类命运共同体理念着眼于人类社会，考虑的是我方利益与他方利益的相互尊重、相互衔接，从而实现利益共享、共同发展。在俄罗斯看来，人类命运共同体理念呼唤普遍安全与持久和平，坚持合作共赢与共享共建。

1. 呼唤普遍安全与持久和平

2018年5月9日俄新社报道，为纪念卫国战争胜利七十三周年，世

人类命运共同体理念的全球传播：媒体报道视角

界各地举行了"不朽军团"纪念活动。在北京，俄罗斯驻华大使安德烈·杰尼索夫持父亲肖像参加了纪念游行。他表示："今天我们是平等的，这里没有长幼尊卑，不分国籍。今天我们在这里，是因为感情相通，这种感情就是在中国常常提及的人类命运共同体。"[1] 俄罗斯是第二次世界大战的欧洲主战场，为赢得战争胜利，付出了共2700多万人伤亡的代价；中国是第二次世界大战的亚洲主战场，是战争起始最早、持续时间最长、赢得战争胜利最为艰难的国家。两国人民都为争取和平付出了惨重代价。当下恐怖主义、难民危机等全球性问题不断警示人类，战争的威胁仍然存在。共同举办纪念活动展现了两国维护胜利成果和国际公平正义的决心，告诫世人珍惜和维护来之不易的和平。正如人类命运共同体理念所提倡的：大国要尊重彼此核心利益和重大关切，管控分歧；大国对小国要平等相待，摒弃唯我独尊的思维，努力构建对话不对抗、结伴不结盟的伙伴关系。

2. 坚持合作共赢与共建共享

自新冠疫情发生以来，中国政府利用各种信息通道，及时向世界传达中国声音；主动发布信息，尊重全球公众的知情权；加强与各国、世界卫生组织的联系与沟通，在国际平台上分享中国经验。中国在自身做好疫情防控工作和疫情常态化管理的同时，还积极投入国际援助和科技合作，向多国提供防疫物资、派遣医疗队、发表疫情研究成果、联合研发疫苗。这些得到了俄罗斯主流媒体的高度赞扬。

《俄罗斯报》发表的题为《世界不会同意中国为传染病道歉的反华要求》的文章指出："中国人民为世界各国防控疫情赢得了时间。中国和世界卫生组织的联合专家调查组的报告指出，中国采取了历史上最勇敢、最灵活和最积极的抗疫措施。"[2] 对美国政府宣扬疫情"中国起源论""中

---

[1] РИА Новости, "В Пекине прошла акция 'Бессмертный полк'", *РИА Новости*, https://ria.ru/20180509/1520202291.html, 2018-05-09.

[2] Российская газета, "Мир не соглашается с антикитайскими требованиями извинений за эпидемию", *Российская газета*, https://rg.ru/2020/03/07/mir-ne-soglashaetsia-s-antikitajskimi-trebovaniiami-izvinenij-za-epidemiiu.html, 2020-03-07.

国责任论",甚至向中国索要赔偿的叫嚣,《俄罗斯报》在《世界应该与病毒斗争,而不是走向极端》的文章中称,在疫情期间,美国向中国发动了三波攻击。第一波,美国给新冠疫情强加上民族色彩。美国国务卿蓬佩奥不顾中国的强烈抗议,不顾美国亚裔族群的不满情绪,不顾世界卫生组织提出的反对在防疫、抗疫中搞污名化、政治化的呼吁,恶意将新冠病毒称为"武汉病毒";第二波,美国将本国疫情蔓延归结为中国应对不及时,指责中国对病毒扩散反应迟缓,所采取的措施不透明,对病毒实际传播规模存在隐瞒;在第三波攻击中,美国企图对中国提起诉讼。文章对美国极端错误的做法进行了直接的批评。

文章援引俄罗斯外交部部长谢尔盖·拉夫罗夫的话:"我对将新冠病毒话题政治化的企图提出警告。这些企图不仅针对世界卫生组织的角色,还存在于对某个国家的指责中。"[1]他认为,在全球疫情防控的危急关头,世界追求的应该是团结,而不是分散和对峙。在他看来,人类命运共同体理念是支持合作共赢的正面范例,他说:"我们的中国朋友提出了人类命运共同体理念。这一理念的目标是将力量聚合。若某些国家提出的理念遏制俄罗斯、中国或其他国家,那这种理念就是另一种消极的哲学。这类理念是从负面情绪出发,从强调对峙和煽动矛盾出发的。我认为,操控这种理念的人在疫情结束之后,会越来越不受欢迎,越来越不被需要。"[2]这些话语起到了激浊扬清、以正视听的作用。

当今世界面临的全球性问题是前所未有的,正因如此,世界各国人民的命运才会越来越紧密地联系在一起,没有一个国家可以独善其身。只有秉持人类命运共同体之和平发展、合作共赢的核心理念,才能解决全人类面临的共同问题,为经济社会发展营造良好条件,逐步实现人类和谐共存的美好愿望。

---

[1] Константин Щепин, "Мир должен воевать с эпидемией, а не искать крайнего", *Российская газета*, https://rg.ru/2020/04/15/mir-dolzhen-voevat-s-epidemiej-a-ne-iskat-krajnego.html, 2020-04-15.

[2] 同上。

（二）支持理念，乐于参与

在认同人类命运共同体理念及其实践体"一带一路"倡议的基础上，俄罗斯对这一理念表现出了认同和支持，希望与中国一起，共同构建相互合作、公平竞争、和平发展的世界格局。

2018年6月8日，习近平主席在人民大会堂同俄罗斯总统普京举行会谈。会谈后，两国元首签署了《中华人民共和国和俄罗斯联邦联合声明》（以下简称《声明》）。翌日，俄罗斯国际事务委员会主席、前俄罗斯外长伊戈尔·伊万诺夫在《俄罗斯报》上发表了题为《打破历史陈规》的署名文章。在文章中，他全面分析了当前的国际形势，认为"中俄伙伴关系不仅是当代国家间关系的典范，而且在维持世界战略平衡和稳定中发挥着越来越重要的作用"[1]。此外，他还指出，"当今世界正在更快地堕入混乱，这种混乱威胁的不仅仅是个别国家或地区，还有整个国际社会"[2]；与此同时，"美国正处在内部政治深度分裂的情况下，目前没有人能准确地预测，分裂会在何时以何种方式渡过"[3]；欧盟也在与自身的基础性体制危机对抗，从前的全球政治中心已经无法在构建新型世界秩序的过程中发挥主导作用。基于上述观点，伊万诺夫引用《声明》原文，表示："中俄两国将'推动构建人类命运共同体，在各国平等参与全球治理、遵循国际法、保障平等和安全、相互尊重和考虑彼此利益、摒弃对抗和冲突的基础上，促进更加公正合理的世界国际秩序的形成'。"[4] 他认为，与其他世界政治势力中心相比，中俄两国在推进相互合作方面有以下优势：首先，西方社会呈现分裂和政治极化态势，而中俄两国政治凝聚力强，对重大国际问题的看法较为一致；其次，因其自身政治发展特点，中俄两国在战略计划的基础上，能够对政治进程进行数年甚至数十年的规划，这一点在西方所谓民主制度下是行不通的。面对当今世界中存在的挑战，

---

[1] Игорь Иванов, "Сломать алгоритм истории", *Российская газета*, https://rg.ru/2018/06/09/igor-ivanov-u-rossii-i-kitaia-est-preimushchestva-po-sravneniiu-s-ssha-i-es.html, 2018-06-09.

[2] 同上。

[3] 同上。

[4] 同上。

需要长期规划和统筹考量，而无法在短时间内依势决策；再次，中俄双边合作不仅在两国之间进行，而且还活跃在"一带一路"、上海合作组织、欧亚经济联盟等多边框架内，两国在这些合作中积累了丰富的经验，可以将其视作构建新型大国关系的阶段性积累，也可以将其适用于更加广泛的多边形式。

俄通社－塔斯社在一篇题为《俄罗斯参与的博鳌论坛聚焦抵制贸易保护主义的措施》的文章中评价说："中国政府十分重视博鳌亚洲论坛，因为这一论坛使北京的国际交往更加频繁，推动一系列迫切问题得以解决，强化中国在国际舞台上的角色，确立中国政府所宣传的'人类命运共同体'理念的原则。"[①]俄罗斯始终较为关注博鳌亚洲论坛的举办情况，支持并积极参与论坛工作。文章指出，2014年，时任俄罗斯副总理阿尔卡季·德沃尔科维奇曾率代表团出席论坛，其间为推动中俄两国在金融、能源、工业、投资等多个领域的合作作出了显著的贡献。当年的博鳌亚洲论坛还举行了时任俄罗斯总理德米特里·梅德韦杰夫的摄影作品展。2015年，时任俄罗斯第一副总理伊戈尔·舒瓦洛夫出席论坛，签署了博鳌亚洲论坛和圣彼得堡国际经济论坛合作备忘录。在2019年的论坛上，俄罗斯天然气公司董事长维克多·祖布科夫出席"一带一路：为全球化'修路'"分论坛并发言，会上讨论了如何推动机场、海湾、铁路、公路等战略性基础设施的建设，以及简化国际贸易手续的可能办法。

从上述评论来看，俄方政界高层人士高度评价中国成功运用主场外交，不断加深同各国，特别是同发展中国家关系方面取得的重大成果，并期望在未来的国际关系和人类命运共同体的事业中贡献更多、更大的力量。

---

① Николай Селищев, "Форум в Боао с участием России сфокусируется на мерах противостояния протекционизму", *Информационное агентство России «ТАСС»*, https://tass.ru/ekonomika/6257538, 2019–03–26.

三、中俄关系新阶段俄主流媒体报道的现实问题

在"中俄新时代全面战略协作伙伴关系"的加持下,俄罗斯主流媒体对人类命运共同体理念进行了总体呈正面评价态势的报道。但通过数据统计和叙述框架分析可以发现,这一思想理念在俄传播仍存在一些问题。

首先,除了政治议题,俄罗斯主流媒体在其他议题领域的传播潜力未被深入挖掘。中俄两国在政治层面建立了议会领导人会晤机制、总理定期会晤机制、战略安全磋商等高层次合作机制,形成了高度的政治互信。在政治关系的引领下,中俄两国在能源、农业、旅游业、金融投资、军事技术、人文交流、基础设施建设等领域的合作同样取得了丰硕成果,但这些成就未得到俄罗斯主流媒体应有的正视和关注。此外,中俄两国在多个领域的合作本身尚存在着问题和不足,从而影响了俄方对人类命运共同体理念的理解以及中国践行理念中实际成果的了解,限制了俄罗斯主流媒体对人类命运共同体理念的报道和传播。

其次,俄罗斯主流媒体对人类命运共同体理念的报道大多带有较强的政治思维,对受众的心理需求普遍关注不足。在报道中,俄主流媒体更侧重对论坛实际进程、中外领导人的发言的报道,以较大篇幅或者全篇引用领导人和外交官员的发言或采访。此类报道会削弱其自身的实际影响力,致使传播效果不理想。这一问题在俄主流媒体对中俄关系发展关键节点的报道中凸显出来。例如,2017年7月,习近平主席对俄进行国事访问,两国元首签署中俄关于进一步深化全面战略协作伙伴关系的联合声明;2019年6月,习近平主席对俄罗斯进行国事访问并出席第二十三届圣彼得堡国际经济论坛;2019年9月,李克强总理正式访问俄罗斯并举行中俄总理第二十四次定期会晤;2020年3月,习近平主席与普京总统通电话就抗疫交换意见。在两国元首积极互动的背景下,人类命运共同体理念虽然在俄主流媒体对中国领导人的采访中被提及,但这些报道都以长篇采访稿或引言的形式呈现,并没有对这一理念的深刻理

解和深入解读。这种报道形式没有从读者的关注点和兴趣点出发，报道方式较为生硬，丧失了积极有效的传播效果。

再次，全球新闻议题设置日趋同化，各国媒体在报道中使用的新闻框架、新闻用语差别不大，而全球主要传播资源又被以美国为主的西方国家所垄断，其媒体在国际议题设置上占据着有利地位。俄主流媒体在议题设置上尚缺少丰富性，相对有限，未对这一理念进行多方位、深层次的报道。

总的来说，从俄罗斯主流媒体的报道可以看出，俄罗斯基本理解并支持人类命运共同体理念，但一部分报道对此仅是一笔带过，流于表面，俄主流媒体尚缺乏传播、宣介这一理念的积极主动性，甚至在对一些重大事件的报道中对其常常忽略。如2013年习近平主席在莫斯科国际关系学院发表演讲时首次提及人类命运共同体理念，以及2020年5月8日习近平主席与普京总统通电话祝贺卫国战争胜利七十五周年时提及人类命运共同体理念，但在俄主流媒体对这两个事件的相关报道中，均未出现该理念。

四、面向中俄关系未来的应对之策

从进一步深化"中俄新时代全面战略协作伙伴关系"的角度出发，结合当前俄主流媒体对人类命运共同体理念的传播现状，本研究认为可在以下六个方面努力，以提升人类命运共同体理念的对俄传播效果。

第一，开拓中俄合作新亮点，补齐合作短板，以中俄合作的有效成果为人类命运共同体理念的相关报道提供素材。中国要抓住两国各领域合作中存在的问题，善于击中痛点，"好钢用在刀刃上"，借助政府外交深化双方对这一理念的共识。

第二，全面、具体、深入描绘和阐释人类命运共同体的完整图景及其文化内涵，讲好中国故事，展现真实、立体、全面的中国，以鲜活、生动的人类命运共同体的话语实践以及活动实践给俄罗斯各界带来崭新的文化体验，引发其强烈的兴趣。在话语实践中，除政治元素的陈述外，

人类命运共同体理念的全球传播：媒体报道视角

更要加强在经济、社会、文化方面的渲染，呈现鲜明的时代和文化气息。

第三，通过人文交流，将人类命运共同体理念变成俄罗斯政府和社会共同关心的话题。传播人类命运共同体理念绝非单向的话语输出或思想传播，中国应大力加强对当代俄罗斯社会、政治、经济、文化方面的研究，了解其兴奋点，为我国的对外政策和对外宣传提供真实、生动的社会镜像，进而将人类命运共同体理念与俄罗斯的兴奋点相结合，找到利益契合点，激发俄罗斯对该理念的兴趣与传播。利用文化艺术、学术交流等途径，积极与俄罗斯分享中国在各领域践行人类命运共同体的具体成就，强化思想传播的成果支撑。

第四，加强传播形式的多元化和传播渠道的多样化，增强中国对外传播能力。通过"中俄头条"等新兴媒体，提升中国对外影响力，塑造客观、真实、全面的中国国家形象。在对外传播话语上，需要改变过去以塑造国家形象为主的政治话语传播，提升媒体议题设定的丰富性，结合俄罗斯受众的文化心理和接受习惯选择合适的新闻题材和报道形式，放弃刻板、生硬的说教面孔。

第五，吸纳有一定舆论影响力且对人类命运共同体理念有深刻认知的俄罗斯友华精英人士向俄罗斯传递人类命运共同体的真实内涵。组织对华友好、立场坚定且真正具有影响力的俄罗斯专家学者发表系列文章，抓住疫情热点话题，推进人类命运共同体理念的传播。联合抗击新冠疫情是人类命运共同体的一次具体实践。借此实践，组织俄罗斯友华专家在俄媒广泛发声，结合人类命运共同体理念讲述中国做出的推动国际抗疫的具体行动，让俄罗斯民众深刻体会到中国正以自身的实际行动去践行人类命运共同体理念，从而广泛宣传人类命运共同体理念的全人类价值观。

第六，借助中俄媒体论坛的交流平台，深化中俄媒体的合作交流，建立有序、深入的对话机制，推动人类命运共同体理念的传播。中俄媒体论坛是中俄两国媒体交流合作的平台，由两国轮流举办。自2015年起至今，中俄媒体论坛已成为引领两国媒体交流合作、助力中俄关系友好发展的一个重要的机制性对话平台。可以借助中俄媒体论坛的交流平台以"中俄联合抗疫"为论坛主题，开展形式多样的对话交流，通过联合报道、采访中俄联合抗疫的实际措施，通过新闻稿件互换、共同举办新闻活动支持联合抗疫及人类命运共同体理念的传播，吸引俄主流媒体的关注和报道。

第二节 英国主流媒体人类命运共同体传播的现状及启示

人类命运共同体理念最初以"命运共同体"的提法出现在2011年《中国的和平发展》白皮书中，后逐渐发展成型为以构建"持久和平、普遍安全、共同繁荣、开放包容、清洁美丽的世界"为内容和目标的"五位一体"中国重要外交思想。这一全新理念不仅凝聚起了全中国人民的广泛共识，并最终载入了中华人民共和国新宪法和中国共产党新党章，而且得到了联合国的广泛认可，先后被写入联合国多个决议。

自人类命运共同体理念被提出至今，国内学界研究不断升温，截至2020年6月15日，中国知网以"人类命运共同体"为题的论文呈逐年上升态势，总量高达2511篇。综观国内学者所做的研究，主要从马克思主义哲学，中西政治、文化比较，国际传播等视域就这一理念的内涵、意义、传播困境以及策略等进行了分析与探讨。单就国际传播视域下开展的研究而言，目前多数集中从国内视域，针对这一理念在国际传播中的困境，提出了一些传播策略建议。[①]而从他国视域，就这一理念在国外的传播与接受现状所做的研究相对较少，现有研究大多从媒介视角展开，个别从公众[②]和学界[③]视角进行。从媒介视角开展的研究仅对这一理念

[①] 见陈鑫:《"人类命运共同体"国际传播的困境与出路》，《宁夏社会科学》2018年第5期；温祖俊:《人类命运共同体理念的传播现状与改进策略》，《对外传播》2019年第11期；王祯、李包庚:《推进"人类命运共同体"理念对外传播问题探论》，《理论导刊》2019年第6期；史慧琴、李智:《新世界主义视域下"人类命运共同体"理念对外传播的困境和出路》，《对外传播》2018年第6期。

[②] 关世杰:《美国民众对人类命运共同体认知态度研究》，《国际传播》2019年第2期。

[③] 高望来:《美国学术界对人类命运共同体认知及中国应对之策》，《太平洋学报》2019年第8期。

人类命运共同体理念的全球传播：媒体报道视角

在美国[①]、德国[②]、俄罗斯[③]、新加坡[④]等少数国家主流媒体上的舆论态势进行了研究。虽然蒋海蛟、牟琛的研究也涉及英国媒体，但样本选取仅有《卫报》一家，且分析不够全面、深入。鉴于此，本节以人类命运共同体理念在所有英国主流报纸上的相关报道为研究对象，通过分析报道次数及趋势、媒体及作者以及议程设置等，力图对这一理念在英国主流报纸上的舆论态势作全面了解，并在此基础上，为人类命运共同体理念在英国媒体上的进一步广泛传播提出一些对策建议。

本研究语料使用 Factiva 数据库报纸子库，以"人类命运共同体"的相应英译文 "a community of common destiny"（此为党的十八大报告的英译文）、"a community with a shared future for mankind/ humanity"（此为党的十九大报告以及新华社和外交部通稿中使用的两个英译本）、"a community of shared future"（这一版本也在一些媒体中使用）为关键词，检索自 2011 年 9 月 6 日至 2020 年 6 月 9 日英国主流报纸发表的包含"人类命运共同体"这一关键词的所有报道。

一、报道量偏低、趋势起伏较大

研究发现，《金融时报》《卫报》《每日电讯报》《星期日电讯报》《伦敦标准晚报》《泰晤士报》《独立报》《星期日快报》8家英国主流报纸相关报道提及了"人类命运共同体"这一关键词。通过系统自带的筛选功能和人工复检，去除重复文章后，共获得有效报道21篇，关键词"人类命运共同体"共出现22次。

人类命运共同体理念首次在英国报纸上出现是在2011年，该年9月

[①] 高金萍、余悦：《美国媒体视域下"人类命运共同体"理念呈现》，《新闻爱好者》2020年第3期。
[②] 唐婧：《人类命运共同体理念对德传播的两大原则》，《天津外国语大学学报》2020年第2期。
[③] 袁昊：《人类命运共同体研究文献计量分析——兼谈在俄罗斯的接受与反应》，《天津外国语大学学报》2020年第2期。
[④] 蒋海蛟、牟琛：《人类命运共同体理念的海外传播分析——基于对三家国际主流报刊的数据统计和文本分析》，《对外传播》2019年第8期。

25日,《星期日电讯报》发表了时任中国国务委员戴秉国的文章《中国选择和平道路》,称"我们生活在一个日益多极化的世界中,经济全球化和信息技术发展势头正劲。各国相互更为依赖,利益更加密切。这使世界成为一个'命运共同体'"[①]。然而,此后四年这一理念在英国报纸上均未被提及。直到2016年4月11日,《卫报》一篇名为《习近平访英新闻摘要:红旗、红地毯和格林王啤酒》的新闻报道才再次提及这一理念,文章称在女王举办的宴会上,习近平发表讲话称:"各国关系更加相互依存,利益更加交织,世界正日益成为一个'命运共同体'。"[②]此后几年,这一理念在英国报纸上均有提及,但在2017年达到峰值7次后,2018年和2019年均回落为5次,2020年截至研究统计截止日半年时间内报道次数也仅为3次(见图3-5)。

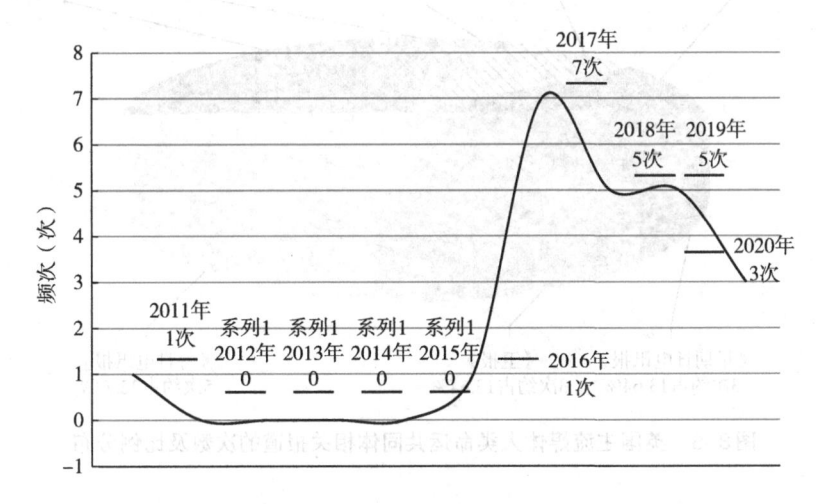

图3-5 英国主流媒体人类命运共同体相关年度报道的数量及趋势变化

从上可以看出,相较于中国国内各界对人类命运共同体理念的持续热议,英国主流报纸对这一理念的报道量总体偏低,且趋势起伏较大。

---

① Dai Bingguo, "China Chooses a Peaceful Path", *The Sunday Telegraph*, 2011-09-25.
② Jessica Elgot, "Xi Jinping UK Visit Roundup Red Flags, Red Carpets and Greene King", *The Guardian*, 2016-04-11.

人类命运共同体理念的全球传播：媒体报道视角

二、中方主要利用电讯报系正面发声

就发文媒体而言，英国主要全国性大报对人类命运共同体理念均有报道。《金融时报》和《每日电讯报》的报道量最多，均为5次，各约占总报道量（22次）的22.73%；其次是《卫报》和《星期日电讯报》，均为3次，各约占13.64%；再次是《伦敦标准晚报》和《泰晤士报》，均为2次，各约占9.09%；最后为《独立报》和《星期日快报》，均为1次，各约占4.55%（见图3-6）。

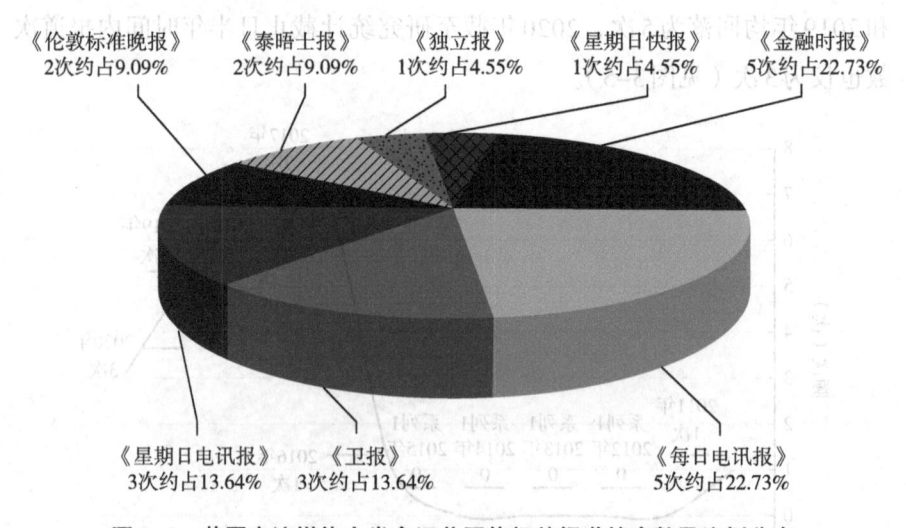

《伦敦标准晚报》2次约占9.09%　《泰晤士报》2次约占9.09%　《独立报》1次约占4.55%　《星期日快报》1次约占4.55%　《金融时报》5次约占22.73%

《星期日电讯报》3次约占13.64%　《卫报》3次约占13.64%　《每日电讯报》5次约占22.73%

图3-6　英国主流媒体人类命运共同体相关报道的次数及比例分布

就发文作者而言，涉及人类命运共同体理念的报道多数出自中国作者之手，来自中国作者的报道为12次，约占总报道量（22次）的54.55%；外国作者的报道量为9次，约占40.91%；另外，还有一位未标记国籍的匿名作者报道1次，约占4.55%（见图3-7）。

进一步分析表明，署名中国作者之手的报道多数由时任中国驻英国大使刘晓明完成，刘晓明大使共发文8篇，文中9次提及"人类命运共同体"这一关键词。具体发文媒体、篇数及理念提及次数为：《每日电讯报》，3篇，4次；《星期日电讯报》和《伦敦标准晚报》，各2篇，2次；

匿名作者1次约占4.55%

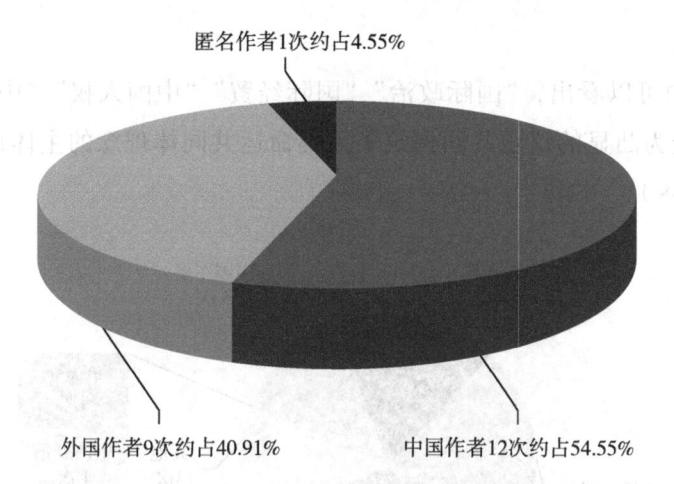

外国作者9次约占40.91%　　中国作者12次约占54.55%

图 3-7　英国主流媒体人类命运共同体相关报道的作者国别及报道量

《卫报》，1篇，1次。此外，时任中国国务委员戴秉国在《每日电讯报》、中国外交部前副部长傅莹以及北京外国语大学副教授顾宾在《金融时报》各发文1篇，均1次提及"人类命运共同体"这一关键词。

　　署名外国作者的9篇报道的作者较为分散，分别由杰西卡·埃尔戈特、伊莎贝尔·希尔顿、加布里埃尔·陈等9位作者完成。具体发文媒体、篇数及理念提及次数为：《金融时报》，3篇，3次；《卫报》，2篇，2次；《每日电讯报》《独立报》《泰晤士报》《星期日快报》均为1篇，1次。

　　综上可以看出，中国作者的发文主要集中于电讯报业旗下的《每日电讯报》和《星期日电讯报》，外国作者的发文主要集中于《金融时报》和《卫报》。

三、中国倡议占据优势议程

　　经议题归类发现，英国主流媒体对人类命运共同体理念所涉议题的呈现，依据同类议题出现次数由多到少，可归为7类，总评价次数为23次，分别为："国际政治"7次、"国际经贸"6次、"中国人权"4次、"中国军事"3次、"华为5G"1次、"中国疫情"1次以及"孔子学

人类命运共同体理念的全球传播：媒体报道视角

院"1次。

从中可以看出，"国际政治""国际经贸""中国人权""中国军事"这4个较为凸显的议题共同构筑了人类命运共同体理念的主体议程框架（见图3-8）。

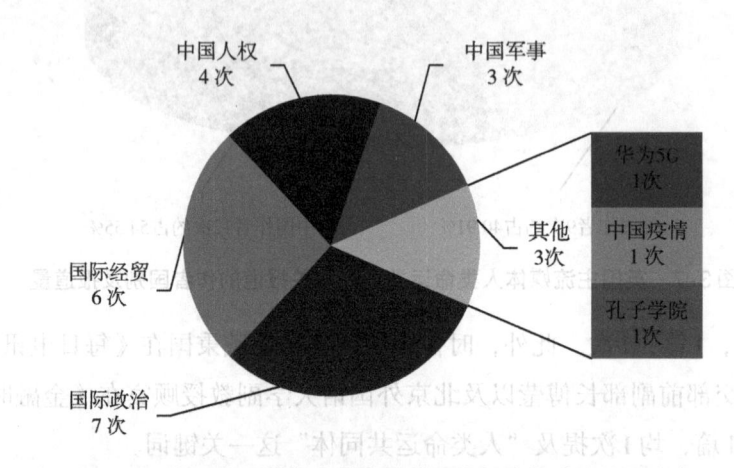

图3-8 英国主流媒体人类命运共同体相关报道的议题分布

就议题评价而言，英国主流媒体对人类命运共同体理念所涉议题的总体评价呈现正、负并存且正面占优的格局，表现在总共23次议题评价中，正面评价为13次，占比约为56.52%；负面评价为9次，占比约为39.13%；中立评价为1次，占比约为4.35%（见图3-9）。

就具体议题而言，"国际政治"议题主要涉及中国驻英大使刘晓明向外界积极阐释中国对外和平发展道路[①]以及中方呼吁继续推动中英"黄金"时代向前发展这两个议题[②]；另外，在这一议题下，个别外国作者对中国在中美大国关系中的角色担当予以了肯定[③]，但也有一些外国作者担

---

① Liu Xiaoming, "China is Entering a New Era and the World will be Better for It", *London Evening Standard*, 2017-11-03.

② Liu Xiaoming, "The China-UK 'Golden Era' Has New Chance to Bear Fruit", *The Daily Telegraph*, 2017-11-07.

③ Isabel Hilton, "Donald Trump is Making China Great Again", *The Guardian*, 2017-02-03.

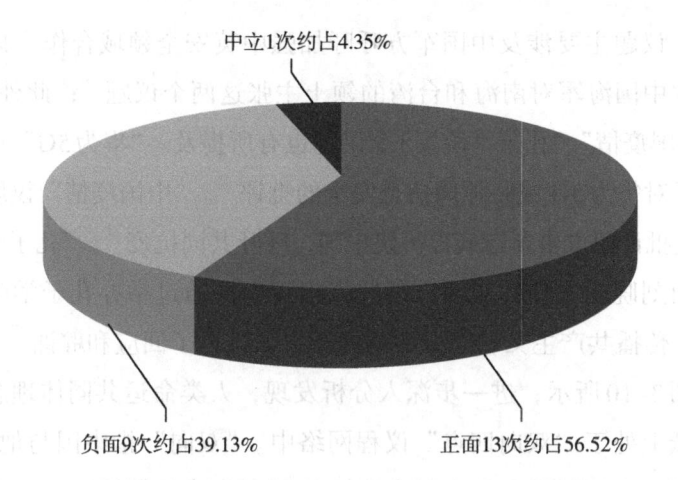

第三章 欧洲四国主流媒体人类命运共同体报道研究

中立1次约占4.35%

负面9次约占39.13%　　　正面13次约占56.52%

图3-9　英国主流媒体人类命运共同体相关报道所涉议题的总体评价

心所谓的中国威权统治会对西方构成威胁[①]。"国际经贸"议题主要涉及中国驻英大使刘晓明和国内个别学界专家呼吁中美开展自由公平贸易[②]以及重申中国对非投资建设合作共赢主张这两个议题[③]；同时，在这一议题下，也有个别外国作者质疑中国"一带一路"倡议背后的所谓政治意图[④]，担忧中国钢铁对英国产业的冲击[⑤]。此外，"中国人权"也是较为凸显的一个议题，这一议题主要涉及国外作者批评所谓的中国威权政府对新疆维吾尔族的人权侵犯[⑥]及对所谓的异见分子的打压这两个议题[⑦]。"中

[①] Marco Giannangeli, "Why We Should All be Fearful of China's Ambitions", *Sunday Express*, 2020-04-26.

[②] Gu Bin, "China Believes in Free and Fair Trade Too, President Trump", *Financial Times*, 2018-02-02.

[③] Liu Xiaoming, "China's Role in Africa is as an Equal Partner", *The Daily Telegraph*, 2017-12-06.

[④] Tom Mitchell, "Beijing Insists Its Initiative is No Marshall Plan", *Financial Times*, 2018-09-26.

[⑤] Jessica Elgot, "Xi Jinping UK Visit Roundup Red Flags, Red Carpets and Greene King", *The Guardian*, 2016-04-11.

[⑥] Hasnet Lais, "Why won't Muslim Leaders Step in to Halt China's Brutal Persecution of Uighurs?", *The Independent*, 2019-01-07.

[⑦] Didi Tang, "China Loves Peace, Claims Xi in Display of New Naval Firepower", *The Times*, 2019-04-24.

国军事"议题主要涉及中国军方呼吁加强中英安全领域合作①以及国外作者批评中国海军对南海和台湾的领土主张这两个议题②；此外，"华为5G""中国疫情""孔子学院"3个议题也有所提及。"华为5G"议题涉及国外作者对华为5G威胁他国信息安全的批评③。"中国疫情"议题涉及刘晓明大使批评西方借新冠病毒污蔑中国，呼吁共同抗疫④。"孔子学院"议题也是由刘晓明大使针对西方某些人指责中国通过举办孔子学院干涉学术自由、传播共产主义和间谍活动的指责，进行了回应和辟谣⑤。

如图3-10所示，进一步深入分析发现，人类命运共同体理念在英国主流报纸上处于"双向四点"议程网络中。"双向"指中国与他国，"四点"包括：中国对外和平发展主张，他国对华威权警惕心理，中国对外合作共赢主张，他国自身利益诉求。其互动关系为：中国和平发展、永不称霸的外交政治立场，往往会由于所谓的中国威权威胁而遭到他国的怀疑和警惕；此种怀疑和警惕心理又会波及中国对外经贸合作共赢主张，致使他国自觉地认为中国对外投资建设背后的政治企图会威胁到其自身利益。此种双向议程之间的相互作用，致使人类命运共同体理念"天下大同"的"同心圆"在英国主流媒体上呈扁平状形态。

四、中外不同声音呈现

在英国主流报纸上，人类命运共同体理念的传播往往伴随着中外两种不同声音的对撞。

---

① Ben Farmer, "China Urges Closer Ties to UK in Face of Global Threats", *The Daily Telegraph*, 2017-10-04.
② Didi Tang, "China Loves Peace, Claims Xi in Display of New Naval Firepower", *The Times*, 2019-04-24.
③ Madhumita Murgia, Anna Gross, "The Battle to Control the Internet", *Financial Times*, 2020-03-28.
④ Liu Xiaoming, "Don't blame China, We Want to Beat This Together", *London Evening Standard*, 2020-04-07.
⑤ Liu Xiaoming, "Confucius is Key to China–UK Friendship", *The Daily Telegraph*, 2018-06-07.

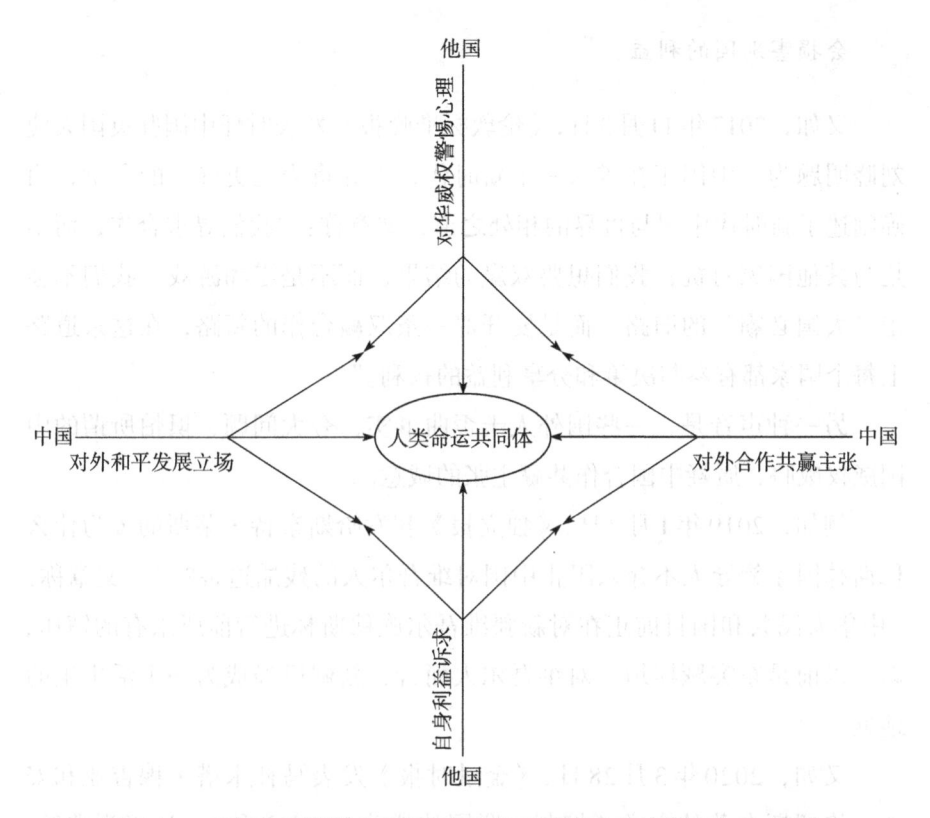

图3-10 英国主流媒体人类命运共同体相关报道所涉议题的互动结构

一种声音是，中国高层向外界表达中国和平发展、合作共赢的立场和主张，呼吁各国携手努力共迎挑战，共谋发展，共享利益。

例如，2011年9月25日，时任中国国务委员戴秉国在《星期日电讯报》发表题为《中国选择和平道路》的文章，明确阐明了中国立场，文章称：

> 我们生活在一个日益多极化的世界中，经济全球化和信息技术发展势头正劲。各国相互更为依赖，利益更加密切。这使世界成为一个"命运共同体"。国际社会必须携手努力，共同解决大家面临的日益严重的全球问题和共同挑战。除此之外，没有其他可用或可行的选择。中国不会违背时代潮流，谋求霸权，也不会走"大国必霸"的传统道路。称霸世界是一条死胡同，不仅会损害中国的利益，也

人类命运共同体理念的全球传播：媒体报道视角

会损害别国的利益。①

又如，2017年11月3日，《伦敦标准晚报》发表时任中国驻英国大使刘晓明题为《中国正在进入一个新时代，世界将为之更好》的文章，明确阐述了新时代中国与世界的相处之道，文章称："我们寻求合作，而不是与其他国家对抗；我们想要双赢的结果，而不是零和游戏。我们不会走'大国必霸'的旧路，而是要开辟一条双赢合作的新路，在这条道路上每个国家都有参与决策和分享利益的权利。"②

另一种声音是，一些国外人士歪曲事实，夸大问题，惧怕所谓的中国威权威胁，质疑中国合作共赢主张的诚意。

例如，2019年1月7日，《独立报》刊发哈斯奈特·莱斯的《为什么穆斯林国家领导人不介入阻止中国对维吾尔人的残酷迫害？》，文章称："中华人民共和国目前正在对新疆维吾尔族穆斯林进行前所未有的镇压，新疆以前是东突厥斯坦，对维吾尔人而言，新疆已经成为一个活生生的地狱。"③

又如，2020年3月28日，《金融时报》发表马杜米塔·穆吉亚和安娜·格罗斯合著的文章《控制互联网的战斗》，文章称："让华为掌舵，这将为许多欧美人敲响警钟，欧美各国政府开始担心华为的5G技术正被开发成为中国用于国家间谍活动的工具。高速带宽网络5G将会成为一个更加自动化世界的数字脊柱，人们越来越担心华为产品将为北京的间谍活动开设'后门'。"④

---

① Dai Bingguo, "China Chooses a Peaceful Path", *The Sunday Telegraph*, 2011-09-25.
② Liu Xiaoming, "China is Entering a New Era and the World will be Better for It", *London Evening Standard*, 2017-11-03.
③ Hasnet Lais, "Why won't Muslim Leaders Step in to Halt China's Brutal Persecution of Uighurs?", *The Independent*, 2019-01-07.
④ Madhumita Murgia, Anna Gross, "The Battle to Control the Internet", *Financial Times*, 2020-03-28.

五、余论与启示

对上述报道次数及趋势、媒体、作者、议程设置结果做进一步综合分析，还会有如下新发现。

就发声主体来讲，中国外交高层、学界专家的积极发声在很大程度上为人类命运共同体理念在英国主流媒体上的正面传播设置了积极议程。具体表现在，在总共13次的正面议题中，中国外交高层、学界专家为署名作者的议题占到了11次，正面评价贡献率高达约84.62%。

就传播载体而言，《每日电讯报》《星期日电讯报》《伦敦标准晚报》三家报纸表现出一定程度的对华友好态度，表现在这3家主流媒体共发表9篇报道，而这9篇报道均出自中国作者之手，其中有8篇出自刘晓明大使之手，另外1篇出自戴秉国之手。中方人士在上述媒体上的发声保证了人类命运共同体理念的正面传播。

上述综合分析结果对中国进一步做好人类命运共同体理念的国际传播有着如下启示：第一，继续发挥好中国政界高层在人类命运共同体理念传播过程中的主力军作用，同时引导学界、商界、军界等代表性人士积极发声，力争形成"同一旋律，多个声部"的传播局面；第二，在巩固好现有对华友好国外媒体关系的基础上，积极扩大对华友好媒体的朋友圈，力争形成"同一旋律，众人合唱"的传播效果。

由于中国和平发展、合作共赢的立场、主张受到别国警惕心理以及各国自身利益诉求的反向牵拉，人类命运共同体理念"天下大同"的"同心圆"理想在英国主流报纸上被挤压为扁平状形态。尽管如此，依靠中方外交高层和学界专家在对华友好媒体平台上的正向发声，人类命运共同体的价值主张在英国主流报纸上仍处于优势地位。从历史唯物主义的视角来看，人类命运共同体理念在英国媒体上的扁平化传播结构在一定程度上也表明了理念"理想"与国际"现实"间结构性张力的普遍存在性。各国只有携手努力，超越意识形态偏见与即时利益羁绊，人类命运共同体理念的价值理想才有可能在国际社会互动实践中得以实现。

第三节　德国主流媒体报道中人类命运共同体的呈现

人类命运共同体是习近平新时代中国特色社会主义思想的重要组成部分。2013年3月，习近平主席在莫斯科国际关系学院发表演讲，首次向国际社会发出构建人类命运共同体的倡议。此后，习近平主席多次在国际和国内重要场合提到人类命运共同体。经过中国政府和中国学者的不断丰富和完善，如今人类命运共同体已经成为一个完整的国际战略思想体系[①]。人类命运共同体在多国引发积极反响。联合国社会发展委员会第55届会议主席菲利普·查沃斯认为，这一理念体现了中国人着眼于维护人类长远利益的远见卓识，符合《联合国宪章》的宗旨原则，对联合国推动世界各国实现可持续发展目标非常重要[②]。2017年3月23日，联合国人权理事会通过决议，呼吁构建新型国际关系，构建人类命运共同体[③]。作为在海外引发反响的重要理念和方案，人类命运共同体自然也会成为德国主流媒体的报道议题。在中国形象以负面倾向为主导的德国主流媒体中，人类命运共同体理念是如何呈现的呢？德国主流媒体对此持怎样的立场呢？中国形象会因此发生积极的变化吗？迄今为止，国内外尚无相关研究成果公开发表。德国是欧洲强国，德国主流媒体在国际传播网络中具有重要影响作用，因而研究德国主流媒体对人类命运共同体的呈现和阐释，对于获悉该理念在西方国家的反响和接受情况具有重要意义。

一、研究设计

本节选取8份具有主流媒体地位的德国报刊，以其中涉及人类命运

[①]《人类命运共同体思想的理论基础》，《红旗文稿》2019年5月23日。
[②] 周宗敏：《人类命运共同体理念的形成、实践与时代价值》，《学习时报》，2019年3月30日。
[③]《习近平谈构建人类命运共同体》，《人民日报海外版》，2018年10月17日。

共同体理念的报道为语料，以内容分析法为研究方法，通过分析人类命运共同体在德媒报道中出现的时间和媒体分布、报道语境和基本观点、关联议题和关键事件、媒体立场分析等，揭示德国媒体如何呈现及阐释人类命运共同体理念。所涉8份德国报刊分别为《明镜》周刊及其在线版、《每日镜报》、《世界报》及其在线版、《时代》周报、《焦点》、《莱茵邮报》、《法兰克福汇报》、《南德意志报》。报道语料的搜集分两种方式进行，其中前6份报刊中关于人类命运共同体的报道搜集基于在线学术数据库LexisNexis完成，以德语词"Schicksalsgemeinschaft"为关键词筛选报道，并且这些报道中应同时包含"China"或者"chinesisch"或者"Reich der Mitte"或者"Xi Jinping"。语料检索设定的时间范围是2011年9月6日至2020年5月31日。《法兰克福汇报》和《南德意志报》因未被LexisNexis数据库收入，采取的是在报刊网站搜集报道的方式，关键词同上，检索时间范围同上。完成搜索和下载工作之后，对所得到的报道进行人工检索，排除所有与中国的人类命运共同体理念无关的报道之后，共得到剩余报道31篇。需要指出的是，这31篇报道中有1篇是习近平主席2017年参加汉堡G20峰会期间在德国媒体上发表的文章，还有1篇是中国前任驻德国大使史明德2017年底时发表的文章。

这8份报刊都属于德国主流媒体，在德国公共意见形成方面具有引领舆论和议程设置的功能，并且较为全面地覆盖了各主要的政治倾向：左倾保守（《明镜》周刊、《南德意志报》、《莱茵邮报》）、自由中性倾向（《时代》周报、《每日镜报》）、右倾激进（《世界报》《法兰克福汇报》《焦点》）[1]。

二、报道时间和媒体分布

从报道时间分布来看，这31篇报道中最早发表的时间为2014年10月，

---

[1] 参见Polisphere, die deutsche Medienlandschaft in einer Karte, http://www.polisphere.eu/blog/die-deutsche-medienlandschaft-in-einer-karte, 2020-08-21。

此时距离习近平主席2013年3月在莫斯科国际关系学院演讲时首次提出人类命运共同体理念约有一年半的时间。从滞后这么长的时间可以看出，人类命运共同体在正式提出之后的较长一段时间里，并没有引起德国主流媒体的关注。截至2015年底，纳入语料中的相关报道数量一共只有5篇，2016年的报道数量则为0。直到2017年，报道数量急剧上升至16篇，尤其是2017年上半年报道数量达到13篇。2018年的报道数量又大幅下降，2018年至2020年5月底的平均报道数量为4篇/年。

表3-3 德国主流媒体关于人类命运共同体的报道量

年度	报道量（篇）	报刊
2014	2	《世界报》《南德意志报》
2015	3	《世界报》、《世界报》在线版、《南德意志报》
2016	0	
2017	16	《世界报》、《世界报》在线版、《莱茵邮报》、《明镜》周刊在线版、《明镜》周刊、《每日镜报》、《焦点》、《法兰克福汇报》、《南德意志报》
2018	4	《世界报》、《世界报》在线版、《法兰克福汇报》
2019	4	《时代》周报、《莱茵邮报》、《南德意志报》
2020	2	《南德意志报》、《法兰克福汇报》

2017年，德国主流媒体对人类命运共同体的报道数量最多，关注度最高，最直接的原因是习近平主席2017年初在达沃斯世界经济论坛作题为《共担时代责任 共促全球发展》的主旨演讲时，又一次提出构建人类命运共同体。而当时特朗普已在美国大选中胜出，即将就任美国总统，这对包括德国在内的西方世界而言成为一个无法预计的不可控因素。特朗普对自由贸易和气候变化等全球性问题持批评立场，他上台后美国政府贸易保护主义倾向抬头。在这种情况下，习近平主席提出构建人类命运共同体，有力地抨击了贸易保护主义和单边主义，引发德国主流媒体的关注。

不过，从报道总体数量来看，从2014年底到2020年5月底共5年半的时间里，8份德国报刊中涉及人类命运共同体的报道数量共31篇，这样的数量并不多,并且远远低于德国主流媒体中关于"一带一路""中国梦"等相关主题的报道数量。鉴于人类命运共同体理念是我国重要外交战略思想体系的地位,这样的报道数量实际上是过少的。如此可以判断,人类命运共同体理念在德国主流媒体中的总体关注度并不是很高。

从不同报刊的报道数量分布来看,8份报刊中报道人类命运共同体数量最多、最为关注该理念的是《世界报》(6篇)及其在线版(8篇),并且《世界报》也是最早关注人类命运共同体的报刊。其次是《法兰克福汇报》(4篇)和《南德意志报》(4篇)。日报中报道数量最少的是《莱茵邮报》和《每日镜报》,各2篇。其余3份报刊的报道数量为:《明镜》周刊1篇、《明镜》周刊在线版1篇、《时代》周报2篇、《焦点》1篇。这3份报刊皆为周报/刊,相关报道数量小于日报中的报道数量也很合理。但总体来说,除了《世界报》及其在线版,语料所涉其他德媒报刊对于人类命运共同体的关注度并不高。

三、报道语境和基本观点

综观德国主流媒体中涉及人类命运共同体的文字片段,绝大多数以中国国家领导人在国内外重要场合发表的讲话或者中德两国领导人互访为报道语境。可以说,一般情况下人类命运共同体理念不会成为德国主流媒体关注的议题,只有当中国国家领导人在重要讲话中提及该理念或者重要外交场合(尤其是中德互访)的谈话内容涉及该理念时,德媒才会加以关注。也因此,德媒中并没有以人类命运共同体为核心主题的报道。

(一)2014年报道语境:李克强总理访德

语料中最早出现"命运共同体"的报道是2014年10月。当时正值李克强总理访问德国。《世界报》和《南德意志报》在对中德两国领导人会晤时谈论的议题进行报道之外,都提及李克强总理在讲话中提到的"亚洲和欧洲命运共同体"。此时,报道中所涉的还不是严格意义上

人类命运共同体理念的全球传播：媒体报道视角

的人类命运共同体，而只是涉及亚洲和欧洲的"命运共同体"，并且也未对此概念进行更深入的阐释。从这点也可以看出，此时人类命运共同体理念尚未在德媒中引发高度关注。在李克强总理的讲话中，报道重点关注的是关于保障德国企业在华投资获得公平市场准入待遇的承诺，然而，相关报道议程中也少不了对中国内政问题的批评和抨击，比如香港事务①。

（二）2015年报道语境：习近平主席在博鳌亚洲论坛2015年年会上发表讲话、习近平主席在联合国大会上发表演讲

2015年3月底至4月初，《世界报》和《莱茵邮报》发表与人类命运共同体相关的报道，其语境是习近平主席在博鳌亚洲论坛2015年年会上发表讲话时提到人类命运共同体。两篇报道的核心主题是"一带一路"，也涉及亚投行这一主题。报道表示中国经济实力崛起，在世界舞台上占据更为重要的地位。在这种关联语境下，德媒关注到习近平主席在讲话中提及新型的互惠共存的命运共同体②。严格意义上说，从这时起语料所涉德国媒体才真正开始关注人类命运共同体理念。

2015年9月下旬，习近平主席访问美国，中美两国领导人达成关于建立两国打击网络犯罪及相关事项高级别联合对话机制的协议。德媒对此进行了报道。报道表示，习近平主席在结束国事访问行程后，将会在联合国大会上发表演讲，届时会讲到其关于新型世界秩序的设想，讲到新型国际关系和各国命运共同体③。

---

① Robin Alexander, Daniel-dylan Böhmer, "Klassenfahrt in die Weltpolitik", *Die Welt*, 2014-10-11; Nico Fried, "Blumige Worte über Hongkongs Demonstranten", *Süddeutsche Zeitung*, 2014-10-13.

② Johnny Erling, "China will mit neuer Handelsroute und asiatischer Infrastrukturbank riesige Region erschließen", *Die Welt*, 2015-03-31; Johnny Erling, "China steckt 40 Milliarden in neue Seidenstraße", *Die Welt*, 2015-04-01.

③ Johnny Erling, Clemens Wergin, "Obama drängt China zu Nichtangriffspakt im Cyberraum", *Welt Online*, 2015-09-23.

（三）2017年报道语境：习近平主席在达沃斯世界经济论坛上发表主旨演讲以及特朗普就职、中德两国领导人互访、习近平主席在"一带一路"国际合作高峰论坛上发表讲话

如前所述，语料中涉及人类命运共同体的报道大部分集中于2017年。2017年1月中下旬，多家德国媒体都发表了相关报道。其报道语境主要是习近平主席在达沃斯世界经济论坛上发表主旨演讲时再次提到人类命运共同体理念。《明镜》周刊在线版称，在美国总统特朗普就职的前几天，习近平主席在达沃斯世界经济论坛上提到"我们是一个命运共同体"，"我们必须对贸易保护主义说不"，报道认为这是针对特朗普的。[①]《每日镜报》此时的相关报道同样以达沃斯演讲和英美两国的贸易保护主义势力抬头为出发点，报道将英美的行为与习近平主席对于全球化的态度加以对比，认为在达沃斯经济论坛上习近平主席的演讲占了上风[②]。这里需要指出的是，德媒在报道习近平主席强调应抵制贸易保护主义的同时，也往往会追加一个反面论点，即批评中国政府在自由贸易方面实行双标，认为中国一方面呼吁实行自由贸易，另一方面又对在华外资企业设置贸易壁垒或者设置市场准入限制。有报道称："恰恰是中国国家主席习近平在达沃斯经济论坛上表示要坚持全球化，他的国家却一直因其贸易壁垒而闻名。"[③]《每日镜报》的另一篇文章与《明镜》周刊在线版的报道类似，既提到习近平主席在达沃斯世界经济论坛上倡导构建人类命运共同体，主张自由贸易，又批评中国针对德国在华企业设置壁垒，导致德国企业在华陷入困境[④]。

2017年初，习近平主席在达沃斯世界经济论坛的主旨演讲中提到人类命运共同体，之所以受到德国媒体前所未有的关注，是因为与特朗普就任美国总统后贸易保护主义和单边主义抬头的大环境密切相关。因为

[①] Stefan Schultz, "Chinas Präsident gibt den Anti-Trump", *Spiegel Online*, 2017-01-17.
[②] Kevin P. Hoffmann, "Einfach unbesiegbar", *Die Tagesspiegel*, 2017-01-18.
[③] Stefan Schultz, "Chinas Präsident gibt den Anti-Trump", *Spiegel Online*, 2017-01-17.
[④] Carla Neuhaus, "Xis Wunsch nach Offenheit", *Der Tagesspiegel*, 2017-01-18.

人类命运共同体理念的全球传播：媒体报道视角

特朗普政府的政策及其不可预料性涉及德国的切身利益，同样也给德国带来很大的影响和不确定性，既包括经济上的也包括政治上的。比如，《明镜》周刊认为，特朗普对国际协约和经济基本规则都不感兴趣，这对德国外贸行业来说是极为危险的①。报道称德美经贸关系发展前景和特朗普都具有不可预料性，于是德国考虑和中国合作，想要在太平洋经济区获得准入和利益。也有德国媒体从政治和意识形态的角度出发，阐释特朗普执政美国语境下的人类命运共同体方案：《法兰克福汇报》认为，中国欲利用特朗普上台之后美国国内秩序混乱的机会，攫取国际领导地位。报道称，中国不仅仅想要在亚洲邻国赢得支持者，并且也想成为欧洲国家心目中的可靠合作伙伴，此处也就涉及"一带一路"议题。报道表示，中国提出的人类命运共同体理念有可能成为与特朗普治下"美国优先"方案的对立点，并称该理念强调的纯粹是共存互惠的合作关系，而放弃了价值共同体的追求②。

2017年，随着特朗普上台，国际政局的不确定性加剧，德国切身利益受到影响。作为世界第二大经济体，中国被视作与美国势均力敌的对手，习近平主席提出的人类命运共同体理念才真正在德国媒体中受到高度关注。并且从此时起，德媒对于人类命运共同体的观察视角和阐释框架也基本形成：关注中美对峙的自由贸易与多边主义视角和框架，关注中西对峙的价值观与体制竞争的视角和框架。

2017年5月起，随着习近平主席在"一带一路"国际合作高峰论坛上发表讲话，时任德国副总理加布里尔访华，李克强总理正式访问德国，习近平主席赴德进行国事访问和出席汉堡G20峰会，于是，德媒此时又集中出现了一波涉及人类命运共同体的报道文章。德媒认为中国欲利用德国的反美时机为自己谋利，称中国不遗余力地争取欧洲国家支持和加入"一带一路"项目，称李克强总理访德时自荐为新的合作伙伴。报道提到习近平主席在达沃斯世界经济论坛上关于人类命运共同体的讲话，

---

① Dietmar Hawranek, "Befehls-Wirtschaft", *Der Spiegel*, 2017-01-28.
② Petra Kolonko, "Chinesischer Schnellzug gegen amerikanisches Karussell", FAZ, 2017-02-25.

称这是中国"宣传外交"的开始,并称这个命运共同体自然不包括特朗普领导下的美国,但德国一定是其中的一分子。报道同时批评中国在自由贸易方面的双标,称中国为外资企业设置准入限制[①]。由于美国单方面退出《巴黎协定》,因而相关报道除了提到"一带一路",也会提到主张构建人类命运共同体的中国在环境保护方面的意志。此后,在习近平主席出席G20峰会期间,德媒发表了习近平主席署名的文章《为了一个更加美好的世界》[②]。

习近平主席在2017年"一带一路"国际合作高峰论坛上发表讲话,再次引发德媒关注人类命运共同体理念。报道称中国欲在西方国家中为"一带一路"项目赢得合作者。这里又一次提到中国并非真正的市场经济,再次提到德国企业抱怨中国政府双标,对在华德企设置市场准入限制。此外,《南德意志报》报道时任德国副总理加布里尔访华,两国领导人决定在人文交流等方面加强合作,报道表示时任国务院副总理刘延东同志在讲话中谈及构建人类命运共同体理念[③]。

2017年德媒中其他有关人类命运共同体的报道,除了涉及中国外交尤其是中美对峙关系,也涉及中国内政。主要议题是习近平主席执政情况以及习近平思想。此类报道在提及人类命运共同体时,大都指出该理念表明中国欲实现复兴,在美国告别世界领导者的语境下获得国际领导权[④]。

(四)2018年报道语境:默克尔第十一次访华、时任德国国防部长冯德莱恩访华、中非合作论坛北京峰会

2018年关于人类命运共同体的报道同样以国事访问或者领导人峰会等重要活动为语境。《世界报》在报道默克尔访华期间的磋商议题之一"一带一路"时,称"德方担心,中国提出的新的命运共同体理念会背离

---

① Johnny Erling, "China will Merkels Anti-Amerika-Moment nutzen", *Die Welt*, 2017-05-31.
② Xi Jinping, "Für eine bessere Welt", *Welt Online*, 2017-07-04.
③ Kai Strittmatter, "Gabriel kann auch Diplomatie", *Süddeutsche Zeitung*, 2017-05-25.
④ Johnny Erling, "Es kann nur einen geben. Xi regiert durch", *Welt Online*, 2017-10-30.

基本权利的价值体系，从而导致该体系不再具有约束力"①。《法兰克福汇报》在报道时任德国国防部长冯德莱恩访华时，认为她在演讲中迎合了人类命运共同体方案，并且也表示"中方因为不信任美国，而发出清楚的信号，想要与德方开展务实的合作"②。德媒在报道中非合作论坛北京峰会时表示，习近平在峰会开幕式讲话中提到世界命运共同体，称这个理念背后隐藏的是习近平针对美国政策的对立方案③。德媒在报道中非关系主题时，涉及最多的核心议题是"一带一路"，报道表示习近平承诺在非洲国家进行大手笔投资，目的是让非洲帮助中国共同建设"一带一路"并成为"一带一路"的一个组成部分④。此外，报道也提及中国政府提供大量奖学金，吸引非洲人来华学习和工作，称中国政府向非洲发出的信号是"我们是一个家庭"，是连接在一起的"命运共同体"⑤。

（五）2019年报道语境：中德法三国领导人会晤、中美对峙

2019年德媒中出现人类命运共同体报道的语境，同样涉及国家领导人会晤以及中美对峙。2019年3月26日，习近平主席在巴黎同出席中法全球治理论坛闭幕式的法国总统马克龙、德国总理默克尔和欧盟委员会主席容克进行会晤。对此，《时代》周报称，中德法三国领导人在法国会晤，没有特朗普。报道表示，中德法三国领导人交流各自对于世界图景的设想，并且尽力达成共识。其中，习近平主席的世界图景是"拥有共同未来的（世界）命运共同体"⑥。《南德意志报》在报道中美两国在南中国海发生的冲突时表示，美国将中国视为对手，称两国在很多领域存在冲突，不仅是在贸易问题和关税问题上，而且在南中国海的军事问题上

---

① Johnny Erling, "Ist Angela Merkel noch 'unsere freundliche Tante Mo?'", *Die Welt*, 2018-05-24.
② Friederike Böge, "Krieg nur zwischen den Zeilen", *FAZ*, 2018-10-24.
③ Johny Erling, "Neue Seidenstraße; Chinas großer Sprung nach Afrika", *Welt Online*, 2018-09-03.
④ 同上。
⑤ Johnny Erling, "Afrikaner zieht es in die Volksrepublik", *Die Welt*, 2018-09-20.
⑥ Georg Blume, "Premiere ohne Trump", *Die Zeit*, 2019-03-28.

也是如此，并称两国在高科技领域的冷战早就已经爆发了①。该报道称，习近平在任何场合都会不遗余力地宣传"人类命运共同体的和谐"，但是在南中国海与美国军舰对峙时却发出军事威胁，称专家担心中美之间有可能擦枪走火②。

《时代》周报前主编和出版人索默（Theo Sommer）在2019年的另一篇相关报道中表示，德国媒体一再使用"中国人要来了"的标题是一大错误，因为事实是"中国人已经来了"，该报道认为中国想在要各个领域占据世界领先地位，而人类命运共同体也是方案之一③。德媒的这种"中国人来了"言论是典型的"中国威胁论"论调。

（六）2020年报道语境：新冠疫情

在所分析的语料中，2020年涉及人类命运共同体的文章共有2篇，一篇是关于德语专著《胜利者的符号：从中国的语言中看中国的崛起》的书评，该书提到习近平主席在达沃斯世界经济论坛发表的主旨演讲内容涉及人类命运共同体。报道评论称，说中国是胜利者可能为时过早，但是中国的崛起势不可挡④。2020年另一篇文章出自《法兰克福汇报》，该报道以新冠疫情为语境。报道中同样充斥着"中国威胁论"的论调。报道称，中国早就以世界大国的姿态示人，德国和欧洲目前为止主要是在经济方面感受到这一点。称中国在快速战胜疫情后，将自己打造成为全世界国际救援者的形象，从而利用疫情为自己谋利。报道称，中国的人类命运共同体方案体现出中国对世界图景的自我理解，在一定程度上将本国视作全世界的中心⑤。

综上可以看出，2017年习近平主席在达沃斯世界经济论坛发表主旨演讲之后，德国媒体才真正开始关注人类命运共同体理念。这个时间点

---

① Stefan Kornelius, "Pekings großes Sticheln", *Süddeutsche Zeitung*, 2019-01-05.
② 同上。
③ Theo Sommer, "Der chinesischer Masterplan", *Die Zeit*, 2019-01-24.
④ Edeltraud Rattenhuber, "Wort für Wort an die Weltspitze", *Süddeutsche Zeitung*, 2020-03-31.
⑤ Christian Hartmann, "Der Selbstverständliche Nabel der Welt", *FAZ*, 2020-04-21.

人类命运共同体理念的全球传播：媒体报道视角

正值特朗普当选，美国贸易保护主义和单边主义抬头，国际格局不确定性加剧，德国切身利益受到影响，而人类命运共同体方案被视作可能与美国的方案抗衡，于是，德国媒体对人类命运共同体的关注度大幅提升。而关注该理念的相关报道大多以中国国家领导人在重要场合发表的演讲或者与其他国家领导人会晤、德国国家领导人访华时的演讲等为报道语境。

2017年之后，德媒对于人类命运共同体的观察和阐释基本可以归为两个框架：一是中美对峙框架，认为人类命运共同体理念是可抗衡美国世界方案的对立面，在该框架下德媒关注中国和德国彼此寻求进一步合作。虽然德媒在该框架下批评美国的单边主义和贸易保护主义，但对人类命运共同体也并非持完全正面的态度。德媒认为中国欲趁机掌控国际领导地位，并且批评中国在自由贸易方面实行双标，对在华外企设置市场准入限制和贸易壁垒。二是体制威胁论框架，认为中国提出的人类命运共同体理念摒弃了西方眼中的"普世价值"，只主张纯粹的利益合作关系。

四、关联议题和关键事件

在所分析语料的31篇报道中，并无以人类命运共同体为核心主题的报道。横向对比结果显示，相关报道中常见的关联议题主要是中美关系、中德关系、外资企业在华投资环境问题、"一带一路"、中非关系。

如前文所述，中美对峙是2017年以来德媒报道人类命运共同体的主要报道语境。因此，中美关系议题必然成为关联议题之一。例如，德媒认为，习近平主席在达沃斯世界经济论坛的演讲虽然只字未提特朗普，但是一听就知道是与特朗普针锋相对的[1]。德国媒体将中美两国进行对比，认为美国与中国在诸多领域存在竞争甚至不可调和的矛盾，美国已将中

---

[1] Stefan Schultz, "Chinas Präsident gibt den Anti-Trump", *Spiegel Online*, 2017-01-17.

国视作劲敌[1]。

中德关系也是一个重要的关联议题,中美关系对于世界格局有重要影响,也影响到德国的切身利益。因而中德关系在涉及人类命运共同体的报道中必然成为关联议题。一方面,德媒关注特朗普治下美国政府贸易保护主义和单边主义抬头,中国寻求与德国和其他欧洲国家进行更为紧密的合作,甚至称中国想要利用德国反美的时机为自己谋利;另一方面,也有个别媒体从德国自身利益的视角出发,认为德国走务实路线,在积极寻求与中国的合作。

与中德关系议题经常一并出现的关联议题是外企在华投资环境问题,尤其是德企在华投资环境。2017年之后,德媒对于人类命运共同体的解读多与自由贸易相关,在这个意义上德媒一再批评中国实行双标,称中国一方面宣称应坚持自由贸易,另一方面却在国内对外资企业设置壁垒和限制。尤其是在报道中德两国领导人互访的文章中(既包括2017年之前,也包括2017年之后的报道),德媒多次强调德国在华企业遭受不公待遇,称德国方面要求中国为德国企业提供更好的市场准入条件。

"一带一路"也是一个重要的关联议题,德媒在中美对峙和体制威胁论框架下解读人类命运共同体,认为"一带一路"是中国欲掌控国际领导权的途径之一,称中国不遗余力地想要赢得欧洲国家和非洲国家参加"一带一路",进而为自己赢得更多的国际影响力。与之相应,中非关系也成为关联议题之一。

综观人类命运共同体在德媒报道中的发展线索,对于德媒而言,占据至关重要地位的关键事件是习近平主席在达沃斯世界经济论坛上发表主旨演讲。有报道称,习近平主席在此次讲话中提到人类命运共同体,这是中国宣传外交的"开始"[2]。也正是从那时起,德国主流媒体才真正开始高度关注人类命运共同体理念,将之定位为可以与"美国优先"原则

---

[1] Stefan Kornelius, "Pekings großes Sticheln", *Süddeutsche Zeitung*, 2019-01-05.

[2] Johnny Erling, "China will Merkels Anti-Amerika-Moment nutzen", *Die Welt*, 2017-05-31.

抗衡的中国方案,并在体制威胁论框架下对其加以解读。有报道称:"随着美国在新任总统特朗普的领导下越发走向单边主义,中国对外获得了全球领袖身份。习近平的理念,如中国与国际命运共同体在世界上被重新认识。"[1]

五、媒体立场分析

德媒观察和阐释人类命运共同体的两个基本框架揭示出鲜明的德国利益立场和西方价值观立场。不管是对人类命运共同体的肯定还是批评,都是基于德国/西方的立场进行的。在认为特朗普统治下的美国政策影响德国切身利益的背景条件下,德媒开始关注习近平主席提出的人类命运共同体方案,并主张与中国紧密合作符合德国利益。但在肯定该方案的同时又批评其背离西方眼中的所谓"普世价值",担心中国获得更大的政治影响力,担心中国掌握国际领导地位,与西方价值观形成体制竞争。德国主流媒体批评中国实行双标,在国内为外资企业设置限制和壁垒,其出发点同样是希望德国在华企业获得更多利益。

六、结语

总体而言,德媒对于人类命运共同体的关注度并不是很高,在2017年特朗普就任美国总统、习近平主席在达沃斯世界经济论坛发表主旨演讲之后,德媒才开始真正关注人类命运共同体理念,因为此时德媒认为这一切实涉及德国的利益。相应地,德媒观察和解读人类命运共同体的基本框架也反映出其基于德国利益和西方价值观的立场。德国既希望规避特朗普政府带来的不确定性,并进而谋求在与中国的合作中实现自我利益,又担心中国获得国际领导权,担心人类命运共同体方案对西方构成体制威胁。这种既希望从和中国的合作中获得最大的利益、又视中国为经济

---

[1] Johnny Erling, "Xi ist Trumps mächtigster Gegenspieler", *Die Welt*, 2017-06-14.

上和体制上的威胁的矛盾视角,是德媒涉华报道的一贯视角,是完全从德国自身利益出发的观察视角。因此,就人类命运共同体理念对德国进行有针对性的宣传工作,是一项必要和急迫的任务。

鉴于人类命运共同体理念的宏观性,对外传播工作应主要依托国家层面和外交层面进行。在针对德国以及其他欧洲国家的传播中,首先应明晰德国对华政策立场,即既意欲从对华合作中赢得最大经济利益和政治利益,又将日益强大的中国视为经济上和体制上的竞争者和挑战者。进而据之设定不同级别的对德传播的目标预期,并相应地调整传播战略和策略。可以预见,一味地期待德方全盘或者高度接受人类命运共同体理念并不现实,在当前关注度尚低的情况下,努力使该理念逐渐在德国传播开来并且成为一个议题就是最重要的目标和任务。只有这样,才能为今后实现更高级别的对德传播目标奠定基础。在世界图景和国际秩序的理解方面,中德两国之间虽然存有分歧,但是在美国背离西方传统价值观和美欧共同利益的大背景下,中德或者中欧之间也存在诸多共同利益。因此,在对德传播中,可以遵循求同存异的战略思想,以双边共同利益关切或者中欧共同利益关切为突破口和切入点,逐渐提高人类命运共同体理念在德国的接受度。

第四节　德国媒体人类命运共同体报道的批评话语分析

2012年11月,党的十八大报告提出,"要倡导人类命运共同体意识,在追求本国利益时兼顾他国合理关切"[①]。人类命运共同体理念以新时期中国外交实践为基础,用新话语凝聚了中国价值观,旨在追求本国利益时兼顾他国合理关切,在谋求本国发展中促进各国共同发展。近年来,习近平主席在多个国内国际演讲、回信与署名文章中,密集地提到人类

---

① 胡锦涛:《坚定不移沿着中国特色社会主义道路前进　为全面建成小康社会而奋斗——在中国共产党第十八次全国代表大会上的报告》,北京:人民出版社,2012,第47页。

人类命运共同体理念的全球传播：媒体报道视角

命运共同体理念，围绕这一理念进行了系统的阐释。2017年11月2日，人类命运共同体被写入联合国相关决议，这一理念正在得到国内、国际更广泛的支持。

人类命运共同体理念是中国全球治理理念的核心，这一理念被世界各国认可和接受的程度，直接关涉中国引领全球治理的实践和效果。为此，中国迫切需要客观把握和适度引导人类命运共同体理念的全球传播。自这一理念提出以来，居于欧盟领导地位的德国，其媒体对人类命运共同体的报道，在欧洲社会中具有很强的影响力，从这一角度出发，本节采取语料库的批评话语分析展开研究，首先自建德国媒体关于人类命运共同体报道语料库。语料库文本源于道琼斯旗下的Factiva数据库中的德国纸质媒体、网络媒体和电台媒体。检索词限定为"Schicksalsgemeinschaft"（命运共同体的德语翻译），并且在报道中出现"China"的频率不低于3次。检索时间为2011年9月6日至2020年12月31日，在此基础上，经过人工筛选，有38家德国媒体共计105篇新闻对人类命运共同体进行报道，包含128848个形符，构成本研究使用的语料库（以下简称SDM语料库）。语料库构建完成后，首先统计报道的数量、关键词和报道事件及其历时变化，提炼出德国媒体人类命运共同体报道的话语特征和主要议题。其次采用语料库的批评话语分析对德国媒体的人类命运共同体话语策略进行解构，最后总结出德国媒体关于人类命运共同体报道的特点并提出相应对策。

一、德国媒体人类命运共同体报道数量的趋势及变化

（一）德国媒体人类命运共同体报道数量统计

通过统计，SDM语料库中德国媒体105篇报道的数量及其变化如表3-4所示。

表3-4 德国媒体人类命运共同体相关报道的年份变化

年份	报道数量	报道媒体	报道月份（篇数）
2014	8	《世界报》《柏林晨邮报》《南德意志报》等	2月（2）、10月（6）
2015	4	《商报》《世界报》《莱茵邮报》	4月（1）、7月（1）、9月（2）
2017	48	《商报》、《世界报》、《法兰克福汇报》、德国之声、《明镜》周刊、德意志新闻社、《焦点》周刊、《南德意志报》、《斯图加特报》等	1月（25）、2月（5）、3月（2）、4月（3）、5月（4）、6月（2）、7月（3）、10月（1）、11月（1）
2018	21	《世界报》、《商报》、德国之声、《时代报》、《焦点》周刊等	1月（1）、2月（4）、3月（4）、5月（3）、7月（1）、8月（5）、9月（2）、10月（1）
2019	11	《时代报》、《莱茵邮报》、《南德意志报》、《欧洲人》周报等	1月（3）、3月（2）、4月（1）、5月（1）、7月（1）、9月（2）、11月（1）
2020	15	《经济》周刊、《商报》、德国之声、《南德意志报》等	2月（3）、3月（2）、5月（2）、7月（3）、8月（3）、10月（1）

注：2011年、2012年、2013年、2016年无报道，不体现在表中。

如表3-4所示，德国全国性媒体和区域性媒体对人类命运共同体均有报道，报道最多的《世界报》13篇、《商报》11篇。报道的年份差异也较为明显。2011年至2013年和2016年无相关报道，2014年、2015年缓慢增多，2017年，在特朗普当选美国总统实行逆全球化政策、习近平主席在达沃斯世界经济论坛上发表反对贸易战的精彩演讲的背景下，中德高层交往频繁，人类命运共同体的相关报道迎来井喷式增长，随后三年报道量保持高位。总的来看，人类命运共同体相关报道数量呈上升趋势，由于人类命运共同体议题属于政治议题，与公众接近性低，抽象程度最高，也是媒体通过饱和报道最能发挥议题建构作用的议题[①]。因此可以作出推论：人类命运共同体这一理念在德国大众中的熟知程度逐渐攀升。

---

① 张克旭：《中西方主流媒体的国际议题话语权竞争——基于"华为危机事件"的实证分析》，《新闻大学》2019年第12期。

（二）德国媒体人类命运共同体报道的相关话题

德国媒体关于人类命运共同体的报道数量反映的是该理念传播的广度，研究德国媒体对于该理念报道的深度则需要深入分析报道的专题与事件，本研究所收集报道中提及的事件呈如下分布（见表3-5）。

表3-5　德国媒体人类命运共同体报道中提及的相关事件

事件	时间
李克强总理访问德国	2014年10月9日
博鳌亚洲论坛2015年年会	2015年3月26—29日
习近平主席访问巴基斯坦	2015年4月20日
李克强总理访问经济合作与发展组织总部	2015年7月3日
习近平主席访问美国	2015年9月
达沃斯论坛开幕式习近平主席发言	2017年1月17日
默克尔与安倍晋三参加CeBIT技术博览会	2017年3月
王毅外长访问德国与德国外长加布里尔会面	2017年4月26日
第一届"一带一路"国际合作高峰论坛	2017年5月14—15日
第八届彼得斯堡气候对话	2017年5月21—25日
德国副总理兼外长加布里尔访华	2017年5月24日
李克强总理访问德国	2017年5月31日—6月3日
习近平主席出席G20并访问德国	2017年7月
第54届慕尼黑安全会议	2018年2月
德国总理默克尔访问中国	2018年5月24日
中非合作论坛北京峰会	2018年9月3—4日
中国、德国和法国的政府首脑在巴黎会晤	2019年3月28日
金砖国家峰会	2019年11月13—14日

综合表3-4和表3-5并结合文本阅读可发现，2018年之前，德国媒体对人类命运共同体的报道与中国政府的高层活动紧密相关，基本上这一时期的报道对人类命运共同体仅体现在中国领导人的发言之中，篇幅较小，并未对人类命运共同体的内涵进行过多阐述。2018年之后，德

国媒体关于人类命运共同体的报道不再以事件为导向，开始出现单独分析中国的全球化战略、解读人类命运共同体内涵的文章，文章还出现了"数字丝绸之路""健康丝绸之路""网络空间命运共同体""亚洲命运共同体""中非命运共同体"等词，对人类命运共同体理念进行深度解读和详细分析。综上所述可得出结论：德国媒体对人类命运共同体关注的深度在过去十年中持续上升。

德国媒体对人类命运共同体关注度持续上升的同时，其关注的焦点与视角是否也呈动态变化以及如何变化？下文将采用语料库关键词提取分析并结合文本分析，呈现并解析德国媒体人类命运共同体报道的关注焦点及其动态变化过程。

二、德国媒体人类命运共同体报道的关键词及其动态变化

（一）德国媒体人类命运共同体报道的关键词

关键词分析是确定语料库特定词汇的一种方法。在批评话语分析中，通过提取分析关键词，能够挖掘该话语的特征词汇。在将其进行归纳提炼后，则可获取相应的话语事件以及话语子主题[1]。关键词分析的决定性因素并不是绝对频率，而是将语料库同参考语料库相比，词素在语料库中出现的频率差异。这意味着，即使与参考主体的频率差异很大，即使是非常低频的词素也可以作为关键词[2]。因此，选用的参考语料库应具有全面性、代表性，本研究选用Sketchengine公司旗下的Timestamped German corpus（2014—2016）语料库[3]，该语料库动态抓取了2014年至

---

[1] 李莎莎：《德国主流媒体对中国"一带一路"倡议认知——一项语料库批评话语分析》，《德国研究》2019年第2期。

[2] N. Bubenhofer, *Quantitativ informierte qualitative Diskursanalyse: Korpuslinguistische Zugänge zu Einzeltexten und Serien. Angewandte Diskurslinguistik*, Berlin: Akademie Verlag, Bubenhofer, Noah, 2013, S.109–134.

[3] https://www.sketchengine.eu/timestamped-german-corpus, 2020-10-07.

人类命运共同体理念的全球传播：媒体报道视角

2016年的德语新闻文章，共包含1987759563个形符。将Timestamped German corpus语料库作为比对语料库与SDM语料库进行参照分析后，选取前100个关键词分类为报道对象、报道领域、报道地区和其他四个类别，四类的词云如图3-11所示。

图3-11　SDM语料库关键词分布词云

通过对SDM语料库提炼的关键词进行归纳，可以获取SDM语料库的特征词汇，了解德国媒体关于人类命运共同体报道的概貌。

1. 报道对象

（1）报道人物。中国领导人和官员对于人类命运共同体理念的传播起到巨大作用，习近平主席在2017年达沃斯世界经济论坛开幕式、G20峰会、访问德国发表讲话中提及的人类命运共同体理念，李克强总理在2014年访问德国时提出的亚欧命运共同体概念，都引起德国媒体的广泛报道。2012年至2019年驻德大使史明德、驻杜塞尔多夫总领事冯海洋等驻德官员也在出席各种场合、接受采访时传播人类命运共同体理念。此外，支持中国"一带一路"倡议、人类命运共同体理念的俄罗斯驻德大使弗拉基米尔·格里宁，2019年主持中德法三国首脑会晤的法国总统马克龙也在报道中被提及。另外，在2017年达沃斯世界经济论坛代替特朗普总统出席的安东尼·斯卡拉穆奇、2018年金砖国家领导人第十次会晤上显示对中友好的巴西总统贾伊尔·博索纳罗也备受德国媒体关注。

（2）报道组织机构。习近平主席在2017年发出振聋发聩之声，引起德国主流媒体争相报道的反对贸易战演讲的达沃斯世界经济论坛年会备受关注。近年来贸易保护主义抬头，在G20峰会上提及的世贸组织也被德媒呼吁应付起更多责任。自美国2017年1月23日撤出跨太平洋伙伴关系协定（TPP）以来，德国与中国的高层往来日益密切，德国主流媒体认为美国此举会使中国在亚洲的影响力不断上升，与美国"美国优先"的政策相反，中国捍卫全球化，推广人类命运共同体理念的行为受到德媒赞赏，并感到中国崛起的威胁。此外，2015年博鳌亚洲论坛传递亚洲基础设施投资银行达成共识迫在眉睫的信号受到关注，被德媒认作"一带一路"的实质性进展。

2. 报道领域

德国主流媒体主要关注政治和经济领域。政治领域中，德国媒体对于中国推行的多边主义、美国的单边主义、中美的地缘政治、世界政治的走向和欧盟的未来出路都进行了深入分析。关于经济领域的报道，构建人类命运共同体的伟大实践——"一带一路"受到德媒持续关注，受到中美贸易摩擦（Handelskrieg）和德美贸易争端（Handelskonflikt）极大影响的德国，对美国的保护主义（Protektionismus、Handelsprotektionismus）、惩罚性关税（Strafzoll）和中国倡导的市场准入规则（Marktzugang）、基础设施建设（Infrastrukturprojekt、Megaprojekt）等贸易措施都保持关注。

3. 报道地区

除中德双方外，2017年以来随着美国政府反全球化的民粹主义抬头，出口业导向的德国便对中美关系、德美关系十分关注，以在亚洲地区寻求美国的"替代者"。此外，中国近年为推广"一带一路"倡议密切交往的老挝等东南亚国家、中亚国家也备受德媒关注。值得一提的是，在2020年新冠疫情最先暴发的武汉地区在人类命运共同体报道中也有体现，中国率先抗疫，随后驰援各国的行为被认为具有人类命运共同体精神，但也有德媒认为这是意图建立"健康丝绸之路",以此楔入欧盟的行为。

4. 其他

习近平主席在2017年达沃斯世界经济论坛上的发言得到德国媒体热烈报道,发言中提及的词(Dunkelkammer、aufkündigen、Fahrwasser、Prägung)也被媒体直接引用。此外,中国推行人类命运共同体理念、"一带一路"倡议的地缘政治战略,是当今时代唯一具有全球政治宏伟计划并决心以大战略实现这一目标的国家,认为中国已从外部起到了全球领导作用,这使人类命运共同体与外界的观念有了全新的轮廓,"丝绸之路"的进攻性战略得到扩张。德国媒体对未来世界格局的影响力、领导力进行了深入分析,在强调"中国威胁论"并认为中国正在不断尝试分裂欧盟的同时,也客观地分析了德国如何合作受益。

(二)德国媒体人类命运共同体报道关键词的历时变化

通过分析 SDM 语料库的关键词,提炼出德国媒体对人类命运共同体报道的焦点,了解德国媒体关于人类命运共同体报道的整体特征。对关于人类命运共同体报道的进一步分析发现,不同的关键词的年份分布差异较大,因此得出假设:德国媒体对人类命运共同体报道的焦点与视角存在动态变化。为了验证这一假设,本研究将语料库按照年份进行分割,划分为2014年、2015年、2017年、2018年、2019年和2020年6个子语料库,并以 SDM 语料库作为参考语料库,分别对子语料库进行关键词分析,提取前50个关键词得出如下词云(见图3-12)。

如图3-12所示,这4个子语料库以 SDM 语料库作为参考语料库所得到的关键词存在明显的差异,这说明德国媒体对人类命运共同体报道焦点呈动态变化的态势。

(1)2014年,中德在经济往来方面比较频繁,但在政治、人权、法治等方面存在差异,因此,德媒对人类命运共同体这一中国特色理念选择性回避,德国的第一篇人类命运共同体报道是漫画家李坤武作品中体现的人类命运共同体精神。2014年,李克强总理访问德国,宣扬亚欧命运共同体促使人类命运共同体理念开始在德国传播,李克强总理访德期

第三章 欧洲四国主流媒体人类命运共同体报道研究

图3-12 SDM语料库子语料库关键词分布词云

间与联邦总统约阿希姆·高克进行会谈，与德国内阁官员进行政治磋商，与默克尔同逛超市签订各项经济协议等高层交流活动都受到德国媒体的关注。

（2）2015年，德国媒体对人类命运共同体报道的焦点转移到中国政府的"一带一路"项目建设上。德国媒体密切关注中国政府在博鳌亚洲论坛2015年年会上宣布向"一带一路"规划投入400亿美元，希望建立新的港口、铁路和建造核电站；国家发展改革委官员与外交部、商务部共同发布了一项行动计划，界定了丝绸之路经济带贯穿的国家和地区。此外，中美关于网络空间安全的纠纷、中国提出的"网络命运共同体"理念也得到了关注。

（3）2017年，由于美国实行贸易保护主义、英国脱欧，全球反全球化的民粹主义抬头。习近平主席在1月17日达沃斯世界经济论坛上发表《共担时代责任 共促全球发展》的演讲，旗帜鲜明地反对保护主义，认为人类文明进步历程从来没有平坦的大道可走，搞保护主义如同把自己关进黑屋子，看似躲过了风吹雨打，但也隔绝了阳光和空气，打贸易战的结果只能是两败俱伤，习近平主席还宣布了外国的市场准入将简化业务并提高法律确定性。这一演讲引起极大反响，德国各大媒体都对此进行报道，使达沃斯世界经济论坛成为该年度的话语事件，因此，美国退出TPP协定、达沃斯世界经济论坛、代替特朗普总统出席的斯卡拉穆奇、习近平主席的开幕致辞都成为该年度的关键词。

111

（4）2018年，由于美国的故步自封，中国在世界舞台的影响力迅速崛起，德国感到中国的威胁，2018年2月召开的慕尼黑安全会议、"一带一路"途经关键国家土耳其、非洲成为年度关键词。

（5）2019年，中美贸易摩擦成为德国媒体最关注的事件之一，在中美贸易摩擦中，美国针对华为在德国架设5G多番阻挠；2019年11月，在巴西召开金砖国家峰会，德国媒体对印度和巴西是否同意中国制造商华为进入本国5G市场进行了分析；对华为所代表的中国企业秉持人类命运共同体理念援助非洲的行为，也进行了广泛的讨论。

（6）2020年，新冠疫情成为年度事件。新冠疫情全球大流行后，对于中国在国内疫情稳定的情况下驰援各国的行为，德国媒体一方面认为中国的行动具有人类命运共同体精神；另一方面也认为中国楔入欧盟，意图建立"健康丝绸之路"的行为会对德国产生威胁。

借助对子语料库提取关键词的方法，重塑并呈现了德国媒体关于人类命运共同体报道焦点的历时变化过程，提炼各年度话语事件。德国媒体对不同话语的建构和策略都不尽相同，下文将通过分析SDM语料库中"Schicksalsgemeinschaft"的搭配，了解德国媒体对人类命运共同体的话语建构及其变化。

三、德国媒体人类命运共同体报道的话语实践分析

词语搭配是媒体对于某个话语进行建构的典型方式。当两个词频繁搭配时，有证据表明，围绕着它们的话语特别有力。搭配的力量暗示着这两个概念在人们的头脑中已经联系在一起，并被反复使用。因此，搭配可以作为触发点，暗示无意识的联想，这是话语得以维持的方式[①]。为了提炼SDM语料库中有关"人类命运共同体"的搭配，本研究采用互信息分析进行搭配检索。互信息是通过检查文本或语料库中两个潜在搭配出现的所有位置来计算的。根据这两个词的相对频率和

---

① P. Baker, *Using Corpora in Discourse Analysis*, London, New York, Continuum, 2006, S. 114.

语料库的总体大小，计算出这两个词在彼此附近出现的预期概率。然后，将这个预期的数字与实际词频进行比较，并将两者之间的差异转换成一个数字（MI值），这个值越高，说明这两个词的搭配越强。一般来说，MI高于3就被认作强搭配的象征。我们对"人类命运共同体"（Schicksalsgemeinschaft）在SDM语料库中左右跨度为3的词语进行互信息分析，得到22个MI值大于3的搭配词，如表3-6所示。

表3-6 德国媒体人类命运共同体相关报道的搭配词

Collocate	Collocate	Freq	MI	Collocate	Collocate	Freq	MI
Begrifflichkeiten	8	10	10.03	Asien	3	52	6.24
Mannschaft	4	5	10.03	sind	27	515	6.10
Menschheit	27	50	9.46	diese	11	210	6.10
redet	3	8	8.94	von	21	940	4.87
Gefühl	3	11	8.48	will	4	183	4.84
Wir	28	174	7.72	Europa	4	193	4.76
einer	23	208	7.18	Der	3	155	4.66
eine	36	361	7.03	die	20	1764	3.89
sagte	15	182	6.75	Xi	3	323	3.60
dabei	7	87	6.72	Chinas	3	344	3.51
geworden	3	43	6.51	für	8	983	3.41

结合表3-6的数据，可以总结出德国媒体建构"人类命运共同体"的特点。

（一）从陌生到赋予政治化再到全球化的中国方案

"人类命运共同体"（Mannschaft、Menschheit）从2014年德国媒体的不了解，到把它描述为一种不成熟的感觉，再到之后逐渐被建构为中国全球化战略的一个术语，为其赋予了浓厚的政治色彩。近几年又由于受到反全球化潮流的影响，"人类命运共同体"也被认作充满智慧，但仍体现中国目标的全球化中国方案。

（二）高层互访是主要的话语建构环境

习近平主席在达沃斯世界经济论坛上提到的"我们是一个命运共同体""国际社会已成为命运共同体"，李克强总理访德期间提到的"要提高对'亚洲和欧洲命运共同体'的认识"，都是德媒报道的重点。可以看出中德之间的领导人互访是传播人类命运共同体理念的主阵地。

（三）多引用中国官员的话语，专题报道和深入分析较少

搭配中的 redet、sagte、von、will 都代表着德国媒体对人类命运共同体采用直接引语，选择性回避对人类命运共同体内涵的深入探究，保持人类命运共同体的抽象性和距离感，将人类命运共同体建构为中国官员的常用发言，致使读者对人类命运共同体理念产生疏离感。

四、德国媒体人类命运共同体报道的四个阶段及特点

本研究从历时角度将德国媒体关于人类命运共同体报道分为"起步—高涨—争议—深化"四个阶段，并从共时角度总结每个阶段的人类命运共同体报道特点，发现德国媒体对人类命运共同体理念的理解和分析逐渐深入，从领导人发言的事件导向型报道转变为全球化中国方案的战略分析型报道，报道态度则根据本国利益的变化而反复。

（一）起步阶段：不关注且负面

2014—2016年处于人类命运共同体传播的起步阶段，报道特点是不关注且负面。这一阶段属于奥巴马政府执政时期，德中虽然经济往来频繁，但在政治、人权、法治等方面争议不断，这一阶段德媒认为"人类命运共同体"这一理念并不成熟，对该理念并不关注。2014年、2015年分别仅有8篇和4篇报道，2012年、2013年、2016年则无相关报道。人类命运共同体作为政治理念，从德国媒体第一篇有关人类命运共同体的报道并不是政治新闻，而是来自文化板块，便可见一斑。《世界报》报道

了中国漫画家李坤武和法国漫画家合作的《一个中国人的一生》在德国的出版，这本漫画描写了作者从小到大经历的中国从贫困到富裕的迅速发展，并且对未来的人类命运共同体充满希望的故事。2014年10月9日至12日，李克强总理访德促进了人类命运共同体理念在德国媒体的曝光。德国媒体对李克强总理与德国内阁进行第三轮政府磋商、与联邦总统高克会晤、与默克尔总理一起逛超市进行了充分的报道。德国媒体称赞李克强的语言十分丰富。他将中德伙伴关系比作中国与欧盟关系的火车头，两个各自大陆的大国应该对"亚欧命运共同体"有所认识。虽然对两国建立了积极的经济往来有所报道，但德国媒体还是将视野聚焦于外国公司在中国面临广泛的限制和香港的示威事件，德国媒体对人类命运共同体理念只是一句带过，并不是报道焦点。

这一时期"一带一路"倡议作为人类命运共同体的伟大实践正在起步，德媒对此持续关注。2015年4月1日，《莱茵邮报》以《中国向新丝绸之路投入400亿美元》为题报道了3月26日至29日在博鳌亚洲论坛上习近平主席提到的希望建立互惠互利的人类命运共同体，认为中国希望借由"一带一路"倡议成为新的全球经济大国。但是德国媒体并不看好这一项目，墨卡托中国研究院的研究员莫里茨·鲁道夫（Moritz Rudolf）担心：中国雄心勃勃的"丝绸之路"项目有可能失败。

（二）高涨阶段：正面但表面

2017年，随着美英两国民粹主义抬头，作为欧盟"领头羊"和出口大国的德国，感到前所未有的危机，经济政治纷纷陷入困境。此时，习近平主席在达沃斯世界经济论坛上发表捍卫全球化、反对贸易保护的演讲，正好迎合了德国的心声，德国媒体对"我们是一个命运共同体"这一支持全球化的呼声反应强烈，迎来爆发阶段。《商报》评价习近平主席的演讲为"历史性出场"，宣示着中国从新任美国总统手中拯救了自由经济秩序。世界经济论坛依靠中国的帮助来捍卫世界经济的开放和自由秩序是一个了不起的事实。虽然德国媒体对习近平主席的演讲表示支持，但仍对中国对外资的市场准入规则进行批评。《每日镜报》援引德国驻华大使迈克尔·克劳斯对中国的批评，认为"中国国内外公司平等待遇的政治承诺似乎常常'会让位于保护主义倾向'"。

随着作为德国第一出口国的美国实行贸易保护主义，退出 TPP 协定，德国被迫向亚洲寻找出口替代国，德国官员开始在各个领域与中国频繁往来：王毅外长访问德国、第一届"一带一路"国际合作高峰论坛、德国副总理兼外长加布里尔访华、李克强总理正式访问德国、习近平主席出席 G20 峰会并对德国进行国事访问等外交活动，德国媒体在报道的同时，开始分析中国作为替代美国的可能性。德国总理默克尔在第八届彼得斯堡对话会议上提道："我们是世界的命运共同体。"并对中国应对气候变化表示赞赏。德媒在赞赏中国的同时开始对中国全球化战略有所警惕。《世界报》认为，自美国主张加强孤立主义以来，中国已从外部获得了全球领导作用，这使中国对人类命运共同体与外界的观念有了全新的轮廓，"丝绸之路"的进攻性战略扩张，促进自由贸易和全球化以及与气候变化的斗争也是如此。德国之声则认为，从习近平的流行语如"中国梦"或"亚洲命运共同体"中，可以看出中国希望的不仅仅是经济合作，习近平的重要思想和政府创造的结构和项目旨在建立以中国为中心的地区和世界秩序。

德国媒体在这一阶段开始关注人类命运共同体，报道虽然最多但仅限于在话语表层进行报道，并未对其内涵进行深入分析。

（三）争议阶段：褒贬不一并开始深入

2018 年是人类命运共同体报道的争议阶段，报道褒贬不一。随着中国在世界舞台的影响力越来越大，德国身处的欧盟感受到中国实力的威胁，在 2018 年 2 月慕尼黑安全会议上，德国副总理加布里尔认为，中国正在不断尝试检验欧盟的凝聚力，欧洲需要对中国承担更多责任，中国根本无法执行其制度，在多方面存在问题。在德媒宣扬"中国威胁论"的同时，又因为德国自身利益的需要，无法回避中国的成就，需要与中国在各个领域进行合作，因此，这一阶段也有许多德媒在报道中对中国人类命运共同体理念指导下的"一带一路"成就进行客观总结。德国之声认为，自2013年上任以来，习近平宣布了他对"中国梦"、"全民小康"和"新丝绸之路"的构想，中国希望借此以"命运共同体"帮助塑造人类的未来。从非洲到南极洲，中国在基础设施项目上投入了巨额资金。中国通过对电动汽车或人工智能等未来技术的投资，使经济现代化奠定了坚实的基础。习近平如今被证明是具有战略思想的权力政治家。政治科学家帕拉格·卡纳（Parag Khanna）认为，在欧洲"新丝绸之路"通常被视为中国的经济帝国主义倡议。但是从长远来看，只有中国认识到功能地理的重要性，通过基础设施建立网络将减少政治紧张局势。欧洲人不应夸大对中国独占的恐惧，而应将其视为欧亚大陆的有意义和必要的融合。《时代》周报则认为，德国在与中国相处时应该认清三个问题：第一，在许多美丽的字眼和中国双赢的背后，并不只是强硬的利益政策。它不依赖刺刀或火箭，而是依赖钞票和支票簿。第二，我们对中国的内部发展没有影响。欧洲人的论点并不能改变中国政权。党的统治是稳定和安全的。第三，体制竞争、意识形态战、地缘政治竞争将继续存在，但是差异和分歧不一定意味着冲突，共存与合作仍是可能的。

在这一阶段，德国媒体开始讨论人类命运共同体的内涵、实践和发展，人类命运共同体理念的概貌展现在德国民众眼前。

（四）深化阶段：负面但深入

2019—2020年是德媒关于人类命运共同体报道的深入阶段，这一阶段，德国媒体将中国各种政策同人类命运共同体相关联，认为是中国政府追求强国步伐的计划。中国建造"数字丝绸之路"被德国媒体认为会对西方国家产生威胁，西方国家必须重新考虑制定一项国家战略，以扩大其在技术创新方面的关键力量。因为中国视"数字丝绸之路"为建立"网络空间命运社区"的适当工具，在杭州和汉堡举行的G20峰会上，习近平主席概述了该倡议的目标："经济中的数字革命应带来创新、动态、网络化和包容的全球经济。"因此，中国及其数字经济生态系统会在人工智能领域对西方国家产生巨大挑战。新冠疫情期间，中国支援意大利也受到德国媒体的关注。德国之声认为，北京现在可能利用这一机会打入欧盟。毕竟，意大利是第一个正式加入北京"一带一路"倡议的南欧国家。《法兰克福汇报》称，习近平在与意大利总理朱塞佩·孔特的电话交谈中强调两国都是"通往健康新丝绸之路的基石"。

在强调中国全球化战略的威胁同时，德国媒体也认为近几年由于香港、新疆的人权事件以及新冠疫情，中国在世界的声誉下降。《南德意志报》报道了汉学家夏黛丽（Thekla Chabbi）在《胜利者的符号》[①]一书中谈到2017年习近平在达沃斯世界经济论坛上提出"建立人类命运共同体"时，中国在世界上的声誉急剧上升。但是，之后的行动无法引证这些言语，因此声誉也随之下降。（2020年3月31日）这一阶段虽然负面声音不断，但是德国媒体将中国各种政策同人类命运共同体相关联，对人类命运共同体的内涵进行不断的解读和深入，人类命运共同体的传播形象逐渐成形。

五、结论和传播策略

本研究对德国媒体的人类命运共同体报道进行多方面的解读和分析，德国媒体对人类命运共同体最初并不关注，直到2017年，以习近平主席在达沃斯世界经济论坛的演讲为契机，进入德国媒体视野并逐渐深入，从事件导向型报道转变为战略分析型报道，对这一理念的报道态度则随着德国的国家利益而反复。相较于"中国梦""一带一路"等中国特色理念，人类命运共同体理念的相关报道、专题报道较少，话语环境也多局限在中德领导人的交流访问，传播方式较为单一。人类命运共同体理念在德国的传播之路任重而道远，如何在构建人类命运共同体的背景下讲好中国故事、传播中国声音？此处对人类命运共同体理念的在德传播提出三点建议。

[①] Thekla Chabbi, *Die Zeichen der Sieger: Der Aufstieg Chinas im Spiegel seiner Sprache*, Rowohlt Buchverlag, 2019.

（一）重视双向交流、共情传播

在了解其他国家政治理念与人类命运共同体理念相似之处的基础上，传播必然会成为双向交流的过程[①]。在进行文章检索时，我们发现德国对"命运共同体"（Schicksalsgemeinschaft）一词并不陌生。在德国，"共同体"思想最早在1887年由斐迪南·滕尼斯在《共同体与社会》一书中提出，并提出了血缘共同体、地缘共同体和宗教共同体等共同体的基本形式[②]。如今，德国社会的文化、经济、政治领域都会谈及"命运共同体"，如经济命运共同体（ökonomische Schicksalsgemeinschaft）、能源政策命运共同体（energiepolitische Schicksalsgemeinschaft）、基民盟－基社盟命运共同体（CDU-CSU Schicksalsgemeinschaft）等。德国总理默克尔也曾在欧盟演讲、新冠疫情应对等场合使用过"命运共同体"一词。但是通过资料检索，我们也发现美国前总统奥巴马的顾问本·罗德斯在2008年奥巴马访德的柏林演讲稿中删去了"我们是命运的共同体"这句话，因为希特勒在德国国会大厦的第一次演讲中也使用了这句话。因此我们在传播人类命运共同体理念时也需要留意使用的文化语境，以防德国人民对此产生误解。

虽然德国对"命运共同体"一词更多地用于盟友、党组这些情境，有一些使用禁忌。但也有德国对"命运共同体"使用频繁的优势，因此，中国应该多了解德国命运共同体的内涵和话语，精准地传达这一理念的内涵，呼吁亚欧国家的命运共同体，以此获得德国社会的共情，通过"美人之美"来实现"美美与共"。

（二）将抽象的概念具象化

黑格尔认为，在人类把握世界的各种途径中，以持续性、原距性、

[①] 周鑫宇、杨然：《人类命运共同体理念的国际传播》，《对外传播》2018年第2期。
[②] 斐迪南·滕尼斯：《共同体与社会》，李荣远译，北京：北京大学出版社，2010，"译者导言"第18页。

间离性为其文化特征的视觉表达将成为认知和把握世界的主导方式①。比起抽象的概念，政治理念的符号表达过程将各种抽象、宏大的意义具体化，在能引起对象共情的前提下实现政治理念的转化和阐释。将抽象的理念通过符号表达具体化，还原为对象国民众能够感触和理解的真实，或将真实的形象进行重塑，给予移情、通感，以唤起他们的联想和认同②。例如，中德媒体人共同打造的《中国茶时间》是一档以介绍中国文化为主的大型德语电视节目，每期节目都会围绕一个特定的中国主题展开。节目并不是单纯地就中国讲中国，而是从德国民众的生活出发，发现德国观众身边的中国元素，用参与和对比的方式叙事，给人以更多的代入感。中国丰富的文化内涵对德国民众有着巨大的吸引力，这样的一档真正发掘中国文化亮点的电视节目，包括传统与现代、坚守与创新，补充德国媒体对华报道的不足，也让参与者、观众对中国文化的理解不再停留在抽象空洞的层面。通过这类节目，德国民众不仅成为中国文化的体验者，还是对外传播的参与者，更是中国文化的展示者，人类命运共同体便通过中德跨文化传播建立了有机联系。而介绍的传统文化也形象地展示了中国自古以来"和而不同"的政治观念，从而多维度地具体地传播当代中国构建人类命运共同体的友好信号。

（三）将话语叙事开放化、复调化

话语是人类命运共同体对外传播的首要着力点。真正的话语蕴藏公共讨论的价值，它不是自说自话，而是要营造一个讨论、协商的对话性空间，形成协商传播的态势③。在对外传播人类命运共同体议题时，无论是采用议论性话语文本还是故事性话语文本，文本叙事都必须是开放性和复调性的，以充分包容各个向度的异质性对话要素，从而唤起和引导

---

① 参见何瑜昇、李畅：《消费主义视域下摄影艺术的视觉文化解读》，《新闻界》2016年第20期。

② 陈华明、李畅：《展示政治视域下"人类命运共同体思想"对外传播研究》，《四川大学学报（哲学社会科学版）》2018年第6期。

③ 史慧琴、李智：《新世界主义视域下"人类命运共同体"理念对外传播的困境和出路》，《对外传播》2018年第6期。

世界各地持有不同世界观的人参与到人类命运共同体的讨论中。反之，使用杜绝、消除不确定性和意义多重性解读的封闭性、单向度的文本，只会引起处于另一种世界观视域下的西方民众对人类命运共同体的疏离、拒斥或作出对抗性解读。在传播过程中，如果要用故事来阐明人类命运共同体理念，应该从双向或者多向的视角来叙述，既要从关系世界观的视角去观照世界的"和而不同"，即以共通性为本位，追求"美美与共"，又要从实体世界观的视角去观照世界的"物之不齐，物之情也"，即以差异性为本位，追求"各美其美"[1]。

（四）结合中国建设实绩阐述命运共同体的内涵

关于人类命运共同体的传播，不仅要对其理论进行传播和学术探讨，还要结合中国建设实绩来阐述人类命运共同体的内涵，既要做好理念的传播，也要做好事件的传播。由于德国是"一带一路"途经重要国家，德国媒体对"一带一路"的报道也很多，对"新丝绸之路"将如何促进德国发展的讨论也十分热烈，欧盟委员会与欧盟对外行动署曾于2018年9月19日联合发布政策文件《连接欧洲和亚洲——对欧盟战略的设想》，全面阐述欧盟实现"更好连接欧亚"愿景的计划，表示将同亚洲国家加强合作。"一带一路"的建设是传播人类命运共同体理念的重要途径，是对人类命运共同体理念进行展示的重要支点。"一带一路"倡议提出后，国际社会不再是抽象地谈论中国崛起，而是具象化为"一带一路"沿线国家的交流与合作。这就把国际话语体系从近代几百年拉长到两千多年，超越了"普世价值"与中国特色之争，倡导全人类的共同价值，解构了西方中心论[2]。"一带一路"是当今世界最受欢迎的国际公共产品，西方无力或无意像过去那样提供国际公共产品，希望通过共建"一带一路"实

---

[1] 史慧琴、李智：《新世界主义视域下"人类命运共同体"理念对外传播的困境和出路》，《对外传播》2018年第6期。

[2] 王义桅、古明明：《热话题与冷思考——关于"人类命运共同体与新时代中国外交"的对话》，《当代世界与社会主义》2018年第3期。

现经济发展和规则制定[①]。因此，作为"一带一路"指导思想的人类命运共同体理念，西方媒体也无法回避。关于人类命运共同体的传播，应多讲中国贡献世界的故事，多讲中国企业在"一带一路"建设中的故事，用实际的故事和数据阐述人类命运共同体"建设持久和平、普遍安全、共同繁荣、开放包容、清洁美丽的世界"[②]的内涵，证实人类命运共同体是世界发展的最好通路。

总而言之，人类命运共同体作为新时代全球治理的"中国方案"，它在国际社会的传播和构建既不是一蹴而就的，也不是一帆风顺的。人类命运共同体在德国的传播虽然任重而道远，但是已有了长足进步，德国媒体开始对这一议题有了一定的关注，相关报道的数量明显增长，报道主题也开始有所分化。我们始终坚信，中华民族有信心完成这一艰巨任务，正如习近平主席所说："构建人类命运共同体是一个美好的目标，也是一个需要一代又一代人接力跑才能实现的目标。中国愿同广大成员国、国际组织和机构一道，共同推进构建人类命运共同体的伟大进程。"[③]

第五节 法国主流媒体人类命运共同体报道分析

2013年，习近平主席在莫斯科国际关系学院演讲时首次提出人类命运共同体理念。这一理念随后不断丰富、发展，在当下新冠疫情肆虐全球的背景下，其价值和意义进一步得到彰显。法国作为中国的全面战略伙伴，在中欧关系中扮演着重要角色。本节拟通过对法媒相关人类命运共同体理念报道的分析，厘清法国对这一理念的认知和态度变化，分析其原因并提出传播建议，以期促进中法交流，推进两国在构建人类命运共同体领域的合作。

---

① 王义桅：《为何西方开始拥抱"一带一路"？》，《中国金融家》2019年第5期。
② 习近平：《决胜全面建成小康社会 夺取新时代中国特色社会主义伟大胜利——在中国共产党第十九次全国代表大会上的报告》，北京：人民出版社，2017，第58—59页。
③ 习近平：《共同构建人类命运共同体——在联合国日内瓦总部的演讲》，《人民日报》，2017年1月20日。

一、法国主流媒体人类命运共同体报道的数量分析

本研究使用Europresse和Factiva两大数据库，以"communauté de destin pour l'humanité"（中国"人类命运共同体"官方法译文）和"communauté de destin commun"（法媒常见表述）为关键词进行搜索，媒体来源限制为法国媒体，未限制日期，共获得样本44篇。在人工去复和无关文本后，最终获得有效样本20篇，基本覆盖法国主流媒体（见表3-7）。

表3-7 法国主流媒体人类命运共同体相关报道的来源及数量分布

报道来源	媒体类型	报道数量（篇）
《每日舆论报》	报纸	5
《世界报》	报纸	4
《观点》	周刊	3
《费加罗报》	报纸	1
《回声报》	报纸	1
《人道报》	报纸	1
《自由南方报》	报纸	1
《玛丽安娜》	周刊	1
《新观察家》	周刊	1
新闻报社①	私营通讯社	1
大西洋新闻网站②	新闻网站	1
总计		20

虽然习近平主席在2013年就提出了人类命运共同体理念，但这一理念真正进入法媒视野是在2017年党的十九大召开以后。报道量在2019年有较大幅度提升（见图3-13），这与2019年习近平主席访法、中国经济实力稳定且越来越多地参与全球治理不无关系。但整体报道量不大，且专题报道少，说明法媒对该理念的关注度和报道深度都不够。

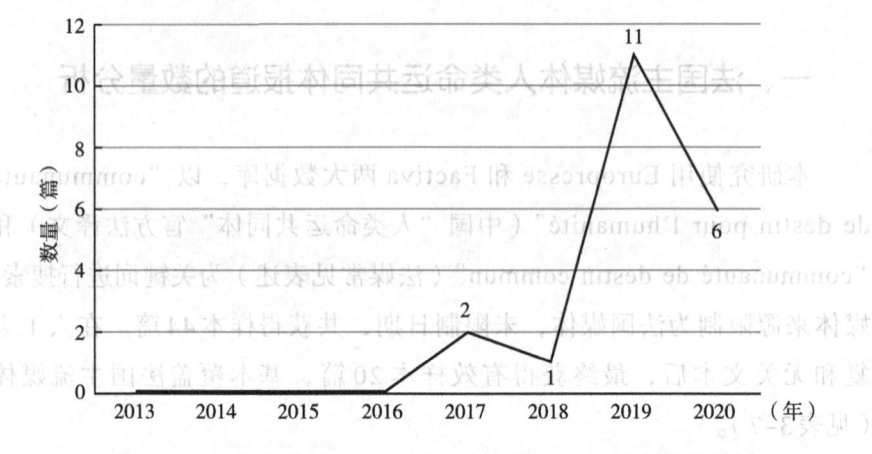

图3-13 法国主流媒体人类命运共同体相关报道的数量及趋势

二、法媒人类命运共同体报道的内容

根据对采集文本的阅读和分析，法媒对人类命运共同体理念的报道根据其内容可大致分为三类：客观介绍中国推出人类命运共同体理念的情况，将人类命运共同体理念作为中国外交战略工具进行分析，阐述新冠疫情与人类命运共同体理念价值与意义的关联。其中，第二类所占的比重最大。

（一）直接引述中国官方话语

法媒对我国官方关于人类命运共同体的话语进行了直接转述。2017年10月18日，《回声报》发表题为《中国：习近平号召加倍努力建设"新时代"》的文章，记者在文中援引习近平主席在党的十九大报告中的讲话内容："各国人民同心协力，构建人类命运共同体……要相互尊重、平等协商，坚决摒弃冷战思维和强权政治。"[①]《费加罗报》在习近平主席访法前夕发表了习近平主席署名文章《在共同发展的道路上继续并肩前行》，其中包括："我们期待同法方加强协调，维护多边主义，坚持以联合国宪章宗旨和原则为基础的国际关系基本准则，携手应对挑战，共促世界繁

---

① Claude Fouquet, "Chine : Xi Jinping appelle à redoubler d'efforts pour bâtir une nouvelle ère", *Les Échos*, 2017-10-18.

荣稳定，推动构建人类命运共同体。"①

此类直接转述对中国话语的传播有一定的积极作用，但考虑到对读者的引导作用，分析类文章的观点和色彩更需要被关注。

（二）外交政策角度的阐释

法媒报道对人类命运共同体理念的解读，多从中国的外交动机出发。其中既包含相当数量带有"中国威胁论"色彩的文章，也包括积极理解中国、探讨中国国际作用的言论。

部分报道视人类命运共同体理念为中国实行"扩张主义"的战略工具。2018年，《玛丽安娜》周刊一篇报道鼓吹"中国控制论"，认为人类命运共同体理念是中国"扩张、控制世界"的手段②。无独有偶，法国左派周刊《新观察家》也有相似的解读，在一篇名为《捷克、好莱坞、吉布提、联合国、北极……中国的15个新目标》③的文章中，作者将中国在这些国家或国际组织的行为解读为"扩张主义"，并认为习近平主席提出的人类命运共同体、"双赢合作"等理念被写入国际章程是对国际组织的"渗透"。在《观点》周刊上也有类似言论，文章作者是法国国际关系研究所（IFRI）亚洲中心研究员、巴黎政治大学教授艾丽丝·埃克曼。在文中，她将人类命运共同体这一理念解读为中国"行动外交"的工具，认为中国将一些特色话语"国际化"，"通过不懈努力"终于成功在2017年11月将例如人类命运共同体这样的"口号"写入联合国安理会的两份决议中。她称中国正是凭借这样的"口号"增加了在亚洲外与其他国家的互动④。

部分报道曲解中国在国际组织尤其是在联合国中的积极作为。2019年6月初，《世界报》聚焦于联合国中的中国，并发表题为《进攻联合国的

---

① Xi Jinping, "Xi Jinping: «La Chine et la France, ensemble vers un développement commun»", *Le Figaro*, 2019-03-23.

② Romain Franklin, "Quand la Chine nous avalera", *Marianne*, 2018-09-28.

③ "Tchéquie, Hollywood, Djibouti, ONU, Arctique... 15 nouvelles cibles de la Chine", *L'Obs*, 2019-02-14.

④ Alice Ekman, "Phébé–L'activisme diplomatique selon Xi Jinping", *Le Point*, 2019-03-13.

人类命运共同体理念的全球传播：媒体报道视角

中国》[1]长篇报道。该报道指责中国对联合国施加压力以掩盖新疆问题，文中提及习近平主席2017年1月在联合国日内瓦总部发表的《共同构建人类命运共同体》的演讲，并称6月在联合国人权理事会上通过中国提出的"发展对享有所有人权的贡献"决议是由中国"游说"成员国而达成的。

2020年4月，全球疫情处于迅速蔓延阶段，《观点》周刊也将矛头对准了联合国中的中国角色，发表了题为《中国如何在联合国内掌权》[2]的报道。作者虽然将"双赢"和人类命运共同体视为中国推行多边主义的内容，但是同意蒙田研究所弗朗索瓦·戈德门的观点，对中国对该理念的践行抱怀疑态度，认为中国披着"多边主义"的外衣，言行不一。此外，法媒的部分报道对构建人类命运共同体的可能性表示怀疑。在《世界报》的一篇报道中，作者对中国践行人类命运共同体理念的能力提出质疑，认为香港危机表明中国甚至难以弥合内地与香港之间的裂痕。

但是，法媒中也不乏支持中国的声音。法国战略分析研究所学者弗朗索瓦·热雷在党的十九大闭幕后，于《每日舆论报》上发表《法中：马克龙不应再推迟加入"一带一路"》[3]一文，将人类命运共同体视为中国的外交理念，并与"一带一路"倡议紧密联系起来。作者认为中共十九大的召开标志了中国在国际舞台上的外交转变，从先前的"低调外交"转变为"全方面多层次、致力于构建人类命运共同体的外交方式"。作者还在文中详细论述了"一带一路"合作的发展情况，并表示法国已经落后于德国和意大利这两个积极参与"一带一路"的欧洲国家，马克龙应该尽快加入该计划，促进国家和区域性发展，体现出积极的立场。

法国主流媒体还报道了友华国际组织官员的相关看法。新闻报社对上合组织秘书长弗拉基米尔·诺罗夫对该理念的看法进行了报道，弗拉

---

[1] Harold Thibault, Marie Bourreau, Brice Pedroletti Harold Thibault, Marie Bourreau et Brice Pedroletti, "Chine à l'assaut des Nations unies", *Le Monde*, 2019-06-03.

[2] Armin Arefi, "Comment la Chine a pris le pouvoir à l'ONU", *Le Point*, 2020-04-11.

[3] François Géré, "France–Chine: Emmanuel Macron ne doit plus tarder à prendre la nouvelle route de la soie", *L'Opinion*, 2017-11-27.

基米尔将人类命运共同体看作一种发展理念，并将其应用于国际组织的发展，指出上合组织将致力于推动一种新型的、基于国际法原则和规定的国际关系，这一国际合作本着公正、平等、双边互利的原则，将构建人类命运共同体作为共有理念[①]。

此外，还有法媒另辟蹊径，通过记者亲身体验的方式来了解和传达人类命运共同体这一理念。2019年夏，《每日舆论报》开设"乘火车看中国"专栏，记者克劳德·勒布朗通过乘坐火车、与当地人交谈等方式来观察中国，他认为，在中国构建人类命运共同体的蓝图中，铁路的修建扮演了不可忽略的角色。作者通过采访了解到郑州是连接中国和欧洲"一带一路"合作的重要一环，该站每天有20余班开往欧洲的列车。这让作者联想到孙中山在近一个世纪前提出的修建"中欧铁路"的倡议。作者认为孙中山口中的"中欧铁路的搭建能够将亚洲、欧洲甚至未来将非洲也能连接在一起"也是命运共同体这一概念的体现[②]。

（二）从新冠疫情出发重新理解人类命运共同体理念

新冠疫情让人们真切地感受到全人类团结共抗疫情的紧迫性和必要性，由此在一定程度上促进了法媒对人类命运共同体理念的认知。《每日舆论报》记者克劳德·勒布朗在报道中引用习近平主席在3月26日二十国集团领导人应对新冠肺炎特别峰会的讲话内容："中方秉持人类命运共同体理念，愿同各国分享防控有益做法，开展药物和疫苗联合研发，并向出现疫情扩散的国家提供力所能及的援助。"作者认为在新冠疫情背景下，当大多数国家都只顾自己时，中国却倡导公共利益，并且努力做得更好[③]。

蒙彼利埃第一大学生物技术和免疫学教授贝尔纳·波等在法国《自

[①] "Au forum de l'OSCE, le Secrétaire général rappelle la vocation constructive et pacifique de l'OCS", *News Press*, (2019-7-29) [2020-06-26], http://www.newspress.fr/communique_311975_7366_RSS-FR-TS-41.aspx.

[②] Claude Leblanc, "Le rail au service des ambitions mondiales de Pékin", *L'Opinion*, 2019-08-08.

[③] Claude Leblanc, "Nouvel ordre mondial: le grand jeu de Pékin", *L'Opinion*, 2020-04-02.

由南方报》发表题为《是时候共筑全球生态未来和团结一致了！》[①]的文章，文章开头引用了习近平主席致电西班牙国王费利佩六世时所说的一句话："人类是命运共同体，唯有团结协作才能战胜这一公共卫生安全挑战。"他还指出中国最早经历疫情，中国领导人这样的意识给全世界开了一个好头，人们还应在这个方向上走得更远。新冠病毒的肆虐不能简单归为一个卫生安全挑战，而应将它看作一个"清算前的重要警告"，一个需要采取集体的、全球的、紧急的和大规模行动的呼吁。同时，作者也表示欧洲、中国和美国都有义务提供一切可用的财政资源，并呼吁各国调整决策机制以适应团结一致的生态建设。

部分报道还通过中国抗击新冠疫情的行动解读中国的发展，将人类命运共同体理念视作中国参与全球治理的负责任表现。在《每日舆论报》发表的《透过新冠病毒看强大的中国》[②]一文中，克劳德·勒布朗通过对比中国抗击新冠疫情和2003年抗击非典疫情，指出中国在近20年来的变化巨大。整篇文章基调积极，认可中国在此次抗疫中作出的重要贡献，彰显了一个负责任大国的形象。文章称赞了中国在2015年第21届联合国气候变化大会上积极促成《巴黎协定》签订以及在国际合作中的大力投入，尤其是帮助西非国家抗击埃博拉病毒和对联合国维和行动的资金支持等事迹。作者指出，中国为建设新型国际关系，不遗余力地积极参与全球治理，承担全球责任，而"一带一路"倡议和人类命运共同体理念都是出于中国对参与全球治理的考量，西方国家应该看到这些举措背后中国的抱负，不应低估中国的责任感。

三、关于优化人类命运共同体在法国传播的思考

法媒受西方中心主义和国家利益视角的影响，多认同"竞争"为国际关系的主要内容，因此易对日益发展的中国提出全球治理理念产生不

[①] "Il est temps de bâtir notre avenir planétaire écologique et solidaire！"，*Midi Libre*，2020-04-19.

[②] Claude Leblanc，"La puissance chinoise au révélateur du coronavirus"，*L'Opinion*，2020-02-03.

信任、怀疑、恐惧甚至抵触等情绪。这种偏见也源于对中国文化的不理解,法国的很多学者和媒体并不了解我国文化中的"以和为贵""天下大同""兼爱、非攻"等传统思想,也感受不到我国文化思想中的"求同存异"和"非扩张性"。因此,在文化差异的影响下,不能完全认同人类命运共同体的含义,也不易相信中国"永不称霸"的决心。

新闻媒体是中外人文交流机制十大合作领域之一。媒体合作在不同国家、不同文化之间增加互信发挥着极为重要的作用。我国可进一步加强中法媒体合作,促进双方从特定视角进行人类命运共同体理念的解读。《每日舆论报》的"乘火车看中国"专栏,通过记者的旅游体验及对普通中国人的采访,以更"接地气"的方式促进诸如人类命运共同体、"一带一路"等概念的传播,将人类命运共同体这样的宏大概念与个人的感受、一个国家日新月异的变化等结合起来,更利于让不了解中国的普通西方民众理解其内涵,使人类命运共同体理念的传播同时扎根于大事件与日常事实,实现多维度传播。这也能够在一定程度上避免该理念被视为"扩张主义"的外交手段,有利于减少不实报道和负面报道的数量。

此外,从法媒报道中可以看出,法国智库的话语在观点引导方面举足轻重。法国大学和智库的中国研究学者在媒体和公众眼中往往具有更高的可信度。法国国际关系研究所是法国排名首位的国际关系类智库,其学者多年来对华保持距离,在媒体中对中国政策解读表现出明显的防备之心。我国学者和相关部门尚需继续推动中法智库交流,多做工作,消除误解与成见,促进法国各界人士对人类命运共同体理念的认知。

第四章　亚洲四国主流媒体
人类命运共同体报道研究

亚洲是中国对外传播人类命运共同体理念的首要对象。2015年3月28日，国家主席习近平在博鳌亚洲论坛开幕式上的主旨演讲《迈向命运共同体　开创亚洲新未来》中提出："亚洲是世界的亚洲。亚洲要迈向命运共同体、开创亚洲新未来，必须在世界前进的步伐中前进、在世界发展的潮流中发展。"[①]为建设亚洲命运共同体，习近平主席提出四点主张。本章以沙特阿拉伯、日本、韩国和印度主流媒体为研究对象，考察亚洲四国主流媒体对人类命运共同体理念的报道特点并提出国别传播对策。

随着中阿关系的持续向好和"一带一路"倡议在阿拉伯世界的稳步实施，人类命运共同体理念受到阿拉伯主流媒体越来越多关注。沙特第一大报《利雅得报》对人类命运共同体理念的专题报道和综合报道并不多，但该报对"一带一路"、中沙全面战略伙伴关系、汉语推广三大相关议题的报道在一定程度上传播了人类命运共同体理念。日本主流媒体对人类命运共同体的报道数量不多，但内容和观点多样，既有事实报道和积极评论，也有戒备心理和"中国威胁论"论调。与欧美和亚洲其他国家比较，韩国舆论对人类命运共同体理念关注度较高，态度更为中立、积极。韩国舆论对人类命运共同体理念在促进地区和平与发展、加强文化价值传播、促进人类健康福祉等方面抱有期待，也在"中美争霸"、现代版"天下秩序"、民族主义等多个维度存有疑虑。印度媒体对人类命运共同体理念的关注持续抬升，但是报道深度有限，其关注重点主要为人类命运共同体与中国—南亚国家双边及多边合作。印度媒体对这一理念的认知多源于中国官方表述，同时也受到美国污名化影响。

---

① 习近平：《迈向命运共同体　开创亚洲新未来》，《人民日报》，2015年3月29日。

第一节 沙特阿拉伯《利雅得报》人类命运共同体报道研究

沙特阿拉伯王国是具有重要地区和国际影响力的阿拉伯和伊斯兰大国，在世界经济、政治、能源、安全、宗教等问题上都发挥着举足轻重的作用。近年来，随着中国"一带一路"倡议的推进和沙特"2030愿景"的实施，中沙各领域合作不断拓展和深化。2016年，中沙全面战略伙伴关系的建立标志着两国关系向更高水平、更宽领域、更深层次迈进。沙特已成为中国维护国家安全、推进全方位对外开放、推动中华文化"走出去"、塑造良好国际形象的重要对象。

融媒体时代，信息传播呈速度快、范围广、影响大、交互性强的特点。大众传媒成为一国人民了解外部世界的重要渠道，对优化国际舆论环境、构建国际话语权、塑造国家形象和提升国家软实力发挥着举足轻重的作用。沙特作为中东地区的大国，其媒体影响力和辐射作用已经超越本国而扩展到整个阿拉伯世界。其主流媒体对人类命运共同体理念的报道在一定程度上影响着我国对沙乃至对阿国家形象构建、软实力建设，进而影响中沙关系、中阿关系。本节以沙特最重要的纸媒之一《利雅得报》为研究对象。《利雅得报》首刊于1965年5月11日发行，是沙特最大报业机构叶玛麦报业公司的核心产品之一，至今已发展成为沙特本土发行量最大、阅读量最大、发行范围最广的阿拉伯语报纸。该报在全球设有58个记者站，发行范围涵盖全部海合会国家，以及伊拉克、黎巴嫩、埃及、叙利亚、约旦、摩洛哥、英国、法国等国，并覆盖美国部分州。1998年，《利雅得报》官方网站正式上线，并成为阿拉伯国家访问量最多、点击率最高、受众最广的新闻网站之一。该报在阿拉伯国家具有较强的代表性，综合分析该报对中国提出的人类命运共同体理念及相关议题报道的数量、报道内容、报道倾向等问题，可以更好地了解阿拉伯主流舆论的立场和观点。

一、文献综述

国内学界对阿拉伯主流媒体关于人类命运共同体理念传播情况的系统性研究成果较为缺乏。截至2020年6月，中国知网载录的有关阿拉伯媒体关于人类命运共同体理念传播情况的学术论文仅有1篇，这篇文章题为《沙特主流媒体涉华报道分析：以〈利雅得报〉为例》，主要从报道量、报道主题、报道倾向性等维度分析了2012年至2018年《利雅得报》对中国治国理政新思想十大议题的报道，认为《利雅得报》给予人类命运共同体议题一定的关注，但相较而言，该报对该议题的报道量并不多。

相比之下，国内学界较多地关注阿拉伯媒体对"一带一路"倡议和党的十九大议题的报道，中国知网载录的相关学术论文共5篇，多以定量分析和定性分析相结合的方法，从报道量、报道主题、话语分析、倾向性分析等维度剖析相关内容在阿拉伯媒体中的呈现状况。例如，孟炳君在《沙特阿拉伯主流媒体对"一带一路"倡议的认知》一文中，以沙特三大日报《利雅得报》《麦地那报》《半岛报》有关沙特国王访华报道中涉及"一带一路"倡议的新闻语篇为语料，综合解读沙特主流媒体对"一带一路"倡议的认知，认为沙特主流媒体从本国视角强调沙特在倡议中的重要地位和作用，并将其塑造为"一带一路"的"密切关注者"、"重要参与者"及"互利共赢者"[①]。黄慧在《阿拉伯媒体的"一带一路"报道倾向性研究》中利用数据库进行定量分析，认为阿拉伯媒体对"一带一路"的报道经历了从少到多、由浅入深的变化，且以正面报道为主。中阿双边合作机制、中阿双方高层互访、中阿经贸合作等因素对于提高阿拉伯媒体对"一带一路"的关注度和正面报道比例都具有积极作用[②]。韩博和薄立伟在《阿拉伯媒体十九大报道及中国国家形象研究》中详细解读了阿拉伯主流媒体对党的十九大报道的文本，发现主流媒体在报道

[①] 孟炳君：《沙特阿拉伯主流媒体对"一带一路"倡议的认知》，《外语学刊》2018年第6期。

[②] 黄慧：《阿拉伯媒体的"一带一路"报道倾向性研究》，《西亚非洲》2016年第2期。

中经常使用正面、积极的词句报道中国经济、军事、治国理念，塑造了中国充满智慧、强大、崛起的国家形象。但也有少量报道刻画了中国负面的国家形象[①]。

近年来，中阿命运共同体议题越来越多地受到国内学界的关注，中国知网共载录5篇相关论文。《红旗文稿》刊登的《打造中阿利益和命运共同体》一文认为，中阿人民的命运因中阿合作论坛和"一带一路"建设而变得更加密切，中国经济能为阿拉伯世界发展提供助推力，中国主张、中国方案和中国智慧也能为中东和平发挥关键作用，中阿双方应为实现两个民族的伟大复兴，推动建设中阿利益和命运共同体作出新的贡献[②]。前中国中东问题特使、中国驻沙特、埃及大使吴思科在《中阿科技论坛》发表了题为《中阿携手向着构建命运共同体迈进》的文章，指出在当今"一带一路"的倡议下，中阿应当秉承传统友谊，在技术、资源、金融等方面进一步加强合作，同时注重中阿之间的人文交流，为携手共建中阿利益和命运共同体、人类命运共同体作出贡献[③]。《解放军报》曾于2018年7月刊登了一篇题为《努力打造中阿命运共同体》的要闻，对习近平主席在中阿合作论坛第八届部长级会议开幕式上提出的"中方愿同阿方加强战略和行动对接，携手推进'一带一路'建设，共同做中东和平稳定的维护者、公平正义的捍卫者、共同发展的推动者、互学互鉴的好朋友，努力打造中阿命运共同体，为推动构建人类命运共同体作出贡献"[④]作出评论与分析。

总体来看，学界对沙特主流媒体关于中国提出的人类命运共同体理念报道的相关研究较少。

[①] 韩博、薄立伟：《阿拉伯媒体十九大报道及中国国家形象研究》，《今传媒》2018年第7期。
[②] 若英：《打造中阿利益和命运共同体》，《红旗文稿》2018年第14期。
[③] 吴思科：《中阿携手向着构建命运共同体迈进》，《中阿科技论坛》2018年第2期。
[④] 冯升：《努力打造中阿命运共同体》，《解放军报》，2018年7月15日。

二、研究方法

本研究主要采用文本分析法，以《利雅得报》为研究对象，检索时段为2011年9月6日至2020年5月31日，研究沙特主流媒体对中国提出的人类命运共同体理念相关报道的发展变化，对报道文本进行定性和定量分析，归纳其中的特点和趋势。

本研究将"人类命运共同体"的几种阿拉伯语译法"مجتمع مصير مشترك للبشرية" "مجتمع ذي مصير مشترك للبشرية"作为关键词，在《利雅得报》官方网站检索系统进行检索，并对所得检索结果进行逐一筛选，获得5篇研究样本。考虑到人类命运共同体作为一种理念，并不局限于关键词本身，笔者将检索范围放大，对考察时间内《利雅得报》的所有涉华新闻报道进行逐一筛选与文本分析，另得到344篇与人类命运共同体理念相关的考察样本。

鉴于阿拉伯语的语言特点，以及阿拉伯主流媒体对本研究所选取关键词的翻译可能与中国官方表述存在差异，加之中国官方对关键词译法的不断调整，为确保数据获取的完整性，本研究在检索时为每个关键词列出了多种译法，以尽量减少检索的误差范围。

三、《利雅得报》人类命运共同体报道分析

（一）报道量分析

在《利雅得报》官方网站的检索系统中以"人类命运共同体"的几种阿拉伯语译法"مجتمع ذي مصير مشترك للبشرية" "مجتمع مصير مشترك للبشرية"作为关键词进行检索，并对所得检索结果进行逐一筛选，共得到5篇该报关于人类命运共同体的报道。可以发现，《利雅得报》对人类命运共同体议题的直接报道十分有限，但这并不意味着该报不认同中国提出的人类命运共同体理念，与之相反，该报对"一带一路""中

沙关系""和平发展道路""中国文化""美丽中国"等相关议题的一些报道体现了人类命运共同体理念。事实上,人类命运共同体并不仅仅是一个政治术语,它更多地传达出一种理念——倡导相互尊重、平等相处、和平发展、共同繁荣,反对冷战思维与零和博弈,诸如"一带一路""中沙关系""和平发展道路""中国文化""美丽中国"等议题均能够直接或间接地体现人类命运共同体理念。尽管以《利雅得报》为代表的沙特主流媒体对人类命运共同体的直接报道不多,但其对上述相关议题的报道却并不鲜见,这在一定程度上反映了该报对人类命运共同体理念的认同和关注。基于此,本节在考察《利雅得报》对人类命运共同体理念的报道情况时,将该理念相关议题("一带一路""中沙关系""和平发展道路""美丽中国""中沙全面战略伙伴关系""汉语推广")均纳入考察范围。

如图4-1所示,2011年9月6日至2020年5月31日,《利雅得报》对人类命运共同体的直接报道量仅为5篇,但该报对人类命运共同体理念的相关议题——"一带一路""中沙全面战略伙伴关系""汉语推广""和平发展道路""美丽中国"的总报道量则达到344篇,其中,该报对"一带一路"议题的报道量为156篇,对"中沙全面战略伙伴关系"议题的报道量为56篇,对"汉语推广"议题的报道量为52篇,对"和平发展道路"议题的报道量为48篇,对"美丽中国"议题的报道量为32篇。

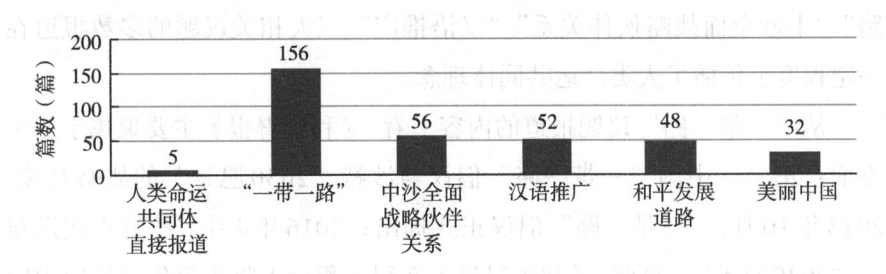

图4-1 《利雅得报》人类命运共同体报道的相关议题分析

(二)报道议题分析

1.《利雅得报》对人类命运共同体的综合报道

《利雅得报》对人类命运共同体议题的5篇直接综合报道分别为:

人类命运共同体理念的全球传播：媒体报道视角

发表于2014年3月的《沙特与中国：各领域的战略关系加强》，发表于2016年1月的《中沙务实合作——从能源到更广阔的领域并着眼于共同利益》，发表于2018年7月的《我们期待新时代"一带一路"框架下的中阿合作伙伴关系》，发表于2019年11月的《中国为实现中东持久和平作出贡献》，发表于2020年3月的《中国驻沙大使：病毒不分国界，责任跨越重洋》。显然，这些报道全部倾向于正面报道，且均未以"人类命运共同体"为题，但都在行文中直接提及"人类命运共同体"这一术语，且通过报道中沙关系、"一带一路"、中国中东政策、中国应对疫情等议题阐释人类命运共同体理念。例如，《利雅得报》刊登的《中国驻沙大使：病毒不分国界，责任跨越重洋》一文指出，中方秉持人类命运共同体理念，愿同有关国家分享防控有益做法，开展药物和疫苗联合研发，并向出现疫情扩散的国家提供力所能及的援助[①]；《中沙务实合作——从能源到更广阔的领域并着眼于共同利益》一文表明，历史见证了中沙友谊的源远流长，中沙乃至中阿是一个命运共同体，双方之间的共同利益是推动双方务实合作的不竭动力[②]。

2.《利雅得报》对人类命运共同体理念的相关报道

在对《利雅得报》近十年的涉华报道进行逐一筛选与文本分析后，我们发现，除直接提及人类命运共同体的综合报道外，该报对"一带一路""中沙全面战略伙伴关系""汉语推广"三大相关议题的多数报道在一定程度上传播了人类命运共同体理念。

从"一带一路"议题报道的内容上看，《利雅得报》主要聚焦于三个方面：第一，中国"一带一路"倡议与沙特"2030愿景"的战略对接。2013年10月，"一带一路"倡议正式提出；2016年4月，沙特正式发布了"2030愿景"。自此，《利雅得报》在很大程度上将报道焦点转向中国"一带一路"倡议与沙特"2030愿景"对接，关注这一背景下的经贸合

---

① 《中国驻沙大使：病毒不分国界，责任跨越重洋》，《利雅得报》，http://www.alriyadh.com/1812908，2020-05-10。

② 《中沙务实合作——从能源到更广阔的领域并着眼于共同利益》，《利雅得报》，http://www.alriyadh.com/1120356，2020-05-10。

作、政治互信和文化交流等议题。例如，2016年9月1日，《"2030愿景"与"一带一路"倡议共创美好明天》报道了中沙两国作为当前国际舞台上的重要经济力量，两国分别提出的"一带一路"倡议和"2030愿景"将极大地促进两国之间的政治互信、经贸合作、文化和人文交流，两国将携手共创美好明天[①]。2017年3月17日，一篇题为《愿景与道路》的报道指出，沙特"2030愿景"与中国"一带一路"倡议是在新的国际形势下提出的具有时代意义的战略和倡议，二者的提出对实现中沙两国经济转型、促进共同发展意义重大[②]。2017年5月14日，《"一带一路"倡议与"2030愿景"战略互补》对"一带一路"倡议进行了细致分析，指出该倡议与沙特"2030愿景"相辅相成，有利于实现中沙双方的互利共赢[③]。

第二，"一带一路"框架下的中沙经济合作项目。随着"一带一路"倡议的落实与深化，中沙经济合作项目推进顺利，《利雅得报》不少报道也就此展开。例如，2016年4月25日发表的《阿美公司寻求在中国发展其成品油投资，预计投资额将超过240亿里亚尔》一文提到，在"一带一路"倡议背景下，沙特阿美石油公司与中石化投资100亿美元兴建沙特延布炼厂，设计加工能力达每天40万桶，该项目是中石化首个海外炼化项目，是工艺最为先进、运行最为安全稳定、见效最快的一家企业，成为"一带一路"建设的典范性项目[④]。2016年9月3日，《沙特阿美和朱拜勒与延布皇家委员会与两家中国公司签署合作协议》一文报道了在"一带一路"倡议推动下，沙特阿美石油公司与中国北方工业公司和中国银川育成投资有限公司签署合作协议，推动在华建设石化项目和其他战略性项目[⑤]。2017年3月17日，《沙特基础工业公司与中国市场：在富有成效的历史关

[①] 《"2030愿景"与"一带一路"倡议共创美好明天》，《利雅得报》，http://www.alriyadh.com/1530118，2020-05-10。

[②] 《愿景与道路》，《利雅得报》，http://www.alriyadh.com/1578532，2020-05-10。

[③] 《"一带一路"倡议与"2030愿景"战略互补》，《利雅得报》，http://www.alriyadh.com/1593834，2020-05-10。

[④] 《阿美公司寻求在中国发展其成品油投资，预计投资额将超过240亿里亚尔》，《利雅得报》，http://www.alriyadh.com/1149761，2020-05-10。

[⑤] 《沙特阿美和朱拜勒与延布皇家委员会与两家中国公司签署合作协议》，《利雅得报》，http://www.alriyadh.com/1530675，2020-05-10。

人类命运共同体理念的全球传播：媒体报道视角

系中迈上新台阶》一文详细报道了沙特基础工业公司与中国相关企业合作的历史、现状、重点项目，并对未来前景作了展望，认为中沙战略对接大有可为①。第三，对"一带一路"倡议国际影响的评价。《利雅得报》发表多篇评论文章，对"一带一路"倡议的国际影响进行分析。2017年5月13日，题为《"一带一路"国际合作高峰论坛，世界在等什么？》的评论文章指出，"一带一路"倡议是中国提出的以经贸和基础设施建设为基础的、连通亚非欧三大洲的发展方案，它崭新的愿景、厚重的历史遗产、世界性的赞誉以及政策沟通、设施联通、贸易畅通、资金融通、民心相通等理念值得世界关注②；2017年5月20日，题为《中国倡议：表象与实质》的文章引发沙特读者广泛关注，该文指出，2013年，时任美国总统奥巴马在第二任期开始"重返亚太"，加大对中国在政治、经济、军事上的遏制，因此开放连接60多个国家的经济走廊是中国对美国的回应，当前世界正处于历史上重要的大变革时期，这一倡议如果成功，未来30年中国将同第二次世界大战后的美国一样，将自己置于全球秩序的核心位置③。同年10月1日，《利雅得报》发表《"一带一路"——世界发展的黄金机遇》一文，指出"一带一路"倡议为世界提供了不可忽视的投资和经贸发展机遇，"一带一路"为世界带来的是更快速的投资、更健全的基础设施网络、更强的发展动力和互利共赢④。

在2017年5月召开的"一带一路"国际合作高峰论坛开幕式上，习近平主席便在发言中提出"在'一带一路'建设国际合作框架内，各方秉持共商、共建、共享原则，携手应对世界经济面临的挑战，开创发展新机遇，谋求发展新动力，拓展发展新空间，实现优势互补、互利共赢，不断朝着人类命运共同体方向迈进"的倡议。事实上，伴随着"一

---

① 《沙特基础工业公司与中国市场：在富有成效的历史关系中迈上新台阶》，《利雅得报》，http://www.alriyadh.com/1578553，2020-05-10。
② 《"一带一路"国际合作高峰论坛，世界在等什么？》，《利雅得报》，http://www.alriyadh.com/1593835，2020-05-10。
③ 《中国倡议：表象与实质》，《利雅得报》，http://www.alriyadh.com/1595774，2020-05-10。
④ 《"一带一路"——世界发展的黄金机遇》，《利雅得报》，http://www.alriyadh.com/1626774，2020-05-10。

带一路"倡议的实施，以"一带一路"推动构建人类命运共同体已成为国际社会的广泛共识。可以说，"一带一路"倡议是推动构建人类命运共同体的重要抓手，也是中国将人类命运共同体理念付诸实践的有力证明。以《利雅得报》为代表的沙特主流媒体对"一带一路"倡议的报道很大程度上向阿拉伯受众传播了人类命运共同体理念。综合分析《利雅得报》对"一带一路"倡议的报道可以发现，该媒体对"一带一路"议题的绝大多数报道持正面立场，认为"一带一路"倡议有利于沿线国家和全球经济发展，有利于人类整体利益和不同国家之间的共同利益；但也有引自西方媒体的少部分报道持负面立场，认为该倡议的提出和实施意在使中国称霸全球，是一种霸权主义野心。

《利雅得报》对中沙关系的报道同样向受众传达了人类命运共同体的理念。2016年1月，习近平主席访问沙特，同沙特国王萨勒曼签署《中华人民共和国和沙特阿拉伯王国关于建立全面战略伙伴关系的联合声明》，一致决定将两国关系提升为全面战略伙伴关系。自此，《利雅得报》在报道中沙关系时更加注重突出两国的共同利益，持续报道不断向好的中沙关系。例如，2016年9月25日，《中沙经济转型中新的合作机遇》一文提到，"一带一路"倡议是中国基于新的国内外发展形势提出的倡议。中沙两国全面战略伙伴关系建立，标志着两国关系迈向新阶段。但这一关系应在加强经贸合作的基础上，进一步丰富"战略性"内涵。当前，中国和沙特都处于经济转型时期，在"一带一路"倡议背景下，转型中的两国不断深化各领域的合作，迎来诸多新的合作和发展机遇[①]。2019年11月23日，《萨勒曼国王与习近平主席建立了两国之间的全面战略伙伴关系》一文回顾了中沙两国自2016年建立全面战略伙伴关系以来所开展的产能、海运、工业、人文合作，阐明中国为沙特经济转型作出了重要贡献，两国在实现互利共赢方面承担了各自的责任[②]。2019年6月3日，

[①]《中沙经济转型中新的合作机遇》,《利雅得报》, http://www.alriyadh.com/1535620, 2020-06-10。

[②]《萨勒曼国王与习近平主席建立了两国之间的全面战略伙伴关系》,《利雅得报》, http://www.alriyadh.com/1778307, 2020-06-10。

《利雅得报》专访中国驻沙特大使陈伟庆,并发布了一篇题为《中国驻沙特大使在首次媒体采访中说:中沙关系是牢固、全面且具有战略性的》的文章,指出中沙两国之间的合作在"一带一路"倡议和"2030愿景"背景下不断加深,双方之间的务实合作达到前所未有的程度,两国间的共同利益是驱使两国关系不断向好的重要动力[①]。

近年来,受新冠病毒肆虐全球的影响,中国所面临的外部舆论环境日益严峻,不少西方国家媒体借疫情之势抹黑中国,以《利雅得报》为代表的沙特主流媒体则倾向于坚持与中国并肩作战、共抗疫情。据统计,新冠疫情暴发以来,《利雅得报》发布的疫情相关新闻有1236条,其中,提及中国的新闻有821条,占比约为66.4%。在提及中国的新闻当中,正面新闻有95条,中立立场新闻有678条,负面新闻仅有48条,分别占比约为11.6%、82.6%、5.8%(见图4-2)。分析《利雅得报》对疫情议题的报道可以发现,该报对中国在抗击疫情方面所做出的努力与贡献持正面态度;该报对病毒来源的阐释倾向于中立与客观,认为病毒于2019年11月出现在中国,但并未指出病毒来源即中国;当然,该报也援引了西方的一些关于病毒的报道,或阐释西方对病毒的立场,这些报道中不乏负面报道。

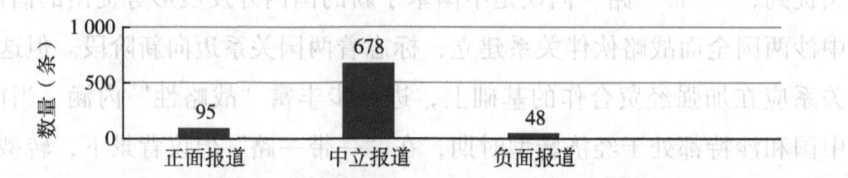

图4-2 《利雅得报》新冠疫情期间中国相关报道的数量与报道倾向分析

总体来看,在中沙两国建立全面战略伙伴关系的框架下,《利雅得报》在新冠疫情期间对中国的相关报道是倾向于正面和客观的,这些报道的口径往往体现出人类命运共同体理念。例如,2020年3月28日,该报刊登了《中国驻沙大使:病毒不分国界,责任跨越重洋》一文,直接

---

① 《中国驻沙特大使在首次媒体采访中说:中沙关系是牢固、全面且具有战略性的》,《利雅得报》,http://www.alriyadh.com/1758991,2020-06-10。

指出"疫情没有国界，病毒是人类公敌。我们同在一个全球化时代，同处一个人类命运共同体，世界各国利益与共、责任相连。有识之士已意识到，在疫情挑战面前，任何国家都不能独善其身，排外排他、零和博弈思维是行不通的"[①]。当日，该报还刊登文章《沙特王国赞赏中国经验并与意大利团结抗疫》，指出萨勒曼国王赞赏中国在抗击疫情过程中为各国提供的宝贵经验，沙特愿同G20国家一起努力，遏制病毒在全球范围内的蔓延[②]。2020年6月7日，该报发表文章《萨勒曼国王中心向也门转运中国政府提供的援助》，表明中国向沙特的兄弟国家——也门提供医疗物资援助，以抗击新冠肺炎疫情[③]。

除"一带一路"和中沙全面战略伙伴关系议题外，《利雅得报》对汉语推广议题的报道也在一定程度上反映了该报对人类命运共同体的理念。2019年2月，沙特王储穆罕默德·本·萨勒曼访华，中沙两国领导层就在沙特全国中小学及大学开展汉语教学计划达成一致，旨在增强沙特学生的文化多样性，深化中沙全面战略伙伴关系，为实现沙特"2030年愿景"规划中的未来国家教育目标作出贡献。自此，以《利雅得报》为代表的沙特主流媒体更加关注汉语推广议题。如前所述，截至2020年5月31日，《利雅得报》对汉语推广议题的报道已达到52篇，这些报道普遍认为在沙特推广汉语教学是两国战略伙伴关系框架下的重要举措，汉语是中沙两国人民之间的桥梁，两国人民同处一个文化多样性的世界，加强沙特国内的汉语教学对实现不同文化、文明之间对话与交流具有重要意义。具体而言，2019年7月7日，《利雅得报》刊登了题为《汉语是暑期教学计划的热门之选》的报道，认为在"2030愿景"框架下设立的暑期教学计划中，汉语学习成为广大沙特学生的热门之选，这场沙特的"汉语热"有利于为两国人民搭建桥梁，有利于增进两国之间的友谊

[①] 《中国驻沙大使：病毒不分国界，责任跨越重洋》，《利雅得报》，http://www.alriyadh.com/1812908，2020-06-10。

[②] 《沙特王国赞赏中国经验并与意大利团结抗疫》，《利雅得报》，http://www.alriyadh.com/1812911，2020-06-10。

[③] 《萨勒曼国王中心向也门转运中国政府提供的援助》，《利雅得报》，http://www.alriyadh.com/1825003，2020-06-10。

与合作[①]。2020年1月19日,该报发布的题为《中国大使:教授汉语造就了两国拥抱光明未来的一代人》的文章,表明中方赞赏沙特各个层面的学校都增设汉语教育的做法,认为中方愿成为沙方推动汉语教学的坚实伙伴[②]。

可以发现,《利雅得报》对汉语推广议题的报道基本呈正面,且大多可以突出语言文化在推动两国关系发展、丰富世界文化多样性方面的作用,从而在一定程度上体现并肯定了语言文化在弘扬人类命运共同体理念方面的作用。

四、向阿拉伯世界传播人类命运共同体的思考与建议

人类命运共同体理念是在当今复杂多变的国际形势下,中国为促进世界和平与发展、解决人类社会共同面临的问题所贡献的"中国智慧"与"中国方案"。随着该理念被写入联合国决议,越来越多的国家开始认同这一理念,并在诸多国际场合提及这一理念。在阿拉伯世界,这一理念也得到了不少国家领导人的认同,甚至有些国家在对外交往特别是对华外交过程中已经开始践行这一理念。然而,以《利雅得报》为代表的阿拉伯主流媒体对该理念的综合报道却相对有限,这表明我国在对外传播相关治国理政理念的过程中仍存在不足。事实上,阿拉伯主流媒体和阿拉伯受众并非刻意回避对这些理念的报道与了解,他们只是无法准确理解和把握相关政治术语的真正含义,仅仅将具备中国特色的治国理政术语传播至阿拉伯世界无法得到受众切实的正反馈,有时还可能会造成对象国受众对相关政治术语的曲解和误读。想要提高我国治国理政理念的对外传播效率,进一步改善传播效果,就需要我们在进行对外传播时,找对方法,把握分寸,尽可能客观、全面地展示中国,减少外媒对中国

---

① 《汉语是暑期教学计划的热门之选》,《利雅得报》,http://www.alriyadh.com/1764652, 2020-06-10。
② 《中国大使:教授汉语造就了两国拥抱光明未来的一代人》,《利雅得报》,http://www.alriyadh.com/1799494, 2020-06-10。

的偏见与误读。本节谨提出以下三个方面的建议。

第一，采取恰当的话语方式，构建当代中国话语体系。在进行对外传播时应考虑到不同民族和国家间的文化背景、价值观念、利益关切和思维方式差异，针对不同对象国采取不同的传播策略和话语方式。例如，西方国家和阿拉伯国家在意识形态、价值观念、思维方式和语言方面有着明显的差异，因而不能将对西方国家的话语方式应用于阿拉伯国家。在构建中国话语体系时，既要讲清中国的历史传统、基本国情、制度优势、人民意愿和发展进步，又不讳言中国在发展中面临的诸多困难和问题，在国际话语和对外交流中努力做到用公共的"道"讲公认的"理"，找到中外双方精神的共通点、思想的共享点和情感的共鸣点。

第二，加强中外媒体的对话与合作。媒体是我国进行对外传播的重要窗口，单纯通过本国媒体进行对外传播往往难以达到传播效果，而利用外媒为中国发声是中国治国理政新思想对外传播的重要途径，与阿拉伯媒体建立对话和合作关系有助于中国治国理政新思想真正"走出去"。此外，与援引或转载文章相比，外媒派遣驻华记者或对中国进行实地考察更有助于形成客观、全面的报道，因此，应进一步加强中外媒体和相关部门间的机制性合作，定期组织媒体人士、专家学者进行专题考察互访，有意识地推动中国治国理政理念"走出去"并"走进去"。

第三，增强新闻的可读性。在对治国理政理念进行对外宣传时，官方的、单向的直接宣传往往达不到良好的传播效果，找到好的报道切入点并使新闻报道更具可读性和吸引力十分重要。为此，要做到陈情和说理结合，贯"道"于故事之中；语言和形象结合，寓深刻道理于生动形象；共识和个性结合，将读者想读的与说者想讲的相结合，巧妙增进共鸣；价值与文化结合，互相尊重，求同存异，以礼动人，以文化人。埃及著名汉学家穆赫森在接受笔者采访时就曾表示，政治理念的传播比一般意义的文化传播更加讲究技巧，例如，把中国改革开放四十多年来发生的精彩"故事"展现出来，可以很好地吸引阿拉伯受众，而这些故事中自然包含着中国治国理政的新思想、新理念。

第二节 日本主流媒体人类命运共同体报道分析

2012年，党的十八大明确提出、倡导"人类命运共同体意识，在追求本国利益时兼顾他国合理关切"。2013年3月，习近平主席访问莫斯科国际关系学院时首次提出人类命运共同体理念，指出"这个世界，各国相互联系、相互依存的程度空前加深，人类生活在同一个地球村里，生活在历史和现实交汇的同一个时空里，越来越成为你中有我、我中有你的命运共同体"。2017年1月18日，习近平主席在联合国日内瓦总部发表题为《共同构建人类命运共同体》的主旨演讲，这是习近平主席在世界百年未有之大变局之际，着眼人类发展和世界前途面临的重大问题提出的中国理念和中国方案，体现了中国立场和中国智慧，反映了人类的美好愿望和共同价值，因此被写进了联合国重要文件[①]。人类命运共同体理念引起国际社会的关注，迄今为止已得到多个国家和地区的认同和响应。

一、日本主流媒体人类命运共同体报道的趋势分析

本节使用 Factiva 数据库，以"人类命运共同体"为关键词对2013年3月（该理念提出后）至2020年5月31日日本主流媒体所发布的所有新闻报道进行检索，去重后排除《中国日报》、《人民中国》、新华社等中国媒体的报道，得到有效样本73篇，且报道均始于2017年，当年数量为7篇；2018年报道数量达到峰值，计38篇；2019年减少至12篇，2020年截止到5月底数量为16篇（见图4-3）。日本传统四大主流纸媒[②]（《读卖

---

① 《走向人类命运共同体》，新华网，http://www.xinhuanet.com/politics/leaders/2019-11/24/c_1125268369.htm，2019-11-24。
② 2019年，日本主流纸媒发行量排名前六位分别为《读卖新闻》(828万份)、《朝日新闻》(566万份)、《每日新闻》(250万份)、《日本经济新闻》(240万份)、《中日新闻》(227万份)、《产经新闻》(140万份)，其中，《日本经济新闻》为经济类专业报纸、《中日新闻》为中部日本的区域性报纸。

新闻》《朝日新闻》《每日新闻》《产经新闻》）涉及人类命运共同体的报道、评论数量分别为3、0、6、3篇。此外，NHK 网站以人类命运共同体为关键词搜索的结果也显示为0。可以认为，日本主流报纸对人类命运共同体的接受、报道并不积极。

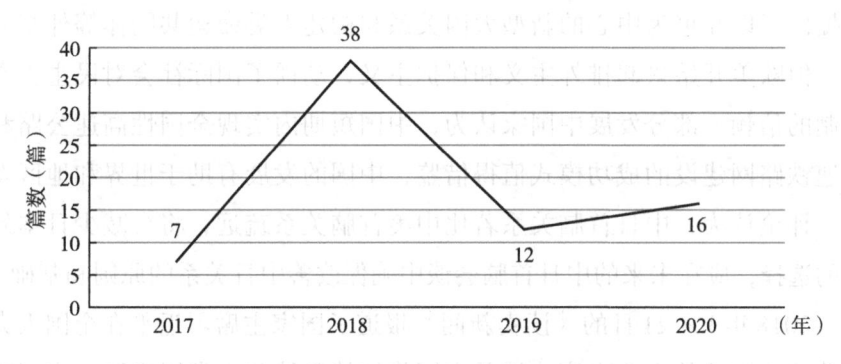

图4-3 日本主流媒体人类命运共同体相关报道的趋势

二、日本主流媒体人类命运共同体报道的内容分析

《读卖新闻》是日本最大的纸媒，具有倾向自民党的办报风格。《朝日新闻》位居第二，办报风格较为自由，传统上有左派风格，与《读卖新闻》的办报风格形成鲜明对比。《每日新闻》有革新派的办报风格，但也有一定数量的保守派言论。《产经新闻》则是著名的保守派报纸。

（一）对"人类命运共同体"的客观报道

在日本各主流媒体中，《每日新闻》是最早就人类命运共同体进行报道的纸媒。2017年3月30日，该报就中美关系与"一带一路"进行了评论并指出，作为区域经济合作的一环，联合国安理会相关决议中明确表示了对"一带一路"的欢迎态度，首次使用了习近平主席提倡的"人类命运共同体"一词。该评论认为，安理会决议中加入了"人类命运共同体""一带一路"，说明这些中国理念得到了联合国的认可。该报评论员指出，美国也提出要投资1万亿美元重建美国基础设施的构想，虽然奥巴马前政权对"一带一路"持消极态度，未加入亚洲基础设施投资银行。

人类命运共同体理念的全球传播：媒体报道视角

但是，中国方面期待着重视基础设施建设的特朗普政权实施中美合作。

2017年11月10日，《每日新闻》就美国总统特朗普访华发表社论，指出中美两国在朝鲜半岛无核化问题加强合作有利于区域安全稳定，双方肩负继续合作的责任，这也是双方的共同利益。社论认为，习近平主席提出了以互惠为中心的新型大国关系和构建人类命运共同体等外交方针，但欧美开始兴起排外主义和保护主义，动摇了国际社会对民主主义体制的信赖。部分发展中国家认为，中国短期内实现全国性高速公路和高速铁路网建设的成功模式值得借鉴，中国的发展有助于世界和地区发展。评论认为，中日首脑关系若比中美首脑关系疏远，将会减少日本外交的选择，应在未来的中日首脑会谈中确保改善中日关系的原则和基础。

2018年3月21日的《读卖新闻》报道了国家主席习近平在全国人大闭幕式上讲话的主要内容，涉及中国将继续坚持和平发展道路、实行互利共赢的开放战略、不会把自己的意志强加于人、积极推进"一带一路"建设、构建人类命运共同体等主要观点，收录了习近平主席的重要讲话内容，但没有对此进行评论。

（二）将"人类命运共同体"纳入中、美、日双边、多边关系的报道视角

2018年5月20日，《读卖新闻》发表葛西敬之[1]的文章《世界秩序向何处去》，其主要观点认为，习近平主席宣布将在21世纪中叶之前建设"社会主义现代化强国"，中国正积极推进"一带一路"、构建人类命运共同体。对此，美欧各国认为中国在挑战现有的世界秩序，各国正在改变其对华政策。由此可以认为世界进入了基于不同价值观的两个系统并存的时代。对于日本而言，更应该从对华、对美关系的角度出发，巩固日美同盟的基础。

2018年11月9日，《每日新闻》刊登了日本亚洲调查会会长五百旗头真[2]

---

[1] 日本著名实业家、企业家，JR东海株式会社名誉会长，日本财政制度审议会成员。
[2] 原日本防卫大学校长，兼任日中友好21世纪委员会日方委员、神户大学名誉教授等。

的文章。文章指出，中国毫无疑问会成为两个超级大国之一，正面临着历史重大变局。这不仅对中国历史，对包括日本在内的周边国家甚至对人类历史都是个重要问题。由于担心世界格局改变，以美国为中心，部分国家的对华强硬论开始盛行。与特朗普总统"美国优先"的保护主义相反，习近平主席拥护自由贸易体制和贸易环境，倡导人类命运共同体和国际公共产品理念。中国处在发展中国家阶段，可以自我保护优先，但长期下去，中国需要控制自己的力量、顾及他国。

2019年10月8日，《每日新闻》报道了中日间就"第五个政治文件"的签署进行磋商的消息。消息指出，中日两国政府正在磋商为配合习近平主席作为国宾访日以及确认两国新关系的"第五个政治文件"。自2008年中日两国确立战略互惠关系的联合声明已经过了十多年，其间，2010年中国国内生产总值超过日本，2018年，对华政府开发援助（ODA）结束。特别是中国正积极"构建新型国际关系"、推进"一带一路"、构建人类命运共同体，中日两国的关系和合作方式将有所改变，"第五个政治文件"将定义未来十年至二十年的两国关系，内容调整面临部分困难。

2019年12月24日，《每日新闻》焦点栏目报道了日本首相安倍晋三与中国国家主席习近平的会谈，确认了两国将紧密合作，经济领域的合作和文化交流是会谈的重要部分。中日两国提出为国际社会"共同承担责任"的想法，讨论能否在习近平主席访日之际，发表"第五个政治文件"。习近平主席在会谈中表示："中日关系现在正是重要发展的机会，希望把中日关系提升到新的阶段"；呼吁日本拥护自由贸易和多边主义；希望增进对"一带一路"和人类命运共同体的共同认识和理解。

（三）对"人类命运共同体"的戒备心理与负面报道

与《产经新闻》的保守派立场一致，对人类命运共同体的戒备与消极报道以该报刊登的日本右翼政客樱井良子针对中国发展提出的戒备言论为主。2017年11月6日、2018年1月8日、2019年3月11日，樱井良子先后三次发表专栏文章指出，中国将引领国际社会走向人类命运共同体,在"一带一路"构想的推动下,中国不断发展强大,日本更应强化日美印澳关系。樱井良子还是日本积极支持修宪的政客之一,她将"一带一路"构想解释为超越了经济范畴的军事战略,认为日本如果不重新探讨修改宪法,国防依靠他国将会是危险的。

误读"一带一路"与人类命运共同体并将其解释为来自中国的威胁是日本右翼政客的一贯做法。这一解释毫无根据,脱离了中国强调的"人类命运共同体意识,在追求本国利益时兼顾他国合理关切",以及"人类生活在同一个地球村"、各国是"你中有我、我中有你的命运共同体"这一基本理念。

三、"人类命运共同体"对日宣传策略分析

(一)讲好"一带一路"故事有利于"人类命运共同体"理念的对日传播

通过分析日本主要纸媒的相关报道可以发现,将"人类命运共同体"与"一带一路"倡议进行关联的报道较多。为此,笔者以"一带一路"为关键词对从2013年9月("一带一路"倡议提出时间)到2020年5月末日本媒体发布的所有新闻报道进行检索。去重并排除中国媒体的报道后,得到有效样本6177篇,年均882篇。可获取样本显示,《读卖新闻》236篇,《朝日新闻》138篇,《产经新闻》204篇;各家媒体相关报道均在2018年达到高峰,分别为79篇、65篇、39篇。可见,日媒更加重视报道"一带一路",这与日本文化以及日本人对"丝绸之路"的喜爱有密切关系。日本NHK于1980—2007年制作的"丝绸之路"系列最高收视率曾达到21%,被称为日本最为经典的纪录片①。日本文豪井上靖的《敦煌》以及喜多郎的《丝绸之路》音乐唱片都是日本家喻户晓的经典作品。

---

① 《NHK特集"丝绸之路"》,NHK网站,http://www2.nhk.or.jp/archives/search/special/detail/?d=special002, 2020-06-01。

结合日本国民对"丝绸之路"的喜爱与深厚感情讲好"一带一路"故事，是值得思考、有较强可行性的对日宣传策略。

（二）及时分析日本媒体的报道倾向，加大精准外宣力度

本研究的分析发现，针对人类命运共同体的报道并不能完全体现日本媒体的传统报道倾向。《产经新闻》作为保守派报纸，其针对中国的言论在意料之中。值得关注的是，办报风格较为自由，传统上有左派风格的《朝日新闻》却没有针对中国理念的相关报道和评论。《读卖新闻》的报道兼有积极与消极两个方面。可见，及时、具体分析日本媒体的报道倾向与对象人群等，有助于构建精准的对日宣传体系。

（三）重视与发行量大、内容丰富的权威媒体合作，提升传播能力

考虑到日本家庭的生活与获取新闻的习惯，本研究将NHK纳入分析范围，但网站搜索结果为0。NHK是日本唯一依靠民众缴纳视听费运营而独立于商业资本的公共媒体机构，其新闻报道的权威性在日本广为认可，其媒体包括电视、广播、网站等，其中，网站报道内容较为全面。NHK以相对客观中立的立场传播新闻，受众广泛。用"一带一路"关键词搜索得到报道、评论22项，内容总字数近10万字。如何加大与NHK的合作宣传力度、通过讲述"一带一路"故事在相关媒体发声值得思考。

（四）科学传播中国理念，反击"中国威胁论"

日媒关于人类命运共同体的相关报道反映了日本媒体与政客的复杂心态。一方面，中日关系具有两面性。中国和日本是世界第二和第三大经济体，且双方互补性强、经贸合作潜力巨大。鉴于这样的背景，日本媒体对中国"一带一路"倡议的重视程度日益增长，报道深度和广度都与日俱增。但同时，日本媒体对近年中国综合国力的迅速提升，尤其是经济总量超越日本成为全球第二大经济体抱有警惕、紧张的心理，这反映在部分报道过分强调"一带一路"的政治影响，导致报道严重失实。

另一方面，日本和美国是战略同盟关系，随着中美战略博弈升级，日本媒体不可避免地受到中美贸易摩擦等国际不稳定因素的影响。今后，中国应增加基于国际视野和社会科学、传播理论的报道与宣传，减弱、打消"中国威胁论"的影响。

（五）宣传中日第三方市场合作的成功案例，加深相互理解与信赖

不可否认，"一带一路"特别是21世纪海上丝绸之路的部分区域与日本"印洋战略"存在一定的竞争性，人类命运共同体相关理念的对日传播面临巨大挑战和困难[①]。但2018年5月李克强总理访日后，关于中日第三方市场合作的探讨在两国经济界不断升温。同年10月，首届中日第三方市场合作论坛的召开标志着中日经贸关系在经历四十年的发展后步入了新时期，这必将带动两国国内的产业升级，迎来共同发展的新机遇。无论部分日本媒体如何定位，中日第三方市场合作都是符合市场经济规律、满足中日两国企业的发展需要的重要举措。通过第三方市场合作、推广成功案例有利于推动日本主流媒体接受人类命运共同体与"一带一路"相关理念。

（六）重视主要智库的政策影响力，加大智库交流与宣传力度

日本智库特别是外交安保专业研究的政策影响力不容忽视，及时了解专家观点，加强智库间合作，促进日本智库对人类命运共同体理念的理解将会积极促进中国理念的传播。目前，日本外交、安保智库的研究主要集中在对"一带一路"的内容、定位、对亚洲的经济影响，以及亚投行对国际秩序、国际价值规范的影响等，其对日本政府决策与国内媒体舆论的影响力值得关注。

---

① 丁红卫、王文文：《"一带一路"与"印太战略"在东盟地区的竞争格局》，《区域与全球发展》2018年第5期。

（七）重视利用新媒体，扩大传播范围

互联网检索的结果显示，在有关人类命运共同体报道中，以报道中国信息为主的 Record China 网站、搜索引擎 Searchina 得到的搜索结果分别为15篇、1篇。Record China 是日本最大的介绍中国信息网站的新闻应用程序。该编辑部筛选日本媒体未报道的有关中国、世界的新闻事件，且可以用日语检索。Searchina 是中国留学生在日本创立的 IT 企业，旨在向日本及海外社会提供全方位的中国信息，促进中国和海外的交流，旗下拥有财经门户网站"中国情报局"，月点击量超1亿，是面向日本社会积极传播中国信息的新媒体，也是日本雅虎财经的四大合作伙伴之一，在日本主流社会影响较大。加大新媒体与网络宣传，传播客观内容与理念，将推动人类命运共同体理念的在日传播，扩大受众数量。

第三节　韩国舆论中的人类命运共同体与中韩命运共同体分析

共同构建人类命运共同体是习近平主席面对世界百年未有之大变局提出的"中国方案"。作为人类命运共同体的重要组成部分，中国提出的周边命运共同体和亚洲命运共同体表明了中国与周边各国合作共赢、携手前进的意志，也得到了周边国家的广泛认同——中韩命运共同体论便深刻体现了这一点，其特殊性在于，这是韩国文在寅政府依循人类命运共同体提出、中国尔后对其作出响应的理念[①]。2017年12月，时任韩国执政党共同民主党党首的秋美爱曾表示："愿通过政党间的联合与合作，打

---

① 据统计，习近平主席在关于国别命运共同体的论述中，并未提及中韩命运共同体（王海东、张小劲：《新时代中国国际战略：以"命运共同体"论述为重点的解读》，《国际论坛》2019年第6期）。中国官方是在2020年倡议中韩联合抗击疫情的背景下提出的该理念，驻韩国大使邢海明不仅在《人民日报》撰文称中韩"成为名副其实的命运共同体"（邢海明：《邻里情朋友义》，《人民日报》，2020年2月17日），并在此后多个外交场合中反复强调这一点。

人类命运共同体理念的全球传播：媒体报道视角

造人类命运共同体的未来和幸福。"①文在寅政府首任驻华大使卢英敏履新后称："中韩两国是'命运共同体'，拥有共同的利益"②；文在寅总统本人则在2017年和2019年两次访华期间，不仅在首脑会晤及多个外交场合表达对人类命运共同体倡议的赞同，更强调中韩两国是"命运共同体"。

作为东北亚地缘政治区域有重要影响力的国家以及中国构建人类命运共同体的重点合作伙伴，韩国如何理解人类命运共同体理念以及该理念体现在中韩关系领域的重要命题中韩命运共同体？对此学界尚未有相关研究。本研究旨在解析韩国舆论对人类命运共同体理念与中韩命运共同体论的呈现、阐释与态度，以期加深我国对周边国家舆论环境的理解，促进人类命运共同体理念向韩国及周边国家的有效传播。

一、研究设计

本研究数据与索引来自韩国舆论振兴财团KINDS（Korean Integrated News Database system）数据库，选取10家主流新闻媒体作为分析样本，分别为6家韩国影响力最大的综合日报——《朝鲜日报》《东亚日报》《中央日报》《韩民族日报》《京乡新闻》《世界日报》，4家主流经济类报刊——《每日经济》《首尔经济》《亚洲经济》《亚细亚经济》。媒体样本涵盖多种政治倾向，其中，《朝鲜日报》《东亚日报》《世界日报》《首尔经济》《亚细亚经济》偏保守立场，《中央日报》《每日经济》持中间偏右立场，《京乡新闻》《韩民族日报》《亚洲经济》偏进步立场。

检索时段为国务院新闻办公室编制《中国的和平发展》白皮书首次提及"命运共同体"视角的2011年9月6日至2020年5月31日，以"人类命运共同体"（인류운명공동체）、"中韩命运共同体"（한·중운명공동

---

① "추미애 '자위 이유 다른나라 위협 용납안돼… 한·중관계 회복이 평화지키는 큰힘'"，『세계일보』，2017-12-03（《秋美爱："不可以自卫为由威胁他国，恢复中韩关系推动和平"》，《世界日报》，2017年12月3日）。

② "노영민 주중대사 '"이웃이 사촌" 한중 양국 관계 비유에 매우 적절'"，『서울경제』，2017-10-10（《卢英敏驻华大使，"远亲不如近邻"比喻中韩关系最恰当》，《首尔经济》，2017年10月10日）。

제)为关键词分别检索。去除重复检索项后,前者获取检索结果163条,后者获取检索结果105条。

本研究对检索结果采取内容分析与话语分析结合的研究方法,分别解答以下三组问题:第一,韩国舆论中,人类命运共同体、中韩命运共同体相关报道的媒体分布、频率、信源、议题设置与报道倾向有何特点?第二,韩国舆论侧重从哪些角度阐释人类命运共同体理念?呈现何种态度?第三,人类命运共同体理念与中韩命运共同体论有何关系?韩国舆论如何看待后者?

二、内容分析

(一)报道媒体分布、频率和信源

检索结果显示,韩国舆论有关人类命运共同体理念的报道篇数虽远低于"一带一路"报道(5131篇),却是同期美国媒体报道篇数的两倍[1],体现出我国周边国家对该理念更高的关注度。

从媒体分布(见图4-4)来看,以企业人士为目标读者的经济类报刊

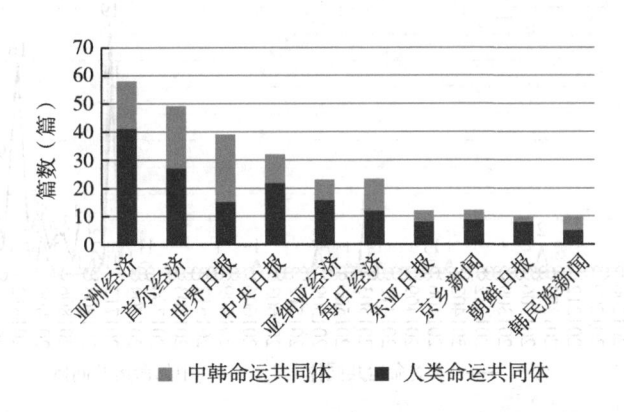

图4-4 韩国媒体人类命运共同体与中韩命运共同体相关报道的分布

---

[1] 研究显示,2012年至2019年美国媒体对人类命运共同体理念的报道篇数仅81篇。参见高金萍、余悦:《美国媒体视域下"人类命运共同体"理念的呈现》,《新闻爱好者》2020年第3期。

人类命运共同体理念的全球传播：媒体报道视角

的关注度普遍高于综合日报，这是因为经济领域是中韩关系发展最深入的领域，然而其报道并不仅限于经济议题，以报道篇数最多的《亚洲经济》为例，该报以中国报道见长，长期开设中国问题专栏，邀请学者对政治、社会、文化等多样议题发表评论。

从报道频率（见图4-5）来看，韩国舆论对人类命运共同体理念的关注存在四个高峰，与中国举办的重大活动和两国重要外交事件的时间点基本吻合。第一个高峰出现在2017年12月文在寅总统首次访华；第二个高峰出现在2018年12月，涉及习近平主席在庆祝改革开放四十周年大会、2019年新年贺词等场合的重要讲话；第三个高峰为2019年9月至10月，涉及《新时代的中国与世界》白皮书发布、新中国成立七十周年庆典等事件；第四个高峰为2020年3月，涉及新冠疫情期间习近平主席与各国政要的通话。相较而言，韩国舆论提及中韩命运共同体早于人类命运共同体，最早出现在2013年4月，韩国前总统朴槿惠上台伊始派往中国的特使曾称："韩国与中国是命运共同体。"[①] 该理念被频繁报道的三次高峰均出现在文在寅执政时期，且与两次中韩首脑会晤与通话的时间高度吻合。值得注意的是，人类命运共同体与中韩命运共同体相关报道

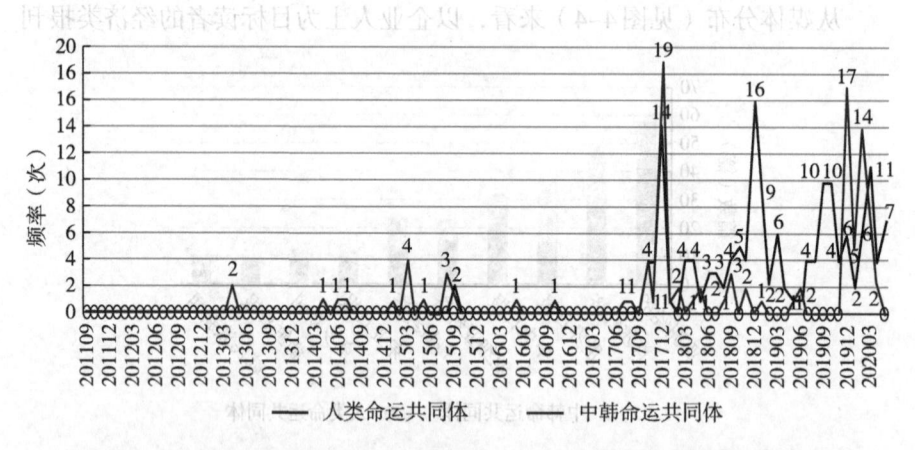

图4-5 韩国主流媒体人类命运共同体与中韩命运共同体相关报道的频率

[①] "북핵해결위해中과신뢰관계구축해야",『매일경제』,2013-04-09（《为解决朝核问题应加强对华信任》,《每日经济》, 2013年4月9日）。

在两个时期呈现高峰重叠，一为2017年12月文在寅访华，二为2020年2—3月中韩新冠疫情暴发，体现了这两个理念在以上两大议题上的高度相关性。

从报道信源的国籍来看，人类命运共同体与中韩命运共同体相关报道的特征迥异——前者中国信源[①]高达102篇，约占总报道量（总163篇）的63%，韩国信源[②]仅61篇；后者中国信源仅20篇，韩国信源则为85篇，约占总报道量（总105篇）的81%。可见，虽然前者报道量高于后者，但多为基于中国信源的事实报道，基于韩国视角的评论反少于后者，这反映出韩国舆论对人类命运共同体理念体现在中韩关系层面的命题中韩命运共同体更为高度的关切。

（二）议题设置与报道倾向

从议题设置（见图4-6、图4-7）来看，人类命运共同体报道中"政治外交"议题127篇，"新冠疫情"议题22篇，"社会文化"议题10篇，"经济"议题4篇；另据高频关键词统计，出现频次最高的前五位关键词分别为中国（2966次）、"一带一路"（188次）、世界各国（172次）、共产党（171次）、新冠疫情（153次）。中韩命运共同体报道中"政治外交"议题54篇，"新冠疫情"议题30篇，"经济"议题18篇，"社会文化"议题3篇；前五位关键词分别为亚洲/东北亚（205次）、"萨德"（193次）、习近平主席（157次）、首脑会晤（128次）、新冠疫情（115次）。由此可见，韩国舆论对人类命运共同体与中韩命运共同体的关注均集中在"政治外交""新冠疫情"两大议题。具体而言，人类命运共同体报道较关注"一带一路""国际秩序"，中韩命运共同体报道较关注"地区一体化""中韩关系"。

[①] 中国信源包括引用习近平主席、中国驻韩大使、外交部发言人等发言的官方信源，以及翻译中央人民广播电视总台、《人民日报》、中国网等中国媒体报道的媒体信源。以报道数量最多的《亚洲经济》为例，2020年以前该报对人类命运共同体理念的报道多引自中央人民广播电视总台（CMG）的国际评论。

[②] 韩国信源报道主要来自专家专栏、社论、媒体驻华特派员或记者评论。

人类命运共同体理念的全球传播：媒体报道视角

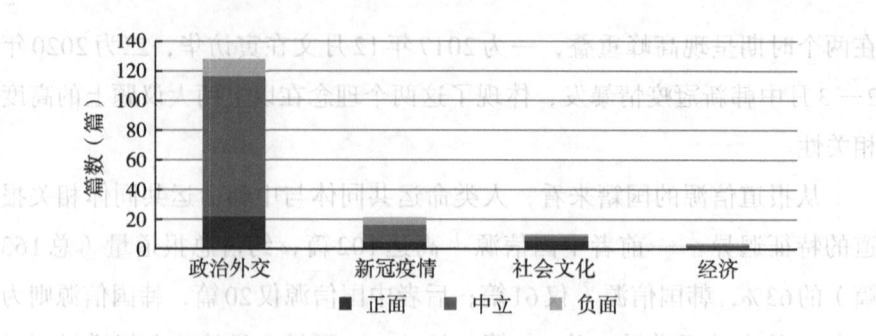

图4-6 韩国主流媒体人类命运共同体相关报道的议题设置与倾向

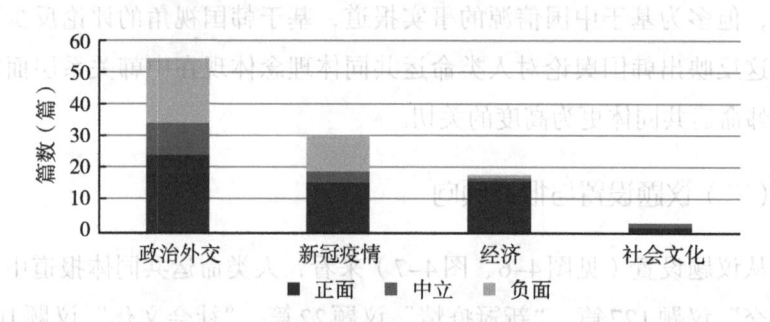

图4-7 韩国主流媒体中韩命运共同体相关报道的议题设置与倾向

从报道倾向（见图4-6、图4-7）来看，人类命运共同体相关报道中正面报道33篇，中立报道112篇，负面报道18篇；中韩命运共同体相关报道中正面报道58篇，中立报道15篇，负面报道32篇。这显示，首先，对于人类命运共同体理念，相较欧美舆论漠视、疑虑、否定、排斥乃至对抗的心理[1]，韩国舆论呈更为中立、积极的态度，当然这也与中国信源报道居多有关；其次，对于中韩命运共同体，韩国舆论在"政治外交""新冠疫情"议题中呈较高的负面态度，在"经济"议题中却持高度积极的态度，符合长久以来中韩关系"政冷经热"的特征。

---

[1] 史慧琴、李智：《新世界主义视域下"人类命运共同体"理念对外传播的困境和出路》，《对外传播》2018年第6期；高金萍、余悦：《美国媒体视域下"人类命运共同体"理念的呈现》，《新闻爱好者》2020年第3期。

三、话语分析

(一) 韩国舆论对人类命运共同体理念的阐释与态度

韩国舆论对人类命运共同体的关注始于2017年,从早期困惑、摸索的概念认知阶段,到加深理解、提出期待与质疑的认同形成阶段,不断调整对该理念的关切重点,形成了以下五个阐释框架。

1. 外交路线调整论

2017年10月,习近平总书记在党的十九大报告中强调要按照"亲诚惠容"的外交理念,推动人类命运共同体建设,首次引发了韩国舆论对人类命运共同体理念的关注。在中韩关系因"萨德"争端陷入严重危机的背景下,韩国舆论将该理念视作中国改变新型大国关系的外交路线、转而重视周边外交的信号,期待借此修复中韩关系。《京乡新闻》认为人类命运共同体的提法"虽然抽象,但恢复与深化共同体关系是大趋势",期待其"成为陷入僵局的中韩关系的突破口"[1];《每日经济》专栏评价该理念"虽然听上去像花言巧语(的外交修辞)",但赞同其"强调中国与邻国和睦相处的柔和政策",呼吁"韩国应好好利用这一点"[2]。新冠疫情暴发后,也有媒体分析,人类命运共同体倡议意味着"中国认识到与国际社会共同建设的必要性,并在周边外交上展现出更高的合作意愿"[3]。基于此,韩国舆论期待该理念能对改善中韩关系、实现朝鲜半岛无核化与和平体制作出贡献,"中国若想在地区建设平等互利的共同体,必须从朝鲜半岛问题开始表现诚意、付出努力,因为朝鲜半岛与命运共同体的诸

---

[1] "시진핑 사상의 이름이 길고 긴 이유",『경향신문』,2017-10-26(《习近平思想名称长的原因》,《京乡新闻》,2017年10月26日)。

[2] "한중관계、변곡점、⋯ 민간서 활로 뚫어야",『매일경제』,2017-10-25(《韩中关系变奏点,从民间寻找突破口》,《每日经济》,2017年10月25日)。

[3] "전략적 관점서 본 '신종코로나'",『서울경제』,2020-02-04(《从战略观点看"新冠"》,《首尔经济》,2020年2月4日)。

多问题都息息相关"①。

然而"萨德"争端的不快记忆也令部分媒体质疑人类命运共同体不过是"表面说辞",悲观地指出"在中国,包括中韩关系在内的周边外交,已沦为中美关系的下层概念"②;指责中国对韩国企业施加的"萨德报复"、中国军机屡次"闯入"韩国防空识别区等行为,是"对邻国炫耀肌肉",并不符合"亲诚惠容"理念,警告"中国如果执意以硬实力称霸,人类命运共同体是不会被其他国家认同的"③。

2. 与"中国梦""一带一路"之关系辨析

人类命运共同体理念甫一进入韩国舆论的视野时,尚属生疏概念,故后者常将其与韩国人更为熟稔的"中国梦""一带一路"作比较,尝试辨析其概念差异与区别。

关于人类命运共同体理念与"中国梦"的关系,一种观点认为前者是后者的载体与拓展,二者是相辅相成的关系。《亚洲经济》积极评价"人类命运共同体是对中国国家百年大计的精巧规划"④,"综合习近平思想,'中国梦'的目标对内是建设社会主义现代化强国,对外则是构建人类命运共同体","如果中国对内能做到构建更加公正、正义的社会,经济更为富强,实现可持续发展,那么对外也能作出大贡献——中国没有大量因饥饿、贫困、自然灾害造成的流民、难民与灾民,仅凭这一点即可为世界和人类的和平与稳定贡献力量"⑤。另一种观点则质疑人类命运共同体理念未清晰界定与民族主义的关系、与富有民族主义色彩的"中国

---

① "中·'운명공동체'와 한반도 평화",『서울경제』,2019-12-24(《中国"命运共同体"与韩半岛和平》,《首尔经济》,2019年12月24日)。

② "中·신형국제관계〜...한중관계,미중관계에 종속 심화 예상",『매일경제』,2017-10-22(《中国"新型国际关系",韩中关系更加隶属于美中关系》,《每日经济》,2017年10月22日)。

③ "한중관계서도 평등·상호존중 원칙 지켜야",『서울경제』,2019-12-01;"미군이 훈련 멈추니 중국이 근육질 자랑하나",『중앙일보』,2018-11-29(《韩中关系也要遵守平等、互相尊重的原则》,《首尔经济》,2019年12月1日;《美军训练一停,中国炫耀肌肉》,《中央日报》,2018年11月29日)。

④ "남남갈등 극복하고 국가의 백년대계 다시 설계하자",『아주경제』,2019-08-06(《克服南南冲突,重新设计国家百年大计》,《亚洲经济》,2019年8月6日)。

⑤ "중국이 꿈꾸는 강대국의 모습",『아주경제』,2018-12-12(《中国梦想的强国面貌》,《亚洲经济》,2018年12月12日)。

梦"存在逻辑矛盾,"中国声称要成为负责任的大国而提出人类命运共同体,却又同时强调以本国利益为先的中华民族复兴,原因何在?"①进而提出,"陷入民族主义的本国中心式的优越主义并非人类普遍价值,这正是特朗普的'美国优先主义'备受指责的原因所在"②。疫情发生后,也有媒体指责,"中国向国际社会倡议共筑人类命运共同体、国内媒体却充斥着'只有中国在帮助世界'的民族主义话语"③。

基于类似对中国民族主义的质疑,虽然中国主张"一带一路"乃构建人类命运共同体的实践与路径,韩国舆论却倾向于将人类命运共同体理解为实现"一带一路"的手段与宣传话语,如《中央日报》的分析,人类命运共同体理念乃服务于"一带一路"的"旗号"④;《首尔经济》认为该理念是为了应对西方提出的"'一带一路'债务陷阱论"等指责⑤;《每日经济》则援引中国问题专家康埈荣的观点,称中国提出该理念的目的是"为了更灵活地推进核心政策'一带一路'"⑥。

3. 国际新秩序论与"中美争霸"论

2019年后,随着中美摩擦加剧,韩国在中美之间的战略空间缩小,由之前的"左右逢源"转变为"左右为难"⑦。在此背景下,国际新秩序论与"中美争霸"论成为韩国舆论阐释人类命运共同体的主流框架,将该

---

① "밖으론 '인류공동체' 안으론 '중화민족부흥'",『동아일보』, 2019-09-28(《对外"命运共同体",对内"中华民族复兴"》,《东亚日报》,2019年9月28日)。
② "첨단 중국몽엔 중국혼이 없다",『아주경제』, 2019-10-22(《尖端"中国梦"缺乏"中国魂"》,《亚洲经济》,2019年10月22日)。
③ "'시진핑입니다' 25국 정상과 코로나 전화외교",『조선일보』, 2020-03-27(《习近平与25国首脑的新冠电话外交》,《朝鲜日报》,2020年3月27日)。
④ "'차이나머니' 앞세워 남태평양에서 유럽까지 진군했다",『중앙일보』, 2019-11-25(《"中国财力"从南太平洋进军欧洲》,《中央日报》,2019年11月25日)。
⑤ "'인류운명공동체' 앞세워 중국몽 세력 키우는 중국",『서울경제』, 2019-10-07(《以"人类命运共同体"促进"中国梦"的中国》,《首尔经济》,2019年10月7日)。
⑥ "한중관계 '변곡점'…민간서활로뚫어야",『매일경제』, 2017-10-25(《韩中关系变奏点,从民间寻找突破口》,《每日经济》,2017年10月25日)。
⑦ 宋文志:《体系压力、威胁认知与韩国在中美之间的战略选择》,《东北亚论坛》2019年第4期,第90页。

人类命运共同体理念的全球传播：媒体报道视角

理念视作"中国版的全球化宣言"①、是"与美国主导的现有国际秩序展开体制竞争的中国方案"②，意在"证明没有美国，世界也能很好运转"③，故是"对美国霸权的明确挑战"④。新冠疫情暴发后，更有媒体指出，中国向多国传授防疫经验、倡议共筑人类命运共同体，意在借此扩大国际影响力，体现了在后新冠时代取代美国、成为引领世界的超级大国意志⑤。对于该理念能否提供一种人类普遍认同的价值与国际新秩序，韩国主流媒体常套用冷战时期"美苏争霸"的框架、以"美国价值"为标准加以审视，并对其持审慎、怀疑态度。《亚洲经济》专栏判断，"目前中国仍停留在抵抗美国霸权主义的东亚地区强国水平"，"如果中国主导的世界秩序（Pax Sinica）无法提供一种比美国主导的世界秩序（Pax Americana）更先进的、更顺应全人类普遍愿望的中国特色新价值，那么中国将止步于以军事力量为基础的苏联式强国水平，而无法彰显中国文化的灿烂光辉"⑥。

国际新秩序论与"中美争霸"论唤起了植根于"半岛宿命论"的"受害者意识"⑦，令韩国主流媒体论及人类命运共同体时，常以"萨德"

---

① "2020년 '중국의길' 과어떻게마주할것인가"，『서울경제』，2020-01-07（《2020年如何应对"中国道路"》，《首尔经济》，2020年1月7日）。
② "中，일당독재·인민민주·공유제 앞세운 '차이나솔루션' 제시"，『중앙일보』，2019-11-05（《中国提出一党专政、人民民主、公有制的"中国方案"》，《中央日报》，2019年11月5日）。
③ "시진핑 로마 숙소선택 기준 2순위 중국대사관 가까워야…1순위는？"，『중아일보』，2019-03-19（《习近平访问罗马下榻酒店次选为中国大使馆附近，首选是？》，《中央日报》，2019年3月19日）。
④ "중국과 나머지 국가의 대결구도"，『세계일보』，2020-05-07（《中国与其他国家的对决》，《世界日报》，2020年5月7日）。
⑤ "포스트코로나19… 'G0 시대'의 도래"，『아주경제』，2020-04-05（《后新冠时期，G0时代的到来》，《亚洲经济》，2020年4月5日）。
⑥ "첨단 중국몽엔 중국혼이 없다"，『아주경제』，2019-10-22（《尖端"中国梦"缺乏"中国魂"》，《亚洲经济》，2019年10月22日）。
⑦ 韩国民众认为，1905年美、日间达成的《桂太郎－塔夫脱密约》促成了日本吞并朝鲜，而"二战"后美、苏以三八线为界分而治之的"密约"则导致朝鲜半岛分裂。基于此"受害者意识"，甚至有学者提出中、美两国"密约"将菲律宾和南中国海划归美国、将朝鲜半岛划归中国势力的新"桂太郎－塔夫脱密约"的可能性。参见김흥규，"시진핑－트럼프'제2의 가쓰라－태프트 밀약'우려돼"，『신동아』（6월호），2017.（金兴圭："对习近平与特朗普缔结新'桂太郎－塔夫脱密约'的忧虑"，《新东亚》2017年6月号）http://shindonga.donga.com/3/home/13/927367/1。

争端为例表达对中美强迫韩国"选边"之忧心，感慨"韩国稍有不慎就会沦为强国游戏的一颗棋子"①。正是基于此忧虑，2019年中韩首脑会晤，习近平主席发出希望韩国参与人类命运共同体的倡议后，便有媒体分析此乃"中国要求韩国摆脱美国束缚、加入中国主导的人类命运共同体的怀柔和压迫"②。而当新冠疫情全球蔓延、中美间不信任加剧时，韩国舆论越发担忧这对"在中美间饱受痛苦的韩国而言是不利因素"③。

为此，韩国舆论希望中国"将影响力重点放在促进亚洲共同发展等地区内部事务，而不要为了与美国抗衡而提出作为外交宣传口号的'人类命运共同体'"④，"如果中国真想构建人类命运共同体，只有得到周边国家的真心才能实现"⑤，而当"中国不在朝鲜半岛和亚洲与美国展开霸权竞争，真正展示和平发展的前景时，韩国等周边国家也都会对中国梦点头"⑥。

4. 新"天下秩序"论与"东亚共同体"论

韩国舆论对中国欲重塑国际秩序的判断与质疑，也催生了新"天下秩序"论，背后乃高句丽历史争议后韩国社会日趋升温的对"中华主义"的警戒心态，在学界对中国所谓"帝国梦"的批判思潮推动下⑦，这种心态在"萨德"争端前后一度达到顶峰，左右着韩国舆论对人类命运共同

---

① "중국과 나머지 국가의 대결구도"，『세계일보』，2020-05-07（《中国与其他国家的对决》，《世界日报》，2020年5月7日）。
② "中'운명공동체'와 한반도 평화"，『서울경제』，2019-12-24（《中国"命运共同体"与韩半岛和平》，《首尔经济》，2019年12月24日）。
③ "포스트코로나19…'G0 시대'의 도래"，『아주경제』，2020-04-05（《后新冠时期，G0时代的到来》，《亚洲经济》，2020年4月5日）。
④ "'奮發有爲 너무 빨리 외쳤다'…中 자성 목소리"，『서울경제』，2019-03-21（《过早呼喊"奋发有为"，中国的自省》，《首尔经济》，2019年3月21日）。
⑤ "이젠 中이·코로나 신의·韓에 보여줘야"，『매일경제』，2020-03-04（《中国要向韩国展现"新冠信任"》，《每日经济》，2020年3月4日）。
⑥ "세계를 향한 중국몽，中만의 꿈 되지 않길"，『동아일보』，2018-06-05（《面向世界的中国梦，希望不只是中国的梦》，《东亚日报》，2018年6月5日）。
⑦ 白永瑞：《中华帝国论在东亚的意义 探索批判性的中国研究》，《开放时代》2014年第1期，第91—93页；고성빈，"중국의 제국몽에 대한 비판적 사유：비판의 자유 vs. 제국이념의 건설"，『정치사상연구』，2020（1），pp.9-40.（高盛斌：《对中国帝国梦的批判思考：批判的自由 vs 帝国理念的建设》，《政治思想研究》2020年第1期，第9—40页）等。

人类命运共同体理念的全球传播：媒体报道视角

体的定位与阐释。

《首尔经济》指出，"中国作为对外政策口号的人类命运共同体实为国内目标中华民族伟大复兴的海外扩张版，虽然人类是命运共同体，而该共同体的领导者却是中国——这是过去建立在朝贡体制之上中华秩序的现代版本"①；《中央日报》专栏也将人类命运共同体理念解读为"21世纪的天下秩序"，称"中国近来尤为强调'美丽生活'与人类命运共同体，这是一项打造国家魅力的工程，却无法摆脱中国式天下秩序的阴影"，"没有一个韩国人会乐于接受天下秩序，因为一提及，首先想到的是基于中华主义与儒家等级规范的'朝贡'"，文章强调，中国"能否消除以中华民族为中心的传统等级秩序意识、摆脱文明优越论的烙印"，"是东亚国家尤其敏感的问题"②。

对"中华主义"保持高度警觉的同时，韩国舆论也认可人类命运共同体与韩国的"东亚共同体"意识具有理念交集。如前文所述，历届韩国政府在推动地区一体化的政策方向上具有一贯性，除"均衡外交"理念的影响外，也与冷战后韩国学界长达20余年的"东亚论述"热潮有关，"东亚"一度成为21世纪初韩国学术领域最为活跃的话题，具有其他学术话语无可比拟的话语影响力③。社科领域学者与智库呼吁在经济、外交等领域加强地区一体化，倾向于在东亚构建一种类似欧盟的共同体模式；人文领域的学者则致力于设想一个不同于天下秩序与"大东亚共荣圈"，而是从周边向中心扩散的"脱中心"的东亚共同体④。在此背景下，中韩建交25周年之际，便有媒体呼吁构建"东北亚命运共同体"，以期改善

---

① "'인류운명공동체' 앞세워 중국몽 세력 키우는 중국"，『서울경제』，2019-10-07（《以"人类命运共同体"促进"中国梦"的中国》，《首尔经济》，2019年10月7日）。
② "중국식 천하주의를 받아들일 수 있겠는가"，『중앙일보』，2019-03-12（《能否接受中国式天下主义吗？》，《中央日报》，2019年3月12日）。
③ 이동연，동아시아 담론형성의 갈래들—비판적 검토，『문화과학』，2007（52），pp.98-99（李东渊：《东亚论述形成的分野：批判性论述》，《文化科学》2007年第52期，第98—99页）。
④ 白永瑞：《东亚地域秩序：超越帝国，走向东亚共同体》，《思想》2006年第3期，台北联经出版事业股份有限公司，第143—150页。

中韩关系①。文在寅首次访华前夕，更有中国问题专家在媒体频繁建言，国事访问应强调人类命运共同体与"东北亚+责任共同体"存在"共同的合作分母"②。也有观点从东亚文明角度出发，期待人类命运共同体理念能彰显东亚文化价值，超越"形而下"的"一带一路"、将重心置于"形而上"的文化价值的传播③，"少强调硬实力、多彰显软实力"，尤其重视"曾对西方启蒙思想产生巨大影响的中国儒家文化"，突破西方话语霸权，使人类命运共同体成为一种依靠"知识与文化的融合""由成员自发共鸣而紧密连接起来的共鸣型网络"④。

5. 国际合作论

近两年，随着雾霾成为韩国焦点问题，韩国舆论也开始关注人类命运共同体强调构建人与自然生命共同体的理念面相，并以新冠疫情为转折点，从对环境领域双边、地区合作的认同，上升到对更广范围国际合作必要性的认同。如《中央日报》所言，雾霾是"单靠一个国家的努力无法解决的跨国问题"，"中韩两国只能结成命运共同体，同生共死"⑤。新冠疫情更加深了中、日、韩作为"呼吸共同体"的意识，引发了三国建立合作机构、共同应对呼吸道病毒扩散的呼声⑥；《京乡新闻》则在倡议全球团结抗疫时，直接借用了人类命运共同体理念："人类是命运共同体。在此认识下，需要所有国家共同探讨全球公共卫生合作、防止经济危机

---

① "무너진 한중관계 출구 전략"，『매일경제』，2017-08-24（《改善韩中关系之突破战略》，《每日经济》，2017年8月24日）。

② "시진핑 신시대와 韓·中관계"，『세계일보』，2017.10.26；"중국을 국빈방문하는 대통령께"，『매일경제』，2017-12-12（《习近平新时代与韩中关系》，《世界日报》，2017年10月26日；《致赴中国国事访问的总统》，《每日经济》，2017年12月12日）。

③ "지정학적으로 한·중 뗄 수 없어, 과거 집착하기보다 미래 지향해야"，『중앙일보』，2018-11-22（《韩中无法在地缘政治分离，勿执着过去，应面向未来》，《中央日报》，2018年11月22日）。

④ "첨단 중국몽엔 중국혼이 없다"，『아주경제』，2019-10-22（《尖端"中国梦"缺乏"中国魂"》，《亚洲经济》，2019年10月22日）。

⑤ "같이 살거나 같이 죽거나…운명공동체인 미세먼지의 외교학"，『중앙일보』，2018-01-18（《同生或同死，命运共同体的雾霾外交》，《中央日报》，2018年1月18日）。

⑥ "'한중일은 밑든 곱든 호흡 공동체' … 대재앙 연합군으로"，『아주경제』，2020-02-27（《"韩中日是呼吸共同体"，建立抗灾联军》，《亚洲经济》，2020年2月27日）。

163

的对策。"①

然而，随着欧美舆论所谓新冠病毒"中国责任论"的兴起，韩国舆论也呈现一种论调，将人类命运共同体倡议视为逃避"中国责任论"的"策略"②或"苦肉计"③。《亚洲经济》的专栏主张："人类共同命运意味着在维护世界和平、实现可持续发展上合作的必要性。然而，任何共同体都应保证制度透明性与共同价值的共享，在促成不同意识形态的国家合作时，唯有良心和意识才能成为抑制意识形态排他性与利己主义惰性的共同价值。"进而指出，中国外交部发言人以"打口水仗"的姿态、"为反对而反对"地否认"中国责任论"的言论，"有损中国倡议人类命运共同体的可信性"，这要求中国"首先要真诚地热爱包括本国人民在内的全人类、不推卸责任、对国内信息的国际共享要有信心、有被指责的勇气、强烈的国际合作决心，以及关怀全人类的心态"④。

（二）韩国舆论对中韩命运共同体论的阐释与态度

由内容分析可知，"中韩命运共同体"的提法最早出现于朴槿惠执政初期，但其并非官方表述，也未引起舆论注意。如韩国加入亚投行等决策一样，在加强对华关系方面，代表保守阵营的朴槿惠政府考虑的更多不是地缘政治学，而是地缘经济学⑤。在历经"萨德"争端后，代表进步阵营的文在寅自2017年首次访华时起便屡次强调"中韩命运共同体"，其提出动机与内涵较之前无疑发生了很大变化——与其说承继自朴槿惠政府，不如说它刻意采用了与"人类命运共同体"相似的表述，反映了

---

① "현실화한 '코로나팬데믹' 공포, 국제공조로 풀어 나가야"，『경향신문』，2020-03-12（《新冠蔓延为现实，必须加强国际互助》，《京乡新闻》，2020年3月12日）。
② "방역협력에 웬 '도쿄올림픽' 지지？"，『서울경제』，2020-03-21（《防疫合作，支持东京奥运会？》，《首尔经济》，2020年3月21日）。
③ "韓과 '운명공동체' 라더니…'인류공동체' 외치는 中"，『세계일보』，2020-03-05（《中国提倡"命运共同体"，称与韩国是"命运共同体"》，《世界日报》，2020年3月5日）。
④ "'코로나 중국 책임론' 부정에 '중국몽' 부메랑 맞는다"，『아주경제』，2020-04-26（《否定"新冠中国责任论"，"中国梦"遭击》，《亚洲经济》，2020年4月26日）。
⑤ 이희옥，"정책신뢰를 강화한 한중관계"，이희옥·먼홍화 편，『동북아 정세와 한중관계』，성균관대학교출판부，2016，pp. 19-20.（李熙玉：《加强政策信任的韩中关系》，李熙玉、门洪华编：《东北亚局势与韩中关系》，成均馆大学出版社，2016，第19—20页）。

文在寅政府对后者理念的认同，两者在报道频率、议题上呈现的高度相关性也证实了这一点。在韩国国内政治语境中，"中韩命运共同体"提出的背景之一是"萨德"争端引发的中韩摩擦，此后，韩国保守阵营积极煽动基于意识形态的"反华论"与"中国脱钩论"，致力于将公众捆绑在美韩同盟体制之上[1]，如朴槿惠政府时期曾任驻上海总领事的延世大学教授韩硕熙所言，"中韩关系很难回到以前的合作共生关系"，他预言"后萨德时期"的中韩关系将是矛盾多于合作的"新常态"，呼吁韩国全面减少对中国的依赖，加强美韩同盟[2]。背景之二是美国频频"退群"及对盟友的"敲打"，令以意识形态等精神支柱作基础的同盟概念在韩国发生动摇。[3] 可见，中韩命运共同体论体现了文在寅政府代表的进步阵营修复中韩关系的坚定意志，根本目的是在中、美间开展"均衡外交"，尤其在美国奉行"美国优先"、不断"敲打"盟友的压力下，挽回韩国外交的"自主性"。正因如此，"中韩命运共同体"理念与韩国两大政治阵营在外交理念、对华认识上的分歧深刻勾连，这令媒体尤其保守媒体在阐释该理念时呈鲜明的"党派性"特征。

保守媒体首先质疑"中韩命运共同体"与人类命运共同体的关系，认为前者是对后者误读、曲解甚至盲从的产物。《亚洲经济》专栏认为该提法曲解了人类命运共同体理念的本意："中国的人类命运共同体概念是一种历史使命"，"意在构建全新的全球治理，而我国政府似乎并未从这个意义上理解'命运共同体'，而历来将重心放在强调中韩作为邻国、命运与共的事实上"[4]；《中央日报》讽刺中韩命运共同体论未给韩国带来相

---

[1] 김희교，"사드（THAAD）와 한국 보수주의의 중국인식"，『역사비평』（121호），2017，p. 136（金熙教：《萨德与韩国保守主义的中国认知》，《历史批判》2017年第121期）。

[2] 한석희，"사드갈등과 한·중관계의 신창타이（新常态）"，『동서연구』（30호），2018，pp.63–81. 한석희，"중국의 도전과 한·중관계 2030"，『新亞細亞』（26권 3호），2019, p. 111（韩硕熙：《萨德冲突与韩中关系的新常态》，《东西研究》2018年第30期；韩硕熙：《中国的挑战与韩中关系2030》，《新亚细亚》2019年第26卷3期）。

[3] 黄载皓：《韩国外交如何走出"四面楚歌"》，王伟编译，《环球时报》，2019年11月27日。

[4] "시진핑 방한과 한중관계의 명암"，『아주경제』，2019-12-26（《习近平访韩与韩中关系之明暗》，《亚洲经济》，2019年12月26日）。

人类命运共同体理念的全球传播：媒体报道视角

应的实质性外交成果，是"言语的盛宴"[①]，主张"习近平主席提倡的命运共同体，必须与中国主导的'全球治理改革'或'中华民族的伟大复兴'联系起来解读"，继而质疑文在寅提出中韩命运共同体，"不知是'失误'还是出于'信念'"[②]；《东亚日报》则援引2019年6月习近平主席对朝鲜国事访问时的讲话，提醒本国政府，真正的"命运共同体"是中朝，而非中韩[③]。

保守媒体对该理念的批判尤其集中于对文在寅政府"亲中"立场的批判。文在寅首次访华提及中韩命运共同体后，进步媒体《京乡新闻》表示认同，"'命运'一词在外交场合很罕见，总统却连续两天使用，为了强调中韩关系是无法分割的关系，除了合作之外别无他途"[④]。保守媒体则一片哗然，激烈指责文在寅在北京大学演讲中将中国比作"高高的山峰"、将韩国比为"小国"、"高峰与周围山峰相映成趣，山高水长"等言论是"以小中华自居"的"事大发言"[⑤]，类似批评在2020年更呈"井喷"状态。

新冠疫情暴发与第21届国会选举的"不期而遇"，令"中国"与"中韩命运共同体"被推上舆论风口浪尖，成为在野党未来统合党攻击执政党的主要箭靶。新冠疫情暴发后，基于中韩命运共同体理念，中韩政府保持密切沟通与协作，不仅首脑三次通话互表慰问与支持，地方政府、企业与民间团体也守望相助。当韩国进入防疫紧急状态后，文在寅政府力主在防疫与中韩关系之间寻求平衡，始终坚持对中国公民不实施全面的限制入境政策，强调"中国的困难，就是韩国的困难"。2020年2月，

[①] "북핵대화만 강조한 한·중정상…문대통령 할 말 제대로 했나"，『중앙일보』，2019-12-24（《韩中首脑会晤仅强调朝核问题，文总统说对话了吗？》，《中央日报》，2019年12月24日）。

[②] "문재인·시진핑회담이 남긴 궁금증"，『중앙일보』，2020-01-02（《对文在寅习近平会谈之不解》，《中央日报》，2020年1月2日）。

[③] "'중국의 패권'에 줄 선 친중파 정권"，『동아일보』，2019-12-26（《屈服于"中国霸权"的亲中政权》，《东亚日报》，2019年12月26日）。

[④] "외교상 이례적 표현 '운명' 언급…'공동번영' 강조"，『경향신문』，2017-12-15（《外交上罕见表述"命运"，强调"共同繁荣"》，《京乡新闻》，2017年12月15日）。

[⑤] "문재인·시진핑 회담이 남긴 궁금증"，『중앙일보』，2020-01-02（《对文习会晤之困惑》，《中央日报》，2020年1月2日）。

第四章　亚洲四国主流媒体人类命运共同体报道研究

在武汉疫情严重时，韩国新任驻武汉总领事更搭乘装载防疫捐赠物资的货机"逆行"武汉履新，身体力行地表达对中方的支持。对此，在野党和保守媒体在国会议员选举之前借题发挥，发起了攻击执政党与政府的"新冠政治"①，抨击以中韩命运共同体论为表征的"亲中政策"，借煽动反华情绪引发韩国社会对执政党与政府的不满。

因此，2020年2—4月保守媒体涌现大量有关中韩命运共同体论的负面报道，普遍呈夸大、扭曲、意识形态化的特征，以及将国民生命安全与对华友好政策二元对立的话语结构——将韩国早期防疫失败归因于对华友好政策，抨击政府"看中国眼色"而"牺牲国民"，属"令国民蒙羞""有辱主权国家尊严"之行为，其根基乃"不合时宜的对华属国意识"与"对华低姿态外交"②；指责文在寅政府"过分的亲中政策会动摇美韩同盟根基，是超越国家安保红线的自害行为"③；更进一步从意识形态角度出发，称"中韩命运共同体的提法，是自毁民主主义韩国国家认同感和价值的行为"④，呼吁"自由民主"的韩国应与理念体制相异的中国"保持距离"，拒绝"与中国命运同行"，斥责中韩命运共同体论是一种"妄想"⑤，其结果将导致"中国垄断对朝鲜半岛的影响力"⑥，甚至直

---

① "지금은 코로나와 싸울 때다"，『한겨레』，2020-03-04（《现在是和新冠作战的时候》，《韩民族日报》，2020年3月4日）。
② "중국이 그리 좋으면 나라를 통째 바치시든지"，『조선일보』，2020-02-27；"중국만 빼고…"，『중앙일보』，2020.02.27；"한．중 운명공동체？ 전염병 끝나면？"，『아주경제』，2020.02.13；"허황된 '韓・中 운명공동체' 빨리 탈피해야 정상 관계된다"，『한국경제』，2020-03-04（《中国那么好，干脆把国家也献上》，《朝鲜日报》，2020年2月27日；《除了中国……》，《中央日报》，2020年2月27日；《韩中命运共同体？传染病结束的话？》，《亚洲经济》，2020年2月13日；《只有摆脱荒唐的"韩中命运共同体"论，才有正常关系》，《韩国经济》，2020年3月4日等）。
③ "친중정책, 레드라인 넘지 말아야"，『세계일보』，2020-01-01（《亲中政策，不要越过红线》，《世界日报》，2020年1月1日）。
④ "무책임・책임 전가는 중국의 국제신인도에 자충수"，『중앙일보』，2020-03-11（《中国不负责任、转嫁责任，国际信任度下降，自食其果》，《中央日报》，2020年3月11日）。
⑤ "중국만 빼고…"，『중앙일보』，2020-02-27（《除了中国……》，《中央日报》，2020年2月27日）。
⑥ "'문재인의 한・중공동운명체' 그 치명적 진실"，『중앙일보』，2020-03-12（《"文在寅的韩中命运共同体"之致命真实》，《中央日报》，2020年3月12日）。

言："对中国的盲从是奴隶之路，是国家自戕之路。"[①] 上述在国会选举舆论战背景下涌现的有关中韩命运共同体的负面报道，体现了保守媒体的"党派性"特征，这与卢武铉政府的"美韩同盟调整"论、"东北亚均衡者"论一度引发保守媒体所谓"美韩同盟破裂"的批判，在本质上并无二异。

四、结语

结合内容与话语分析可知，韩国舆论自2017年开始关注人类命运共同体理念，从概念认知到认同形成的过程中，呈较欧美舆论更高的关注度及更为中立、积极的态度，期待该理念改善中韩关系、促进地区和平与一体化、加强文化价值传播、深化国际合作、增进人类健康福祉，也在以下几点存在误读、困惑甚至曲解：其一，倾向用西方结盟式共同体与零和博弈的视角，而非中国强调的"互利共赢"视角来解读人类命运共同体，担忧其意在对抗美国，从而引发对"中美争霸"的忧虑；其二，难以厘清该理念与"中国梦""一带一路"的关联与区分，进而产生"中国中心主义"等误解；其三，作为曾经隶属"天下秩序"的中国周边国家，对中国复兴"天下秩序"持高度警觉；其四，易将该理念与"中韩命运共同体"等量齐观，而在舆论影响力上更具优势的保守媒体对后者的负面态度，易导致韩国民众连带产生对人类命运共同体的负面认知。

致使误读的原因，与人类命运共同体理念在韩国抽象化、单向化的传播特征有关，多倚赖首脑外交、主场外交、官媒等官方性质的话语传播，韩国政治、知识精英的自发传播较少，以人类命运共同体为选题的学术研究更是凤毛麟角[②]。为让韩国民众"听得懂、听得进、听得明白"，

[①] "중국에의 예종은 국가적 자살이다"，『조선일보』，2020-02-07（《对中国的隶从是国家自戕》，《朝鲜日报》，2020年2月7日）。

[②] 迄今为止，韩国学术期刊数据库DBpia中以"人类命运共同体"为主题的研究仅4篇，而以"一带一路"为主题的研究多达409篇。

减少因媒体误读而造成的负面认知。首先，中国在对韩传播人类命运共同体理念时应提高"第三方话语"比重，尤其需要重视中国学者在韩国舆论、学术平台的话语传播，鼓励从事韩国研究的学者发挥语言优势，以撰写专栏、发表著述等方式，在与韩国民众、学者的直接对话中阐释人类命运共同体。更重要的是，应侧重人类命运共同体理念在韩国重点关注议题上的体现，寻求并凸显其与韩国主流价值对接的"公约数"。

最大的"公约数"即"中韩命运共同体"。目前，该理念并非中、韩两国外交政策的重心，在适用领域上亦具有颇多模糊面相。在韩国，该理念虽体现了对人类命运共同体的认同与响应，本质却并非韩国保守媒体所批判的"亲中"路线，而是文在寅政府"均衡外交""自主外交"的反映；在中国，该理念隶属"周边命运共同体"与"亚洲命运共同体"，尚不多见于官方表述，且多被置"后新冠时期"加强两国防疫合作的狭窄语境。然而，不容忽视该理念在改善中韩关系上积极的象征意义，而包括中韩关系在内的周边外交关系的改善，也有助于缓解眼下中美对抗带来的压力。鉴于该理念在韩国正受到双重挑战，分别来自保守阵营在激烈舆论反扑、污名化与美国的战略压力，急需中国的支持与响应。

第二个"公约数"为地区一体化与多边主义共识。首先，相较人类命运共同体，韩国更易理解并接受的是"亚洲命运共同体"，这与韩国政府、学界与民间的"东亚共同体"意识有着相似的情感基础与理念交集。将人类命运共同体理念对韩传播的重心置于"亚洲命运共同体"等地区层面话语，将有助于消除韩国对中国"逼迫"其在中美间"选边"、复兴"天下秩序"等误读；同时，国内学界在聚焦"一带一路"与韩国地区一体化政策的对接策略研究之余，也应加强对韩国"东亚共同体"意识的研究，发掘两国在地区一体化想象、认同与理论层面对接可能，这是从根本上消除包括韩国在内的周边国家对中国发展的忧虑与警戒、摆脱"中美争霸"论，实现更具包容度、更易被接受的人类命运共同体理念传播所必要的基础性工作。其次，美国进入拜登时代后，韩国恐仍无法摆

169

人类命运共同体理念的全球传播：媒体报道视角

脱加入"对华包围圈"的压力[①]。如果韩国选择配合，那么东亚地区势必形成新冷战格局，无论是"亚洲命运共同体"还是"东亚共同体"都将无从谈起。"中韩命运共同体"理念折射出韩国政府对地区多边合作的积极态度，以及对美国推动的单边主义、同盟多边化问题的委婉抗拒，这与中国具有广泛的价值认同交集与合作空间，对韩传播人类命运共同体理念时应突出这一点。

第三个"公约数"是反对战争与坚持朝鲜半岛无核化的立场。朝核问题是韩国面临的最直接的国家安全威胁，也是中国推动人类命运共同体建设的障碍之一。鉴于朝核问题既是地区性问题，也是涉及国际核安全的全球性问题，有必要在人类命运共同体的框架下加以审视并寻找对策。人类命运共同体理念在对韩传播时，应涵盖并回应这一问题，凸显该理念在中国"反战、反乱、实现无核化"半岛政策上的体现，强调朝鲜半岛从停战机制长效化转为和平机制，不仅是中韩两国的共同利益，也是中国构建"周边命运共同体"的基石。

最后，人类命运共同体理念对韩传播时，应重视两国共同关注且不受意识形态、国际关系束缚的环境保护、公共卫生领域，促进两国在防治雾霾、抗击新冠疫情等方面的合作。本研究显示，新冠疫情加深了韩国舆论对人类命运共同体理念的认同，然而欧美媒体的"中国责任论"、保守媒体的"新冠政治"却削弱了人类命运共同体理念的传播效果。为以国际合作抗疫为契机，促进人类命运共同体理念的国际传播，我国一方面应避免以政府、外交人员等官方代表"打口水仗"式的"硬碰硬"传播，避免国内媒体就国内外疫情进行"自夸式"甚至"嘲讽式"传播；另一方面应呼吁包括韩国在内的周边国家携手应对疫情导致的逆全球化与"新冠政治"，共塑多元、平等、和谐的人类命运共同体。

[①] 拜登当选后宣布"美国回来了"，承诺摒弃特朗普的"美国优先主义"，加强与盟国的合作，其在2020年11月12日与文在寅的第一次正式通话中称，美韩同盟是"印太地区安全与繁荣的核心轴"。美国自奥巴马政府时期起以"核心轴"定义美韩同盟，特朗普政府极少使用该表述，拜登不仅重提该概念，更将范围从奥巴马的"太平洋地区"扩大至"印太地区"，不仅是对修复同盟关系的承诺，也是为了敦促韩国在对华问题上与美国保持相同步调。

第四节 印度主流媒体人类命运共同体报道分析

2013年3月，习近平主席访问俄罗斯时首次提出人类命运共同体理念，引起国际社会关注。印度主流媒体密切关注中国的发展动态，尤其是中国与印度周边国家的关系。随着人类命运共同体理念日益成为中国开展双边和多边外交的主线，印度主流媒体也对这一理念进行了报道。印度主流媒体政治立场各异，使用语种众多。有鉴于此，选取不同语种、政治立场的媒体，研究其对人类命运共同体理念的报道，有助于更有针对性地完善对印度传播人类命运共同体理念的策略。

一、报道概况

（一）报道趋势分析

本研究选取了7家具有代表性的印度主流媒体和通讯社分析人类命运共同体在印度的传播与接受。其中Factiva数据库收录的媒体包括三份英文报纸《印度时报》《印度斯坦时报》《印度教徒报》和印度最大的新闻社印度报业托拉斯。在Factiva数据库之外，为覆盖不同政治立场和印度语言媒体，本研究还补充了新闻网站"连线""印刷"及印度发行量最大的印地语报纸《太阳日报》网站版。这些媒体代表了不同意识形态立场，其中，《印度教徒报》"连线"政治立场偏左，"印刷"《太阳日报》立场偏右，《印度时报》、《印度斯坦时报》和印度报业托拉斯政治立场居中。本研究通过Factiva数据库结合相关媒体网站检索自2011年9月6日至2020年6月15日关于人类命运共同体理念的相关报道，检索关键词包括"community of common destiny""community with a shared future""community of shared future""समानभाग्य 和 साझाभविष्य"。通过人工筛选无关报道和去重，获得研究文本98篇。

2013年10月12日，印度报业托拉斯首次在报道中提及了人类命运共同体理念，当年相关报道为1篇。此后，对人类命运共同体理念的报道持续升温，2014年至2019年，相关报道数量分别为3篇、9篇、6篇、17篇、22篇、27篇。截至2020年6月15日，有13篇报道涉及人类命运共同体理念，基本与2019年持平（见图4-8）。在选取的印度主流媒体和通讯社中，对人类命运共同体理念报道量最多的是印度报业托拉斯，共57篇。其后分别是《印度斯坦时报》（12篇）、《印度教徒报》（10篇）、《印度时报》（3篇）、"连线"（7篇）、"印刷"（2篇）、《太阳日报》网站（7篇）（见图4-9）。

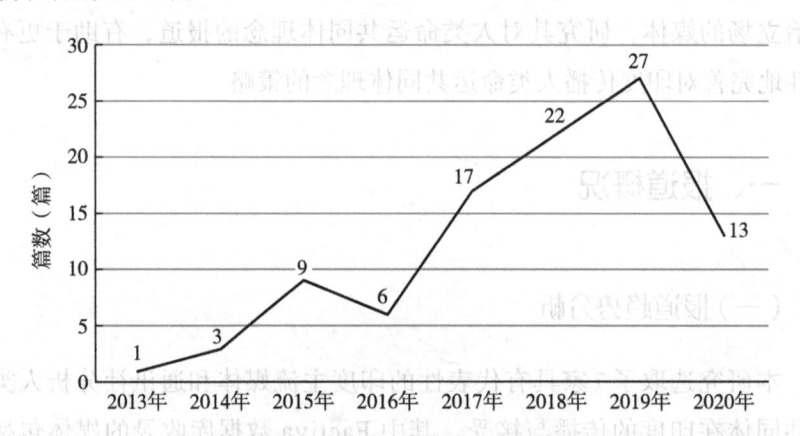

图4-8 2013年以来印度主流媒体人类命运共同体理念相关报道的趋势

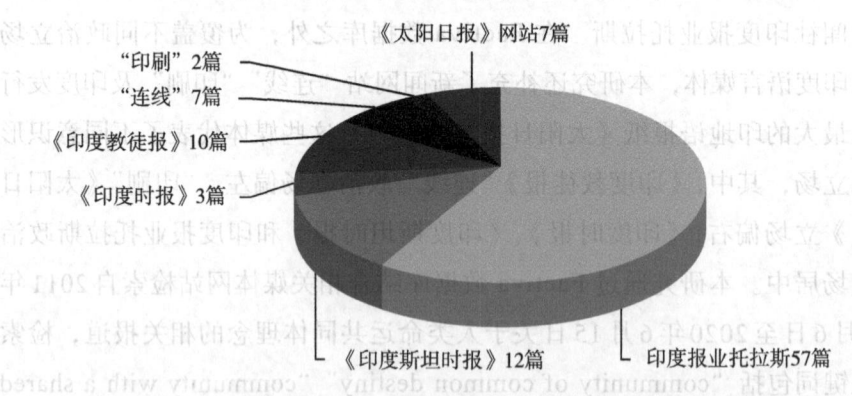

图4-9 印度主流媒体人类命运共同体相关报道的数量及比例分布

2013年3月，习近平主席访问俄罗斯时首次提出人类命运共同体理念，引起国际社会关注。此后，中国在开展双边和多边外交时始终以人类命运共同体为核心理念。2013年10月12日，印度报业托拉斯在报道中国官员就世界银行和国际货币基金组织改革发表的意见时首次提及了人类命运共同体理念。2015年，中国举办博鳌亚洲论坛年会，主题为《亚洲新未来：迈向命运共同体》，印度报业托拉斯对此进行了报道。2015年9月28日，习近平主席出席第七十届联合国大会并发表题为《携手构建合作共赢新伙伴　同心打造人类命运共同体》的重要讲话，呼吁国际社会"更加紧密地团结起来，携手构建合作共赢新伙伴，同心打造人类命运共同体"。此外，中国外交官多次在印度媒体发表署名文章，结合中印双边关系和国际局势介绍人类命运共同体理念。相应地，印度主流媒体对相关外交活动的报道也更加频繁地涉及人类命运共同体理念。

在98篇研究文本中，有84篇仅在报道新闻事件时简要引述人类命运共同体理念相关表述。这其中多数为引述中国方面对人类命运共同体理念的表述，共计73篇。印度媒体引述习近平主席就人类命运共同体理念的表述所作的报道共计29篇；引述中国共产党和中国政府各级官员、学者、文件等对人类命运共同体理念表述的报道共计40篇。另有4篇是针对以"命运共同体"为主题的大型活动的报道，分别是2015年主题为"亚洲新未来：迈向命运共同体"的博鳌亚洲论坛、2016年第13届中国—东盟博览会和2018年中非合作论坛北京峰会。此外，印度媒体也报道了巴基斯坦、尼泊尔、孟加拉国、缅甸、阿富汗等国领导人或政府就人类命运共同体理念的表述，共计11篇。

相较之下，对人类命运共同体理念有所分析、评价的媒体报道和评论文章数量并不多，仅有14篇。由此可以看出，印度主流媒体虽然对人类命运共同体理念有一定报道，但是对其关注的深度较为有限。

（二）报道议题分析

印度主流媒体对人类命运共同体理念的报道分为政治、社会、经济、文化、科技5个主要议题，其中，报道数量最多的为政治议题，共计72篇，占比约为74%；经济、社会、文化、科技议题的报道分别为10篇、10篇、4篇和2篇，占比约为10%、10%、4%、2%（见图4-10）。在政治议题中，报道数量最多的依次为国际关系（59篇）、国内政治（8篇）和安全防务（5篇）。

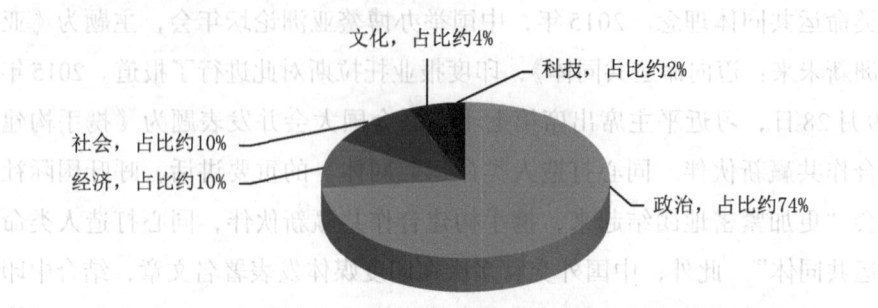

图4-10 印度主流媒体人类命运共同体相关报道的议题及比例分布

从报道所关注的地理范围来看，印度主流媒体较为关注中国与南亚国家开展的双边或多边外交活动，共有44篇，与涉及其他地区或全球事务的报道数量持平，对中国国内政治语境下提及人类命运共同体理念的报道仅有10篇。

在涉及南亚地区的报道中，共有24篇报道关注中国与巴基斯坦的双边往来及在多边场合的互动。2015年，习近平主席出访巴基斯坦前夕在巴基斯坦媒体发表署名文章，其中提出"将中巴命运共同体打造成为中国同周边国家构建命运共同体的典范"。在这之后，中巴经济走廊建设稳步发展，并被打造为"一带一路"旗舰项目。但是，印度一直以走廊经过有争议的巴控克什米尔地区为由加以反对，进而对中国与巴基斯坦合作建设"一带一路"持怀疑态度。此后，印度主流媒体还关注了印度、巴基斯坦两国加入上合组织、中巴加强反恐安全合作、克什米尔问题等议题下有关人类命运共同体理念的表述。

除巴基斯坦外，第二受关注的南亚国家为尼泊尔，共有5篇相关报道。2015年，尼泊尔通过新宪法后遭到印度的非正式封锁，尼印两国关系出现波折。同年，印度媒体报道了王毅外长有关建设中尼印经济走廊、中尼印三国命运共同体的讲话。此后，尼泊尔总理德乌帕、外长贾瓦利称赞人类命运共同体理念的表述也受到了印度媒体的关注。

2020年以来，共有9篇涉及人类命运共同体理念的报道与抗击新冠疫情相关，且均对中国抗击国内疫情和对外医疗援助作出积极评价。可以看出，在面临新冠疫情这一全人类共同威胁时，人类命运共同体理念引发了更广泛的共鸣。

二、报道内容分析

（一）态度分析

在98篇研究文本中，正面报道为12篇，中性报道为82篇，负面报道为4篇。在正面报道中，属于政治议题的有4篇，属于社会议题的有8篇。在中性报道中，属于政治议题的有65篇，属于经济议题的有10篇，属于社会议题的有2篇，属于科技议题的有2篇，属于文化议题的有3篇。在负面的4篇报道中，3篇属于政治议题，1篇属于文化议题。

印度英语媒体对人类命运共同体理念持正面态度的报道共计8篇，主要包括政治议题下的中印关系和社会议题下的新冠疫情两大议题。其中7篇为中国外交官在印度媒体发表的署名文章或接受采访的报道。例如，2015年4月1日，时任中国驻印度大使乐玉成在接受《印度教徒报》采访时表示，"一带一路""会将亚洲、欧洲和非洲超过60个国家的40亿人打造成一个命运共同体"[①]。2020年3月13日，中国驻印度大使孙卫东在《印度教徒报》发表署名文章《携手抗疫、共克时艰，推动构建人类命运共同体》，介绍中国抗击疫情所取得的成绩和继续秉承人类命运共同体理念开展国际合作的决心[②]。从《太阳日报》网站获得的研究文本中有4篇对人类命运共同体理念持正面态度，均为新冠疫情议题相关报道。

对人类命运共同体理念持中性态度的报道绝大多数为报道相关新闻事件时引述中国或其他国家领导人或官员就此问题的表述，合计72篇。

---

① "Building ties for the 21st century", *The Hindu*, https://global-factiva-com.ez.library.latrobe.edu.au/redir/default.aspx?P=sa&an=THINDU0020150401eb4100082&cat=a&ep=ASE, 2015-04-01.

② Sun Weidong, "Fighting COVID-19 together for a shared future", *The Hindu*, https://global-factiva-com.ez.library.latrobe.edu.au/redir/default.aspx?P=sa&an=THINDU0020200313eg3d0004x&cat=a&ep=ASE, 2020-03-13.

人类命运共同体理念的全球传播：媒体报道视角

另有10篇报道对人类命运共同体理念做了一定讨论和分析。

负面表述人类命运共同体理念的报道共有4篇，3篇属于政治主题下的国际关系议题，其中1篇为引述美国参议院卢比奥对人类命运共同体理念的评述，1篇属于文化主题下的媒体议题。

（二）叙述框架分析

总体而言，印度主流媒体主要在以下四个叙述框架中提及、讨论人类命运共同体理念。

第一，人类命运共同体理念的提出反映中国对自身及外部世界认知的调整。《印度教徒报》2014年12月18日的"观点"栏目刊载了名为《美中"重置"？》的报道，认为习近平主席是一位自信的领导人，人类命运共同体理念的提出意味着中国已经放弃了以往那种认为自己贫穷、弱小的表述[①]。在党的十九大上，习近平新时代中国特色社会主义思想被写入党章，在党的十九大报告中提出了"十四个坚持"，其中包括"坚持推动构建人类命运共同体"，《印度斯坦时报》"连线"均在中国国内政治语境下对此作了报道。

第二，中国在人类命运共同体的名义下积极推进各类对外合作交往活动。如前文所述，在这方面最受关注的是中国与印度的邻国，尤其是巴基斯坦、尼泊尔共同建设"一带一路"的进展，具体项目包括中巴经济走廊、中尼铁路等。此外，中国与巴基斯坦、阿富汗在反恐问题上的合作，中国与东南亚国家在人类命运共同体名义下开展的各类合作也受到印度媒体的关注。印度对于这些合作持戒备心态。

第三，人类命运共同体理念是中国改变美国主导的国际秩序的努力的一部分。多篇持中立态度的评论文章认为当前由于美国承担国际责任的意愿降低，中国正在利用这一机会积极参与全球化和地区经济合作，而人类命运共同体理念和"一带一路"倡议都反映出了中国的抱负。相

[①] "A U.S.–China 'reset'?" *The Hindu*, https://global-factiva-com.ez.library.latrobe.edu.au/redir/default.aspx?P=sa&an=THINDU0020141218eaci0009v&cat=a&ep=ASE, 2014-12-18.

应地，也有一些从这个角度对人类命运共同体持负面态度的声音。2018年2月14日，印度报业托拉斯以《中国采取精心安排的策略以取代美国成为世界大国》为题的报道采纳了一贯"反华"的美国参议员卢比奥的言论，认为人类命运共同体理念背弃了"西方的民主、自由和开放价值"[①]。在2019年11月30日刊载于《印度斯坦时报》的题为《中巴关系是一个威胁，印度正在有效地还击》的专栏文章中，作者认为美国和中国的邻国都对中国的挑战感到担忧[②]。

第四，中国秉承人类命运共同体的理念积极抗击新冠疫情并援助其他国家。该叙述框架下的相关报道多为正面报道，例如，发表于《印度教徒报》的《中国为后新冠肺炎病毒世界做了更好的准备》评论文章认为中国采取了有力的措施抗击新型冠状病毒疫情，并通过提出人类命运共同体理念积极参与塑造新的国际规则[③]。另有两篇正面报道发表于印地语《太阳日报》网站版，分别为《中国正在拓展地缘政治影响吗？》和《中国向82个国家提供了抗疫相关援助》。这两篇文章反对认为中国利用疫情增加地缘政治影响力的错误观点，指出中国基于人类命运共同体理念积极承担大国责任，向其他受疫情影响的国家提供援助。

三、人类命运共同体对印传播的建议

基于上文的分析可以看出，目前印度主流媒体对人类命运共同体理念的报道存在以下三个方面的特点。

第一，从获取信息渠道来看，印度主流媒体主要通过中国方面了解

---

① Lalit K. Jha, "China carrying out well orchestrated strategy to replace US as global power", Press Trust of India, https://global-factiva-com.ez.library.latrobe.edu.au/redir/default.aspx?P=sa&an=PRTRIN0020180214ee2e000b5&cat=a&ep=ASE, 2018-02-14.

② JayadevRanade, "The China-Pak nexus is a threat. India is countering it well", *Hindustan Times*, https://global-factiva-com.ez.library.latrobe.edu.au/redir/default.aspx?P=sa&an=HNTM000020191130efbu005eh&cat=a&ep=ASE, 2019-11-30.

③ M.K. Narayanan, "China, better prepared for the post-COVID world", *The Hindu*, https://global-factiva-com.ez.library.latrobe.edu.au/redir/default.aspx?P=sa&an=HNTM000020200430eg4u005el&cat=a&ep=ASE, 2020-05-21.

人类命运共同体理念的全球传播：媒体报道视角

人类命运共同体理念。中国国家领导人、各级政府官员在各类场合积极发声对印度媒体了解人类命运共同体理念起到了至关重要的作用。在84篇直接引述人类命运共同体理念相关表述的研究文本中，共有73篇引述中国方面的表述；其余11篇中有4篇引述巴基斯坦或中巴双边声明的表述，2篇引述尼泊尔方面的表述，引述美国、缅甸、孟加拉国、意大利、"基础四国"联合声明的报道各1篇。美国媒体在其他问题上强大的舆论影响力在印度主流媒体对人类命运共同体理念的报道上并不突出。

第二，印度主流媒体虽然获取了有关人类命运共同体理念的信息，但尚未充分对此理念加以进一步接纳、反馈。相比人类命运共同体理念的宏观内涵，印度主流媒体更加关注人类命运共同体理念在具体政治、经济、社会、文化议题语境中的表述，在这些议题中，比较突出的包括中巴关系、中尼关系、"一带一路"建设以及新冠疫情。

第三，印度英语媒体和印地语媒体之间存在差异。从《太阳日报》获取的7篇研究文本可以看出，与英语媒体更加关注人类命运共同体理念在国际关系议题中的表述不同，《太阳日报》的报道更加关注该理念在抗击新冠疫情的议题中的表述。受此影响，其对人类命运共同体理念的报道态度为正面的比例达到57.1%，在本节所选取的7家媒体报道中比例最高。相比之下，亲右翼的"印刷"网涉及人类命运共同体的2篇报道均持负面态度，被认为亲左翼的《印度教徒报》的10篇报道中有5篇持正面态度，其中有3篇为中国驻印度大使的署名文章。语种差异在多大程度上会影响媒体的议题偏好，进而影响对人类命运共同体理念的接受，值得在未来进一步考察。

基于以上三个方面的特点，本研究认为可从以下三个方面入手，加强对人类命运共同体理念的传播。

第一，积极传播人类命运共同体理念。在印度主流媒体对人类命运共同体理念的接纳、反馈有限的情况下，中国方面围绕人类命运共同体理念的持续发声依然必要。除了正面传播，也有必要适时回应西方对人类命运共同体理念的不实指责和污名化。

第二，有针对性地将人类命运共同体理念与印度主流媒体关切，且

第四章　亚洲四国主流媒体人类命运共同体报道研究

与中印认知差异较小的具体议题相结合。从本节获取的研究文本来看，开展国际合作，抗击新冠疫情是最能引发携手共建人类命运共同体共鸣的议题。未来还可以进一步挖掘此类直接影响到普通印度民众生存与发展的具体议题。

第三，针对印度本土语言媒体设计更有针对性的传播方案。一方面，了解印度不同本土语言媒体的具体关切，结合更加贴近普通印度民众生活的议题，丰富人类命运共同体理念的具体表述；另一方面，拓宽中国媒体与印度本土语言媒体、新闻社的直接沟通渠道，减少因印度媒体对西方媒体的信息依赖而导致的负面影响。

第五章　非洲和大洋洲四国主流媒体人类命运共同体报道研究

2013年3月25日，中国国家主席习近平在坦桑尼亚尼雷尔国际会议中心发表题为《永远做可靠朋友和真诚伙伴》的重要演讲，这是习近平作为中国国家主席首次发表非洲政策演讲。他指出："中非从来都是命运共同体，共同的历史遭遇、共同的发展任务、共同的战略利益把我们紧紧联系在一起。"[①] 21世纪以来，以中非合作论坛为标志的中非集体对话机制建立，中非关系自此进入全面发展的快车道，构建起新型战略伙伴关系，各领域合作取得显著成果。新冠疫情考验了中非友谊，中非命运共同体的基础经过考验更加牢固。

西非国家塞内加尔主流媒体的涉华疫情报道整体客观积极。从报道议题、报道信源和话语内容方面看，塞主流媒体重视本国与非洲利益保护，肯定中国抗疫措施的有效性，赞赏中国对非支持的力度，对中国推行的人类命运共同体理念和中国在国际事务中的角色抱有信心，中塞、中非的政治互信和民心相通为长远合作奠定了良好基础。但疫情的中、长期效应尚难以评估，中国应积极回应非洲方面的期待以及大国关系调整给中非关系带来的影响。南非共和国5家主流媒体刊发的人类命运共同体相关议题的文章数量呈上升趋势，其作者主要是中方人员。报道显示人类命运共同体的传播主要依托于相关外交实践活动；这一理念的阐述全面、准确、明晰，评价积极。当前中国应继续发挥驻南非使馆的对外传播作用，努力实现传播主体多元化；以实践为依托推进人类命运共同体理念的传播；讲述与南非受众紧密相关的故事，阐述人类命运共同体之道。北非国家埃及主流媒体中的人类命运共同体报道，整体上呈较为

---

① 习近平：《永远做可靠朋友和真诚伙伴》，人民网，http://cpc.people.com.cn/xuexi/n/2015/0721/c397563-27338173.html。

积极的态势，同时也存在着报道数量有限、内容单一、缺乏深入阐述其内涵的文章等问题。中国外宣媒体应通过多种举措深化埃及媒体对这一理念的理解，将该理念从机械的"扩音"转变为辐射整个埃及社会乃至阿拉伯世界的"强音"，从官民共进、优化议题以及借力埃及知华、友华人士实现这一传播目标。

澳大利亚是大洋洲的代表性国家，其主流媒体对人类命运共同体理念的报道具有典型价值。研究发现：澳媒对人类命运共同体理念报道频率偏低，且与国际政治环境变化相关；澳媒信源主要为中国政界和澳大利亚学界，态度上以负面为主；议题以国防与外交为主，对生态及文化议题关注不足；在民族主义、西方中心主义和社群主义意识形态的影响下，澳媒对人类命运共同体的报道中存在多元叙述框架。未来对澳传播可通过真实的中国故事从多维度对其内涵进行阐发，构建完备的对外话语体系，有针对性地化解澳媒及学者对人类命运共同体理念的偏见和误解，以改善人类命运共同体理念的形象及传播效果。

第一节 塞内加尔主流媒体涉华报道研究

2020年2月14日，非洲发现第一例新冠肺炎病例。截至6月28日，非洲累计新冠确诊病例近36万例，且保持着增长势头。疫情给中非合作以及中国在非形象带来较大挑战。非洲媒体涉华报道是了解非洲国家对中国认知的重要窗口。中国学界关于非洲对华舆情的研究目前规模较小，关注范围也主要集中于部分英文媒体。本节选择塞内加尔主流媒体进行观察，基于四个理由：第一，由于地理和历史等因素，塞内加尔是西非地区有重要影响力的国家，在非洲区域合作、文学艺术、国际交流等方面展现出开放的国家品格，其政治与文化影响力不容忽视。第二，塞内加尔于2016年与中国建立全面战略合作伙伴关系，是首个与中国签署"一带一路"合作协议的西非国家。2020年6月，塞内加尔作为中非合作论坛共同主席国，成为中非团结抗疫特别峰会的倡议国之一。第三，塞内加尔与法国及欧洲保持着极紧密的政治经济文化关系，在中欧非多边对话中能够扮演积极的角色。第四，塞内加尔的官方语言为法语，对法语媒体的观察有助于对非洲舆情的全面掌握。

通过塞内加尔主流媒体涉华报道分析，本节拟探讨以下几个问题：中国政府和企业积极以实际行动与非洲携手抗疫，共建中非命运共同体，非洲舆论是否认可中国的联合抗疫行动与对塞援助？新冠疫情如何影响中非关系？非洲主流媒体如何看待中国在全球治理中的作用？中国推行的人类命运共同体理念是否在非得到有效传播与认同？

一、研究对象与数据分析

（一）研究对象选取

本节以塞内加尔三大主流媒体《太阳报》《南方日报》《晨报》为研究对象，它们均为法语媒体。其中，《太阳报》是官方日报，隶属塞内加尔报刊与出版公司，是该国印数最多和引用率最高的报纸之一，日发行量为30000份[①]。《太阳报》的前身是法国人夏尔·德布乐德耶于1933年创办的周报《巴黎-达喀尔》，后于1936年成为西非第一家日报。1960年塞内加尔独立后，该报曾多次更名，1970年方定名为《太阳报》。《南方日报》和《晨报》都是私营报纸，发行量分别为20000份和12000份[②]。

本节使用道琼斯Factiva数据库检索上述三报的涉华新冠疫情报道，以报刊正文中必须包含"Chine"和"coronavirus"为搜索条件，时间跨度从2020年1月23日至5月31日，共获取样本218篇。人工去除重复和无关报道后，最终获得有效样本132篇，其中，68篇来自《太阳报》，42篇来自《南方日报》，22篇来自《晨报》。

从时间轴看，塞主流媒体从2020年1月底开始关注中国的新冠疫情情况，1月23日出现了第一批相关报道，当日3篇报道均来自《太阳报》。

[①] 数据来源于道琼斯Factiva数据库。
[②] 同上。

此后，塞内加尔对中国和新冠疫情的关注日益上升，1月有8篇相关报道，2月增加至23篇，对中国疫情的关注度在3月塞内加尔出现疫情后达到高峰，共有48篇报道。4月，关注度略有回落，共计34篇报道，原因应是中国疫情已有所好转。5月，关注度继续下降，共有19篇相关报道（见图5-1）。

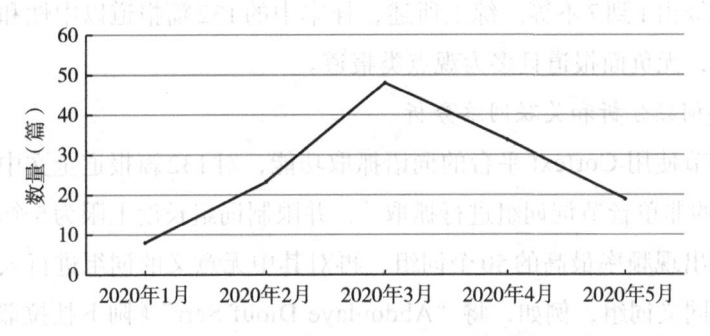

图5-1　2020年1—5月塞内加尔三大日报涉华报道数量曲线

（二）数据分析

本节使用法国跨学科社会科学和创新实验室建立的Cortext线上数字平台[①]，借助该平台的文本情感分析、词频分析和关联网络分析三大功能，对文本进行初步分析。

1. 文本情感分析

Cortext平台针对法语文本提供的情感分析功能是由基于Python语言的文本处理库Textblob实现的。该平台情感分析方法主要有两类：一是基于词典的方法，即通过制定一系列的情感词典和规则，对文本进行拆句、分析及匹配词典（一般有词性分析和句法依存分析），计算出情感值作为文本情感倾向判断的依据；二是基于机器学习的方法，将情感分析作为一个有监督的分类问题进行处理。研究者对相关文本进行人工标注，然后进行有监督的机器学习过程，并对测试数据用模型来预测结果。在情感极性的判断方面，计算机将目标情感分为正、中、负三类，用-10

---

① 详见Cortext官方网站，https://www.cortext.net。

人类命运共同体理念的全球传播：媒体报道视角

（非常负面）到10（非常正面）来衡量文章的感情色彩，以0（事实类报道）到10（观点类报道）来划分文章的主观性。

本节使用Cortext平台对132篇文本进行处理，发现共有3篇积极程度为2的报道，有37篇积极程度为1的报道和92篇中性报道，无负面报道。平台认定5篇为事实陈述类报道，其他127篇均被分类为观点类报道，分级由1到7不等。综上所述，样本中的132篇报道以中性和正面报道为主，无负面报道且多为观点类报道。

2. 词频分析和关联网络分析

本节使用Cortext平台的词语抓取功能，对132篇报道全文中出现超过3次的非单音节词词组进行抓取①，并限制词组长度上限为5个单词②，提取出出现频率最高的50个词组，再对其中无意义的词组进行人工删除并合并同义词组，例如，将"Abdoulaye Diouf Sarr"（阿卜杜拉耶·迪乌夫·萨尔，塞内加尔卫生和社会行动部长）和"ministre de la Santé"（卫生部长）合并为"ministre de la Santé et de l'Action sociale"（卫生和社会行动部长），最终得到41个词组。

为进一步探究三份报纸的关注点是否有区别，本节使用该平台中的网络分析算法，将频繁出现的词组与报道来源进行关联网络分析。在分析过程中，Cortext平台采用卡方检验③来测量高频词与报道来源之间的近邻测度，其中，有5个词组因与报道来源之间的近邻测度未达到Cortext的默认阈值而被排除，最终得出的结果如图5-2所示。

从图5-2可以看出，与《太阳报》最相关的词有："Zhang Xun"（张迅，现任中国驻塞内加尔大使）、"gouvernement chinois"（中国政府）、"Chine au Sénégal"（中国在塞内加尔）、"Tedros Adhanom Ghebreyes"（谭德塞，世界卫生组织现任总干事）等。可见在新冠疫情背景下，作为官方大报的《太阳报》最为关注中国和塞内加尔两国政府间的交流，并跟

---

① Cortext 默认设置为3。
② 考虑到如世界卫生组织（Organization Mondiale de la Santé）此类词语长度较长，如果设置小于5可能会提取出无意义词组。
③ 卡方检验是以 χ^2 分布为基础的检验方法，常用于两个分类变量的关联性分析。

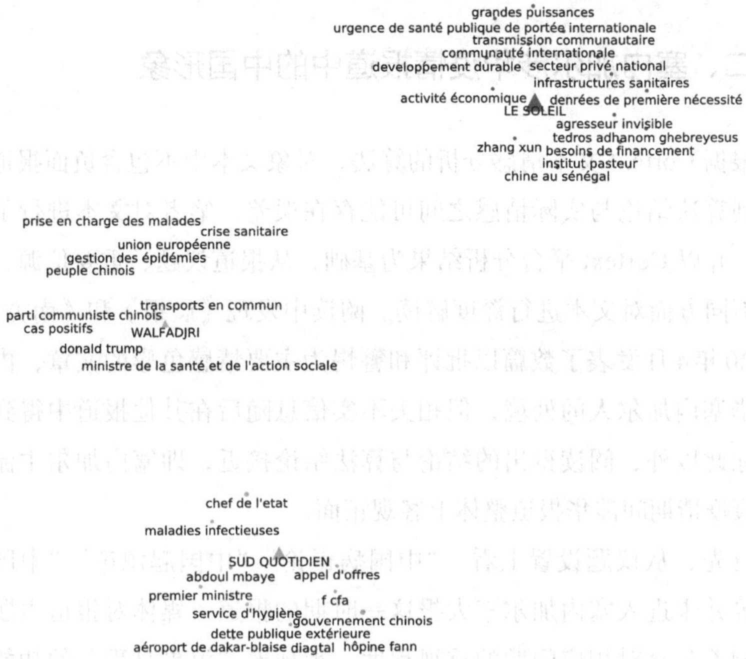

第五章 非洲和大洋洲四国主流媒体人类命运共同体报道研究

grandes puissances
urgence de santé publique de portée internationale
transmission communautaire
communauté internationale
developpement durable secteur privé national
infrastructures sanitaires
activité économique denrées de première nécessité
LE SOLEIL
agresseur invisible
tedros adhanom ghebreyesus
zhang xun besoins de financement
institut pasteur
chine au sénégal

prise en charge des malades
crise sanitaire
union européenne
gestion des épidémies
peuple chinois
transports en commun
parti communiste chinois
cas positifs   WALFADJRI
donald trump
ministre de la santé et de l'action sociale

chef de l'etat
maladies infectieuses

SUD QUOTIDIEN
abdoul mbaye   appel d'offres
premier ministre
f cfa
service d'hygiène
gouvernement chinois
dette publique extérieure
aéroport de dakar-blaise diagtal hôpine fann

图 5-2　塞内加尔主流媒体高频词与报道来源的关联网络分析

随世界卫生组织的动向。两家私营大报则表现出更为关注经济问题和公民保护问题的倾向。与《南方日报》最相关的词有"dette publique extérieur"（对外公共债券）、"F CFA"（非洲法郎），可以初步判断该报在疫情期间对中国的报道主要集中在经济方面，探讨中国减免非洲债务的可能性；与《晨报》最相关的词有"peuple chinois"（中国人民）、"Parti communiste chinois"（中国共产党）、"Donald Trump"（唐纳德·特朗普）、"Union européen"（欧盟）等，可以判断出该报更倾向于从中美关系及全球层面出发关注疫情带来的影响。另外，两家私营日报都与"ministre de la Santé et de l'Action sociale"（卫生和社会行动部长）及"Chef de l'État"（国家元首）相关，说明两家报纸也十分关注塞内加尔国内抗疫。

185

二、塞内加尔涉华疫情报道中的中国形象

根据 Cortext 文本情感分析的算法，对象文本中不包含负面报道，但考虑到算法结论与实际情感之间可能存在误差，笔者对文本进行了详细阅读，并以 Cortext 平台分析结果为基础，从报道议题、重要信源、话语表达不同方面对文本进行深度解读。阅读中发现《晨报》和《南方日报》在2020年4月发表了数篇以批评和警惕为主要情感色彩的文章，内容涉及在华塞内加尔人的处境，但相关不实信息随后在其他报道中得到了纠正。除此以外，阅读得出的结论与算法结论接近，即塞内加尔主流媒体在新冠疫情期间涉华报道整体上客观正面。

首先，从议题设置上看，"中国病毒论""中国起源论""中国脱责论"等并未进入塞内加尔三大报这一时期的报道。媒体对报道主题的选择影响着公众对相应问题的重视程度，承载着"议事日程"的功能。传统媒体和主流媒体在议程设置方面往往具有比社交媒体更高的权威性。塞内加尔三大报并未紧跟西方部分媒体和人士污名化中国的步伐，发挥了较好的引领话语的作用。疫情初期，《太阳报》的报道曾对新型冠状病毒进行科普，强调塞内加尔预警应对病毒，并表示喜爱握手、重视礼仪问候的塞内加尔人可能因为病毒不得不改变问候方式[①]。西非地区是疟疾等流行性疾病高发的地区，当地人有较强的应对流行病的意识，并积累了很多经验，因此，报道对新冠疫情的解读显得较为客观。

针对非洲出现的"中国歧视论"，塞内加尔主流媒体报道了塞在华留学生的真实境况，澄清了误解。疫情初期，塞内加尔各方人士尤其关注在武汉的13名塞内加尔大学生的健康和安全，萨勒总统不撤侨的声明也曾在塞内加尔国内引起争议。2月4日，萨勒总统表示目前塞内加尔还不具备撤侨的条件，但会与中国政府一同尽最大可能帮助在武汉的塞

---

① "Mains suspectes", *Le Soleil*, le 23 janvier 2020.

第五章 非洲和大洋洲四国主流媒体人类命运共同体报道研究

内加尔侨民[①];2月6日,《南方日报》刊登了塞负责侨民事务的官员莫伊斯·迪甘纳·萨尔在塞内加尔南方电台的讲话,他表示在武汉的13位塞留学生并未受到歧视,相反,中国政府和塞内加尔驻华大使馆非常关心他们,每日有专人跟踪他们的健康状况,塞内加尔驻华使馆还为他们提供了食物和资金支持[②]。

其次,从信源角度看,三大报给予了塞方和中方观点引领者较大的言论发布空间。主流媒体通过使用权威信源来引领舆论。权威信源往往具象为观点引领者,所谓观点引领者,即提供信息源或观点的权威人物。疫情时期,塞内加尔主流媒体的报道中有几位出现频次非常高的人物,包括塞内加尔总统、政府及政党人士,中国国家主席习近平和驻塞大使张迅等,在议题设置、观点引导方面发挥了重要作用。

由于《太阳报》的官媒身份,其报道中出现最多的政要为塞内加尔总统马基·萨勒。其话语集中在塞内加尔抗疫措施和非洲减债问题议题上。在前一个议题上,中国常作为参考和合作对象出现。萨勒总统强调,塞内加尔和非洲基于自身经历在应对机制和疾病管理机制方面有一定成就,但不能放松警惕。在后一个议题上,萨勒总统将中国视为非洲重要的合作对话伙伴,称他作为中非合作论坛现任联合主席,将"与习近平主席讨论中国加强对非支持的问题"[③],表现出对中方支持的期待。

《晨报》会发表一些小党派的言论,其中也可以看到拥有话语权的人士对中国抗疫措施的肯定。比如雄狮中间派党团[④]主席让-保罗·迪亚斯在质疑现任政府抗疫措施力度时,提到"中国政府是负责任的政府"[⑤]。

通过塞内加尔媒体,习近平主席和张迅大使发挥着信息提供和善意

---

① Souleymane Diam Sy, "Levée des couleurs au palais de la république: Vers un programme national de pavage contre l'ensablement", *Le Soleil*, le 4 février 2020.

② Maimouna Diao, "Nos étudiants ne font objet d'aucun traitement discriminatoire ou degradant, bien au contraire…",*Sud Quotidien*, le 6 février 2020.

③ Aly Diouf, "Suspension de la contribution américaine à l'organisation mondiale de la santé: Macky Sall demande à Donald Trump de réviser sa position", *Le Soleil*, le 20 avril 2020.

④ "gaïndé"在塞内加尔民族语言沃洛夫语中意为"雄狮"。

⑤ Jean-Paul Dias, "Je refuse de vivre avec le virus et le président SALL a tort", *Walfadjri*, le 26 mai 2020.

人类命运共同体理念的全球传播：媒体报道视角

传达的重要作用。2020年2月，《太阳报》报道习近平主席对萨勒总统新年贺信及其对中国人民支持的感谢，对中塞双边关系的展望直接引用了其谚语，包括对中塞关系"好朋友""好伙伴"的定位，和"把双边关系再提升到新高度"的愿景[①]。3月，《太阳报》还就习近平主席前往武汉慰问群众并呼吁继续努力抗疫一事发表了较长篇幅报道[②]。在中美关系紧张和美国总统特朗普威胁向世卫组织停止支付会费后，该报又报道了习近平主席关于增加新冠疫苗研制投入的表态，以及其关于中国坚持负责任的态度与世卫组织和其他国家及时交流信息的说明。

作为与塞内加尔政府与百姓的直接接触者，张迅大使的活动得到了较多的报道，2月和3月尤为集中。疫情初期，张迅大使向当地媒体和民众介绍中国的抗疫措施，随后落实中国支持塞内加尔抗疫的举措。针对留学生父母对在华学习子女安全的担心，张迅大使2月10日在接受《太阳报》采访时表示，中国政府与塞内加尔驻华使馆都非常关注在华留学生的情况，还强调中塞、中非友谊深厚，非洲暴发埃博拉疫情期间中国也并未撤侨，希望塞内加尔人民相信中国能保障塞在华侨民安全，起到了稳定家属情绪、表达中国友好的积极作用[③]。此类报道都及时回应了疫情期间塞内加尔各界人士的关注点，有针对性地澄清了误解，促进了中非之间的互相理解。

最后，从话语表达上，塞内加尔主流媒体在报道中对"团结抗疫""中国援助"与人类命运共同体理念的突出起到了重要的构建中国形象的作用。

塞主流媒体对中国抗疫措施有效性表示了认可。《太阳报》在2月10日对张迅大使的专访中，介绍了中国应对疫情的五个措施：启动全国一级应急响应、通过延长春节假期等方式抑制病毒传播、整合医疗资源、

---

① Mamadou Lamine Dieye, "Coopération sino-sénégalaise : Pékin et Dakar entendent consolider leurs relations diplomatiques", *Le Soleil*, le 6 février 2020.

② "Chine: l'épidémie « pratiquement jugulée », assure Xi Jinping à Wuhan", *Le Soleil*, le 10 mars 2020.

③ "Epidémie coronavirus: l'ambassadeur de la Chine au Sénégal fait l'état des lieux et rassure", *Le Soleil*, le 10 février 2020.

第五章 非洲和大洋洲四国主流媒体人类命运共同体报道研究

推进医学研究和本着透明、开放和负责任的原则与国际社会共享病毒的相关信息。3月23日,《南方日报》和《太阳报》均在报道中表示应学习中国的应对措施,多次提到"应该以中国为榜样"①,《南方日报》则评论"中国和韩国向我们证明了应对这一大流行病最有效的反击就是自律、严格和牺牲精神"②。塞卫生部任命的新冠病毒委员会主席、法纳医院传染病科主任穆萨·赛迪教授在分析疫情时,曾肯定中国隔离措施的效果,并指出要根据各国具体情况制定针对性措施③。

塞主流媒体对中国对塞援助力度予以了肯定。3月19日和30日,《南方日报》和《太阳报》分别刊登了宣传中国援助的文章,提到中国官方的援助和中国各企业对塞内加尔的援助④。马云作为支持塞内加尔抗疫的中国企业捐助者的代表形象也多次出现在塞内加尔的主流媒体中。3月26日,《太阳报》刊登题为《新型冠状病毒——我们将为我们的作为和不作为付出代价》的报道,作者在文中发问:"马云向非洲捐助物资的时候,我们的富人都在干什么?"⑤3月29日,《晨报》的报道则提到疫情让人重新思考人性,并发问:"遥远的中国都比近处的欧洲给塞内加尔送来了更多的援助,这时那个号称非常强大的欧洲去哪了?"⑥

调研文本中有6篇提到了我国所推行的人类命运共同体理念,3篇报道主题为中塞关系,2篇主题为中国援助塞内加尔抗疫,1篇主题为中美关系。从报道内容可以看出,我国政府和一线外交官在疫情背景下积极宣传人类命运共同体理念,进一步诠释了我国对互信互利的理解,而

---

① Jean-Michel Diatta, "L'indiscipline notoire doit être considérée comme de la criminalité", *Sud Quotidien*, le 23 mars 2020.

② Fadel Dia, "Désormais, on se lève et on se barre !", *Sud Quotidien*, le 23 mars 2020.

③ Baba Mballo, "Entretien avec… Pr Moussa SEYDI:《Il n'est pas encore l'heure de confiner…》", *Walfadjri*, le 24 avril 2020.

④ Denise Zarour Medang, "500 kits de tests, des masques, des écrans faciaux…offerts", Sud Quotidien, le 19 mars 2020. Masques chirurgicaux, "Kits de test, combinaisons de protection: la Chine met de gros moyens à la disposition du Sénégal", *Le Soleil*, le 30 mars 2020.

⑤ Mariam Tendou Diop, "Coronavirus: « Nous allons payer le prix de nos actions et de notre inaction »", *Le Soleil*, le 26 mars 2020.

⑥ Alassane K. Kitane, "Coronavirus et humanité ou l' « insignifiante » signifiance de l'homme", *Walfadjri*, le 29 mars 2020.

塞内加尔主流媒体对我方话语的转述也比较到位。《晨报》2月28日的报道直接引用了我国官方的表态："中国为世界卫生作出了贡献。中国秉持人类命运共同体理念，关心本国人民的生命与健康以及全世界的公共卫生状况。"[①] 塞内加尔报纸以中方话语为信源，传播人类命运共同体理念，有利于中国形象的提升，也加深了中塞双方对各国人民休戚与共的共识。

三、塞内加尔主流媒体话语中的中塞关系和国家利益考量

综上所述，在新冠疫情发展的各阶段，塞内加尔三大日报涉华报道中的中国形象呈整体上积极正面。其表达出的塞内加尔官方和民间的积极对华态度可以从不同角度进行诠释，但归根结底，对中塞合作、中非合作的必要性和价值的理解是最重要的因素。换言之，塞内加尔对中塞合作符合本国利益与发展需求这一点有着清楚认知。

首先，这与中国和塞内加尔多年来一直保持着友好的双边关系，两国领导人也保持着良好的互动分不开。2005年两国复交后，高层互访不断增加两国之间的政治互信。2009年，时任国家主席胡锦涛对塞内加尔进行了国事访问。2014年，萨勒总统访华，并于2016年9月出席了二十国集团领导人杭州峰会。2018年，习近平主席访问塞内加尔，将中塞双边关系走向多层次、多领域发展的新高度。

中国目前是塞内加尔第二大贸易伙伴、第一大花生进口国和第一大融资来源国。2019年1—6月，我国与塞内加尔双边贸易额为13.55亿美元，其中，中方出口11.59亿美元，进口1.96亿美元，同比增长148.7%。2019年1—6月，我国企业对塞全行业直接投资额3097万美元[②]。中国与塞

---

① "Le Parti communiste chinois a salué le soutien des cadres de Bby", *Walfadjri*, le 28 février 2020.

② 商务部西亚非洲司：《中国—塞内加尔经贸合作简况》，http://xyf.mofcom.gov.cn/article/tj/hz/201908/20190802891468.shtml，2019-08-16。

内加尔的合作涉及经济、社会、民生、文化等诸多领域：由中国融资建设的方久尼大桥、捷斯－图巴高速公路等项目将有力地促进塞内加尔经济发展；由中国融资建设的乡村打井工程，可解决塞内加尔七分之一人口的吃水和用水问题；由中国援建的塞内加尔国家大剧院、黑人文明博物馆、竞技摔跤场等正在为传承和发扬塞内加尔文化传统作出重要贡献[①]。

其次，这与塞内加尔立足本国发展的目标及其对国家利益的深层次考量切实相关。塞内加尔非常重视本国利益，这一点在此次调研文本中也有明确体现。经过对132篇涉华报道主题的分析看，对塞内加尔及非洲自身重大利益的关注占据了核心地位（见表5-1）。疫情期间，塞主流媒体涉华报道中相当一部分其实是以塞内加尔本国事务为议题，中国话语、角色和作用往往以不同方式嵌入其中。无论是对病毒本身、中国抗疫措施的有效性及对塞援助，还是塞内加尔海外侨民保护、减债、中美关系等主题上，报道更多地体现了塞内加尔媒体从本国利益出发、从多元角度探讨中国角色的特点。

表5-1　塞内加尔主流媒体涉华报道主题

序号	议题	数量（篇）	约占比（%）
1	塞内加尔抗疫	47	35.61
2	新冠病毒科普	13	9.85
3	中美关系	11	8.33
4	中塞关系	11	8.33
5	中国抗疫措施	10	7.58
6	在华塞内加尔人状况	9	6.82
7	新冠病毒的影响	8	6.06
8	中国援助塞内加尔的措施	7	5.30
9	中国经济	4	3.03
10	新冠疫情在中国的出现	4	3.03
11	非洲债务问题	4	3.03

---

① 《习近平在塞内加尔媒体发表署名文章中国和塞内加尔团结一致》，人民网，http://world.people.com.cn/n1/2018/0721/c1002-30161624.html，2018-07-21。

人类命运共同体理念的全球传播：媒体报道视角

续表

序号	议题	数量（篇）	约占比（%）
12	谴责欧洲学者将非洲作为疫苗实验室的言论	2	1.52
13	中非关系	2	1.52
共计		132	100

近年来，塞内加尔与中国双边合作走向紧密最根本的原因是在发展问题上的共识以及发展规划的契合。塞内加尔政府2014年推出了塞内加尔振兴计划。这一中长期经济发展规划的目标是：至2035年经济平均增速达到7%，让塞内加尔摆脱低增长和减贫不力的困境。振兴计划预期总投资约200亿美元，一半来自政府出资，另一半要靠来自不同参与主体和合作伙伴的多方筹资。振兴计划优先向农业、能源、基础设施和教育倾斜。其中，教育领域的目标是改变学校设施老化的现状，同时要使教学内容更有利于学生就业，达喀尔大学的设施和教育课程体系是改革的重点。为支持振兴计划的实施，塞内加尔政府需要加强国际合作，争取更多元的合作伙伴。中国"一带一路"倡议的提出，正呼应了塞内加尔振兴计划的需求。

对本国发展问题的根本性重视也使塞内加尔媒体更为重视后疫情时期的大国关系和全球治理问题，并将中国角色纳入其中进行分析。从报道情况看，塞内加尔媒体表现出对后疫情时期中国国际作用和地位的信心。多篇报道提及疫情后中国会更为强大的观点，有作者认为"疫情肆虐后的世界新秩序中，中国将成为火车头"[①]。5月《太阳报》的数篇报道中引用了非盟负责评估大国与非洲合作关系的新兴非洲咨询公司总裁乌玛尔·塞克的言论。他认为疫情影响下的世界格局中，中国的领导力将得到加强。他与其他非洲人物的分析大多以非洲利益为出发点进行，关

[①] Elhadji Ibrahim Thiam, "HD Chronique « Sur le vif »: l'Oms, un parfait bouc-émissaire", *Le Soleil*, le 21 avril 2020.

注非洲自身发展,并呼吁非洲减少对外部世界的依赖[①]。可见,非洲精英阶层的非洲利益视角影响着并将继续影响非洲对中国外交政策和中非合作的理解,我国也需要更多地围绕这一点去探讨中非关系的发展以及当下存在的问题。

四、结语

塞内加尔主流媒体疫情期间的涉华报道释放出多重信息。首先,报道文本极少传播或复制西方污名化中国的言论,更多地表现出以非洲利益、本国利益为出发点的观察视角;在对非洲发展前景和中非关系走向的预测方面,报道往往突出非洲声音,表现出非洲媒体的理性以及非洲寻求多元合作伙伴和自身发展道路的强烈意愿。其次,疫情给中塞、中非关系的发展带来挑战和冲击,但中国抗疫行动的实际效果和及时的援助措施赢得了合作伙伴的信任和信心,并促进了中非团结。中非团结联合抗疫特别峰会的举行,印证了中非加强合作、共同抗疫、共谋发展的共识。最后,塞内加尔报道文本透露的信息正面积极,但表述话语仍然力持中立,加上其对大国关系走向的高度重视及持续研判,说明非洲在全球治理格局的变更中也在审慎考虑自身与大国之间关系的调整。

新冠疫情对中非关系和"一带一路"合作影响的深度和广度目前还难以准确评估。塞内加尔主流媒体涉华报道个案折射出非洲对中非合作愿景的信心和对中国国际角色的期待。我国如何回应这一期待,将是后疫情时期的重要课题。

---

① Seydou Ka, "L'Afrique dans le monde d'après Les enseignements de la crise née de la Covid-19(1/5)", *Le Soleil*, le 18 mai 2020.

第二节 南非主流媒体人类命运共同体报道现状与传播对策

2013年3月，习近平主席在首次出访非洲时提出"中非命运共同体"概念[1]。中非命运共同体的提出早于其他区域命运共同共同体，"开创了人类命运共同体中区域命运共同体的先河"[2]。南非作为非洲最重要的国家之一，在中非关系和构建中非命运共同体中占有重要地位。2015年12月1日，习近平主席在南非《星报》发表的署名文章中写道："中国是最大的发展中国家，非洲是发展中国家最集中的大陆，中国和非洲历来是命运共同体。"[3] 2018年9月，南非总统拉马福萨在中非合作论坛北京峰会结束后表示，"习近平主席提出共建更加紧密的中非命运共同体非常具有远见，中非命运共同体理念基于平等，面向人民，具有很强的可行性、示范性"[4]。

人类命运共同体不仅是领导人的共识，还需要在全社会凝聚共识。当地主流媒体是人类命运共同体理念对外传播的重要渠道，也是观测人类命运共同体理念接受情况的窗口。自2011年人类命运共同体理念首次提出至今将近十年的时间里，南非主流媒体的相关报道情况如何？有哪些媒体进行了报道？报道数量有多少？媒体撰文作者都有哪些？与人类命运共同体相关的报道议题有哪些？阐述了人类命运共同体的哪些概念？评价如何？为了回答上述问题，本节使用内容分析法，对南非主流媒体对人类命运共体的报道进行分析，评估人类命运共同体理念在南非传播中的现状和可能存在的不足，并提出相应的政策建议。

---

[1] 田慧芳：《习近平访问推动中非命运共同体建设》，http://china.chinadaily.com.cn/2018-07/21/content_36620554.htm, 2018-07-21/2020-06-16。

[2] 吴传华：《中非命运共同体：历史地位、典范作用与世界意义》，《西亚非洲》2020年第2期。

[3] 《习近平在南非媒体发表署名文章》，新华网，http://www.xinhuanet.com/world/2015-12/01/c_1117320437.htm, 2015-12-01/2020-06-16。

[4] 《南非总统拉马福萨：中非命运共同体基于平等面向人民》，人民网，http://world.people.com.cn/n1/2018/0906/c1002-30275584.html, 2018-09-06/2020-06-16。

一、研究设计与方法

（一）取样与媒体来源

本节在 Factiva 数据库中分别以 "a community of common destiny" 和 "a community of shared future for mankind" 为关键词，地区选择"南非"，语言选择"英文"[①]，日期选择"2011年9月6日到2020年6月10日期间"[②]，进行检索。检索发现有些媒体仅有1篇相关报道，很难进行分析。因此，本节从中选取了总报道数量在10篇以上的5家媒体进行取样，总共获取相关报道72篇。如图5-3所示，这5家媒体分别是《星报》（18篇）、《开普时报》（16篇）、《比勒陀利亚新闻报》（15篇）、《水星报》（13篇）、《商报》（10篇）。

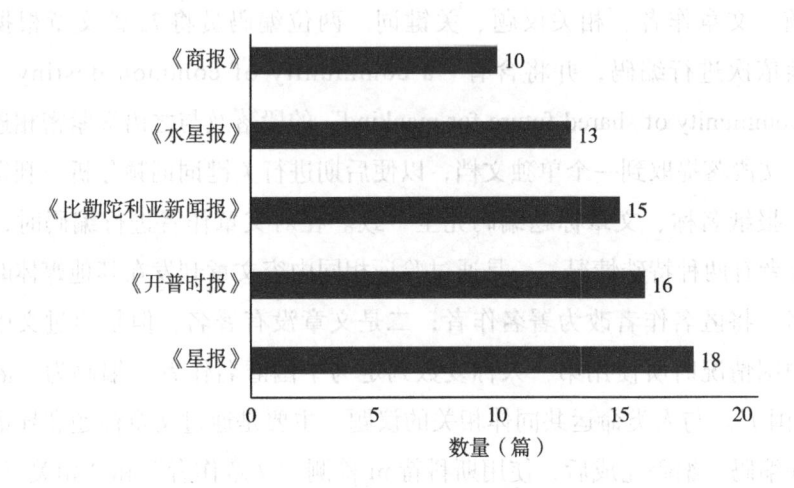

图5-3 南非媒体来源及其报道数量

《星报》《开普时报》《比勒陀利亚新闻报》《水星报》都是南非独立传媒集团（INMSA）旗下区域发行的日报。南非独立传媒集团的主要

[①] 南非媒体主要有英语、阿非利加语、祖鲁语，其中，英语媒体占到多数。本节受语言限制，也为了研究便利，仅选取了英语媒体。

[②] 起始时间是人类命运共同体理念的首次提出时间，结束时间是本研究能及的最近时间。

股东包括 Sekunjalo Media Consortium、南非公共投资公司、中非发展基金、中国国际电视总公司[①]。《商报》是提索黑星集团旗下全国发行的日报。提索黑星集团是一家总部位于英国的私人投资集团,主要股东有 Tiso Investment Holdings Proprietary Limited、Kagiso Asset Management Proprietary Limited 等[②]。

根据南非报刊发行量审计局最新数据,2020年第一季度上述5家媒体发行量都排在南非所有日报的前20位,其中,《星报》(57019份)排第3位,《开普时报》(25592份)排第9位,《水星报》(21153份)排第11位,《商报》(19050份)排第12位,《比勒陀利亚新闻报》(9981份)排第17位[③]。

(二)分析单位与编码

分析单位是单篇文章。编码变量包括刊发时间、报纸名称、文章标题、文章作者、相关议题、关键词。两位编码员将72篇文章根据编码表依次进行编码,并将含有"a community of common destiny"和"a community of shared future for mankind"的段落及与之语义紧密相连的上下文段落提取到一个单独文档,以便后期进行关键词词频分析。刊发时间、报纸名称、文章标题编码完全一致。在对文章作者进行编码时,匿名作者有两种特殊情况:一是通过验证相同内容文章刊发在其他媒体时的署名,将匿名作者改为署名作者;二是文章没有署名,但是通过文中讲述中国情况时所使用第一人称复数判定为中国匿名作者,编码为"匿名(中国)"。与人类命运共同体相关的议题,主要是通过文章标题和导语判定并编码。编码完成后,使用斯科特 pi 检测"文章作者"和"相关议题"的编码员间信度,系数分别为0.99和0.94。含有"人类命运共同体"关键

---

① "About Us", INMSA, https://www.independentmedia.co.za/our-company/about-us/, 2020-06-16.

② "Company Information", Tiso Blackstar Group, http://www.tisoblackstar.com/tbg/investors/aim-rule-26-company-information/, 2020-06-16.

③ "ABC Q1 2020 Sees More Newspaper Circ Numbers Fall", Herman Manson, https://www.marklives.com/2020/05/circdata-newspapers-abc-q1-2020/, 2020-05-26/2020-06-16.

词段落的提取，通过 Microsoft Word 比较相同字数，一致性在 98% 以上。

二、研究结果与讨论

（一）报道数量与趋势

从 2011 年 9 月 6 日—2020 年 6 月 10 日，总的报道数量为 72 篇，整体呈上升趋势，不同年份、不同媒体的报道数量如图 5-4 所示。2015 年之前没有相关报道。2015 年 12 月 4—5 日，习近平主席赴南非访问，并与时任南非总统祖马共同主持中非合作论坛约翰内斯堡峰会。刊发于 2015 年 12 月 3 日的两篇文章即对习近平主席即将出访南非和中非合作论坛的报道。同年早些时候，习近平主席在联合国发表题为《携手构建合作共赢新伙伴 同心打造人类命运共同体》的重要讲话。"这标志着人类命运共同体理论实现了第三次历史性飞跃，得到极大的丰富和发展，并实现了体系化。"[①] 由此可见，2015 年人类命运共同体理念在南非媒体上首次亮相，既得益于中南两国元首外交和中非合作论坛约翰内斯堡峰会的召开，也与人类命运共同体理念自身的完善和体系化不无关系。

图 5-4　南非主流媒体人类命运共同体相关报道的数量与趋势

---

① 陈须隆：《人类命运共同体理论在习近平外交思想中的地位和意义》，《当代世界》2016 年第 7 期。

人类命运共同体理念的全球传播：媒体报道视角

2016年未见与人类命运共同体相关的报道。其实这一年并不缺乏中国与南非两国领导人之间的互动。例如，2016年9月，习近平主席会见来华参加G20杭州峰会的时任南非总统祖马。祖马还参与了9月在广州召开的第二届对非投资论坛。可能由于上述活动未在南非举行，2016年南非主流媒体未见与人类命运共同体相关的报道。

2017年，党的十九大召开。2018年，"习近平新时代中国特色社会主义思想研讨会暨《习近平谈治国理政》（第二卷）书评会"在南非立法首都开普敦隆重举行，金砖国家领导人第十次会晤在南非最大城市约翰内斯堡举行，还有一系列其他中南外交活动密集进行。南非主流媒体对人类命运共同体的报道数量也迅速上升。2019年，文章数量略有下降。2020年因全球合作抗击新冠疫情，人类命运共同体的意义集中凸显，前6个月内文章数量即达到20篇，超过此前5年的平均数（10.4篇），年内数量预计很可能会超过2018年的峰值（28篇）。

值得注意的一个现象是，样本中一共有14篇文章出现同一稿件同时在多家媒体刊发的现象，同时刊发后总数达到48篇，约占样本总量的66.7%。重复文章从2篇到5篇，文章标题完全相同的有8篇，改换标题但内容一样的有6篇。同一稿件重复刊发主要是在独立传媒旗下的4家媒体之间，10篇都是在同一天刊发，3篇在2—4日内刊发，有1篇首发8个月后再次刊发。同一稿件刊发数量最多的是时任中国驻南非大使林松添[①]的两篇。一篇是在2017年11月7日，林松添发表的介绍党的十九大的文章，同时在《星报》《开普时报》《水星报》《比勒陀利亚新闻报》刊发，其中，《比勒陀利亚新闻报》以不同标题刊发两次；另一篇是2020年3月23日和24日，林松添发表的离职感言在上述4家媒体刊发，其中，《星报》以不同标题刊发两次。

重复刊发现象主要发生在不同区域的媒体。如前所述，《星报》主要在豪登省发行，《开普时报》主要在开普敦市发行，《水星报》主要在德班市发行，《比勒陀利亚新闻报》主要在比勒陀利亚市发行。从理论上

---

① 林松添，2017—2020年任中国驻南非大使。

讲，重复刊发能够增加不同区域受众的暴露度。因此，在本研究取样时，同一稿件重复刊发仍被认为是有效文章。

从图5-4还可以看出，媒体所有权对新闻报道有重要影响。南非独立传媒集团旗下的4家媒体报道趋势大体一致，而且是报道人类命运共同体的主要力量。这可能与中方拥有南非独立传媒股权有关。由于南非政府也通过公共投资公司拥有独立传媒股权，这在一定程度上也反映了非国大政府对人类命运共同体的态度。相比之下，提索黑星集团旗下的《商报》对人类命运共同体的报道趋势与另外4家媒体有很大不同。尤其是最近三年来，2018年，独立传媒旗下媒体报道数量上升，《商报》反而下降；2019年，独立传媒旗下媒体报道数量下降，《商报》反而上升；2020年以来，独立传媒旗下媒体报道数量上升，《商报》报道数量下降。

（二）内容生产者

《星报》《开普时报》《水星报》《比勒陀利亚新闻报》不在文章标题下注明作者，部分文章在文末注明作者姓名与身份，大部分文章为匿名作者。《商报》在所有文章标题下注明文章作者，除1篇作者为南非本地记者外，其他作者均署名为汉语拼音（无法查证作者身份）。

整体而言（见图5-5），署名为中国官员的文章占到样本的50%（36篇），署名为汉语拼音的约占11.1%（8篇），匿名但是可以推断为中方人员的约占13.9%（10篇），三种情况共约占样本的75%。由此可见，中方人员是在南非媒体传播人类命运共同体理念的主要力量。其中，中国官员更是引人注目的传播主体。例如，前中国驻南非大使林松添总共撰写7篇文章，经不同媒体刊发后总数达到42篇，约占样本的58.3%。在南非媒体刊文的中国官员还有：中国驻开普敦总领事林静；中共中央宣传部部务会议成员、国务院新闻办公室副主任郭卫民；中国驻德班总领事费明星等。这些作者或因职责所在，或因熟悉南非情况，适时利用不同机会，积极在南非主流媒体发文阐述人类命运共同体理念和中方主张，为人类命运共同体理念在南非的传播作出了重要贡献。

人类命运共同体理念的全球传播：媒体报道视角

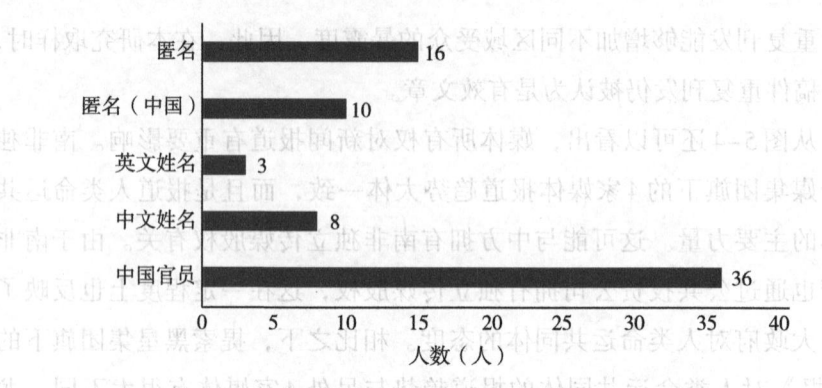

作者类型	人数
匿名	16
匿名（中国）	10
英文姓名	3
中文姓名	8
中国官员	36

图5-5　南非主流媒体人类命运共同体相关报道文章的作者分析

（三）人类命运共同体相关议题

如图5-6所示，涉及人类命运共同体的议题共有17个。不同议题下的文章数量有很大差异，呈明显的长尾样式。换句话说，人类命运共同体理念的传播集中于少数几个议题。2018年的金砖国家系列会议、2020年的抗击新冠疫情和时常出现的中南关系议题约占据样本的55.6%。如果算上中国国内政治的两件大事（党的十九大、新中国成立七十周年）和"一带一路"相关议题，这6个议题的文章数量约占到样本的76.4%。

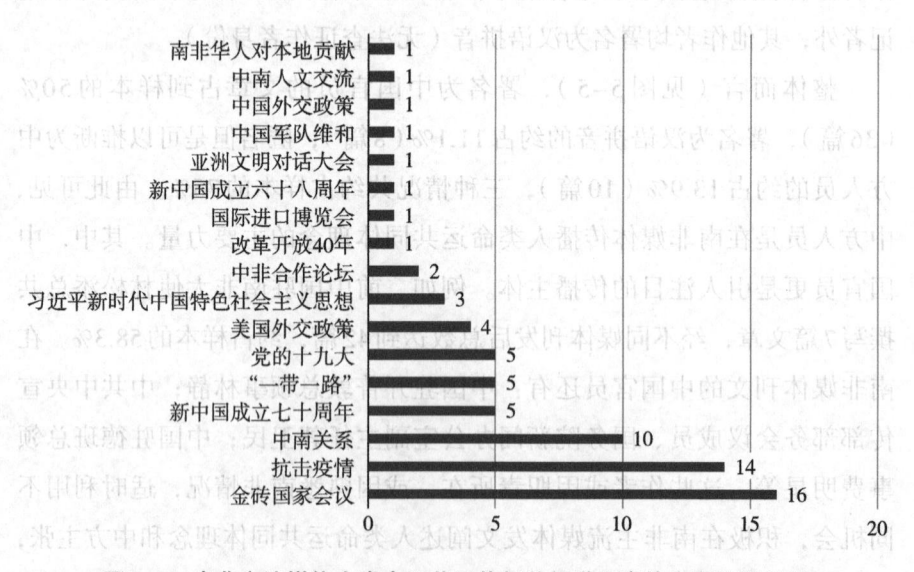

议题	数量
南非华人对本地贡献	1
中南人文交流	1
中国外交政策	1
中国军队维和	1
亚洲文明对话大会	1
新中国成立六十八周年	1
国际进口博览会	1
改革开放40年	1
中非合作论坛	2
习近平新时代中国特色社会主义思想	3
美国外交政策	4
党的十九大	5
"一带一路"	5
新中国成立七十周年	5
中南关系	10
抗击疫情	14
金砖国家会议	16

图5-6　南非主流媒体人类命运共同体相关报道文章的主要议题分析

第五章 非洲和大洋洲四国主流媒体人类命运共同体报道研究

人类命运共同体理念的传播不只是在概念和理论层面，还需要以实践为依托。金砖国家合作机制即是一个人类命运共同体理念传播的重要平台。2010年，南非加入金砖国家合作机制。2013年3月，金砖国家领导人第五次会晤在南非德班举行。2018年7月，金砖国家领导人第十次会晤在南非约翰内斯堡举行。南非媒体对这两届在南非举办的峰会给予了很多关注，对金砖国家的集体认同感也逐步加强[①]。2018年金砖国家领导人第十次会晤举行前夕，第三届金砖国家媒体高端论坛在南非开普敦举行。南非独立传媒集团董事长伊克博·瑟维在论坛的活动同时被《星报》和《开普时报》报道。两篇报道均引用了瑟维的发言："与会媒体机构相信，世界正在经历重大发展变革和调整，我们面临不断增加的不稳定因素。尽管如此，构建人类命运共同体仍然是人类发展的主要目标。"[②]

"一带一路"也是人类命运共同体理念传播的现实路径。在推进"一带一路"建设工作5周年座谈会上，习近平主席指出，以共建"一带一路"为实践平台推动构建人类命运共同体。一方面，"人类命运共同体不仅是'一带一路'的理想愿景和建设目标，也是中国对世界前途和中国道路的一种战略判断和战略选择"[③]；另一方面，"'一带一路'所包含的理念和所提供的战略路径，使人类命运共同体具有了现实的可能性"[④]。2018年10月，"一带一路"媒体合作论坛在博鳌举行。《星报》和《比勒陀利亚新闻报》都对上述论坛进行了报道，并且引用了海南省委书记刘赐贵的发言。刘赐贵说："五年前，习近平主席发出'一带一路'重大倡议，为推动构建人类命运共同体注入不竭动力。"[⑤]2019年4月，"一带一

[①] 郑华、程雅青：《南非对金砖国家身份的认同感研究——基于主流印刷媒体报道的分析（2013—2014年）》，《同济大学学报（社会科学版）》2015年第6期。

[②] "Media Played Role in the Dismantling of Apartheid", *The Star*, 2018-07-20; "Stage Set for Media Future and Adoption of Cape Town Declaration 2018", *Cape Times*, 2018-07-23.

[③] 赵可金：《通向人类命运共同体的"一带一路"》，《当代世界》2016年第6期。

[④] 明浩：《"一带一路"与"人类命运共同体"》，《中央民族大学学报（哲学社会科学版）》2015年第6期。

[⑤] "Ambitious BRI Initiative Made in China", *Pretoria News*, 2018-10-31; "China Opens Trade Doors to World with Belt and Road Plan", *The Star*, 2018-10-31; 刘赐贵：《全力打造一带一路重要支点》, http://media.people.com.cn/n1/2018/1031/c40606-30372356.html, 2018-10-31/2020-06-19。

人类命运共同体理念的全球传播：媒体报道视角

路"新闻合作联盟首届理事会议在北京举行，南非独立传媒集团董事长瑟维就任联盟理事。《星报》《比勒陀利亚新闻报》《水星报》以不同标题对此进行了报道，并且引用瑟维的发言重申人类命运共同体是人类发展的目标[1]。

2020年新冠疫情在全球流行以来，中国致力于团结抗疫，"以自己的不懈努力对人类命运共同体理念做了最好的诠释"[2]。2020年5月18日，习近平主席在第73届世界卫生大会视频会议开幕式上说："人类是命运共同体，团结合作是战胜疫情最有力的武器……中国始终秉持构建人类命运共同体理念，既对本国人民生命安全和身体健康负责，也对全球公共卫生事业尽责。"[3] 在致辞中，习近平主席建议加大对非洲国家支持，引发了南非媒体的特别关注。《开普时报》《比勒陀利亚新闻报》《水星报》以相同的标题"我们必须加大对非洲国家支持"全文刊发了习近平的致辞[4]。

在抗击疫情议题的报道中，中国驻开普敦总领事林静刊文4篇，介绍了中国抗疫情况，强调中国从构建人类命运共同体高度积极承担全球抗疫的国际责任与义务[5]，指出全球疫情流行彰显人类命运紧密相连，构建人类命运共同体才是人类的正确道路[6]，还介绍了中国政府和企业给予南非抗疫的帮助，再次强调构建人类命运共同体是国际社会唯一正确的选择[7]。

---

[1] "Surve Gets Recognition Among World Media Bosses", *The Star*, 2019-04-24; "Surve Appointed to World Media Leaders' Council at Exclusive Events", *The Mercury*, 2019-04-24; "Surve Elected to World Media Leaders Council", *Pretoria News*, 2019-04-24.

[2] 程曼丽：《论国际传播的底气与自信》，《新闻与写作》2020年第6期。

[3] 习近平：《团结合作战胜疫情　共同构建人类卫生健康共同体》，《人民日报》，2020-05-19。

[4] "We Must Provide Greater Support for Africa", *Cape Times*, 2020-05-21; "We Must Provide Greater Support for Africa", *Pretoria News*, 2020-05-21; "We Must Provide Greater Support for Africa", *The Mercury*, 2020-05-21.

[5] "People's Well-being Comes First in Fight Against Virus", *The Star*, 2020-02-05; "China Will Come out of Fight with Virus Better and Stronger", *Pretoria News*, 2020-02-05.

[6] "It's Time for the Whole World to Unite in Battle Against Covid-19", *Cape Times*, 2020-03-13.

[7] "China to Provide Strong Support to Global Fight against COVID-19", *Cape Times*, 2020-03-26.

第五章　非洲和大洋洲四国主流媒体人类命运共同体报道研究

从人类命运共同体报道的相关议题可以看出，人类命运共同体理念的对外传播，依赖于言行并举。"金砖国家"合作机制、"一带一路"、全球合作抗疫都为人类命运共同体理念的传播提供了现实路径和故事素材，有助于我们在讲好中非合作故事中弘扬人类命运共同体之道。

（四）人类命运共同体的相关概念与评价

将含有"人类命运共同体"的段落和与之语义相连的段落单独提取后，使用NVivo软件选取词频排在前50的英文单词进行分析发现（词语云见图5-7），词频计数范围在13—122，加权百分比范围在0.31%—2.80%。排在第1位的是"中国"，然后是"人类命运共同体"，说明样本中"人类命运共同体"的阐述主要是从中方角度展开的。这也在一定程度上印证了上文中对文章作者的分析，即人类命运共同体在南非媒体的传播主体是中方人员。

图5-7　南非主流媒体人类命运共同体相关报道的关键词词云

"世界""国家""新型国际关系"是出现频率排在第2位的关键词。这说明，人类命运共同体理念着眼世界、不同以往。它是"一种以应对人类共同挑战为目的的全球价值观"，"包含相互依存的国际权力观、共

203

人类命运共同体理念的全球传播：媒体报道视角

同利益观、可持续发展观和全球治理观"①。人类命运共同体既体现了马克思主义的国际主义，又包含中国特色的天下主义、和合主义，强调国际关系的新视角、新理念、新道路。

第三组高频关键词是"发展、合作、共赢、和平"。这与人类命运共同体的核心理念（和平、发展、合作、共赢）②一致。稍有不同的是，在对南非的传播中，发展排在首位，和平排在末位。当然这并不是说和平不重要，也不是说人类命运共同体在对南非的传播中改变了内涵，而是反映了中南两国关系的基本特点。发展、合作、共赢是两国关系的主基调，人类命运共同体对南非的传播因地制宜（自觉或不自觉）地调整了策略。

第四组高频关键词是"中国（人）"和"非洲（人）"。这说明人类命运共同体在南非主流媒体的传播着眼于中非关系或中南关系，体现了人类命运共同体理念在具体区域的适用性和具体化。同时，"构建更加紧密的中非命运共同体，其意义和影响均大大超出了双边和区域范畴，正在而且必将影响世界，改变世界……中非命运共同体连接着中国与非洲，但其影响又不限于中国与非洲，而是从多层面、多维度影响世界，并为最终实现人类命运共同体作出重要贡献"③。

第五组高频关键词是"和平、安全、繁荣、美丽"。习近平总书记在党的十九大报告中呼吁，"各国人民同心协力，构建人类命运共同体，建设持久和平、普遍安全、共同繁荣、开放包容、清洁美丽的世界"④。"上述论断，政治、安全、经济、文化、生态文明'五位一体'，相辅相成，既是对人类命运共同体科学内涵的深刻揭示，也是打造人类命运共同体的总布局和总路径"⑤。

---

① 曲星：《人类命运共同体的价值观基础》，《求是》2013年第4期。
② 李爱敏：《"人类命运共同体"：理论本质、基本内涵与中国特色》，《中共福建省委党校学报》2016年第2期。
③ 吴传华：《中非命运共同体：历史地位、典范作用与世界意义》，《西亚非洲》2020年第2期。
④ 习近平：《决胜全面建成小康社会，夺取新时代中国特色社会主义伟大胜利——在中国共产党第十九次全国代表大会上的报告》，人民出版社，2017，第58—59页。
⑤ 石云霞：《习近平人类命运共同体思想研究》，《学校党建与思想教育》2016年第9期。

从上述五组高频关键词可以看出，人类命运共同体在南非主流媒体的传播，既涵盖了人类命运共同体的核心理念和根本论断，又紧密联系中非、中南的实际情况，全面、准确、明晰地向南非受众阐述了人类命运共同体理念。

最后，编码员在对样本文章的评价倾向进行统计后发现，所有文章都对人类命运共同体持有积极肯定的态度。这有利于提升我们对外传播人类命运共同体的信心，但是也要清晰看到文章作者和媒体所有权在其中的作用，须在未来研究中密切关注南非独立传媒之外的其他媒体和非中方作者刊发的相关文章。

三、结论与对策

上述研究基本上勾勒了人类命运共同体在南非主流媒体的传播现状，据此可以得出一些基本结论。第一，人类命运共同体理念的传播主体是中方人员。中国驻南非使馆人员经常在中资占有股份的独立传播集团旗下的四家报纸同时刊发阐述人类命运共同体的文章。南非《商报》的报道风格与趋势和独立传媒集团旗下的媒体不同，但所刊发的相关文章主要也是由中国作者撰写的。第二，人类命运共同体理念的传播依赖具体的外交实践和热点事件。"金砖国家"峰会、中非合作论坛、"一带一路"、抗击疫情都极大促进了人类命运共同体理念在南非主流媒体的传播。第三，人类命运共同体的核心理念和基本论断在南非主流媒体得到全面、准确、明晰的阐述。基于以上发现，本节提出以下政策建议。

（一）继续发挥驻南非使馆的对外传播作用，努力实现传播主体多元化

包括大使、领事在内的中国驻南非使馆人员积极承担使命，充分利用与当地媒体或其他机构的联系，在南非媒体刊发阐述人类命运共同体的文章。他们对包括人类命运共同体思想在内的外交思想和外交政策的把握精准全面，所刊发文章具有高度权威性，理应继续发挥其在对外传

播中的重要作用。

与此同时，还应努力实现传播主体的多元化。中国来源的文章不免会让南非受众感觉出自他人之口，可能会对传播效果产生负面影响。其实，只要有与南非受众紧密相关的故事，记者、学者、独立媒体都可以成为人类命运共同体的传播者。新冠疫情暴发之初，南非《商报》的当地作者（Luyolo Mkentane）刊发了一篇题为《新冠疫情下中国确保在华南非公民安全》的文章，就是一个很好的案例。南非《商报》是独立于南非政府与中国投资方的媒体，Luyolo Mkentane 也是一名当地作者，只因南非受众关心本国公民在华安全，中国政府又及时对此作出承诺，于是便有了这篇文章。

（二）以实践为依托推进人类命运共同体理念的传播

文以载道，行胜于言。人类命运共同体理念的传播需以实践为依托，言行并举。长期以来，"一带一路"、"金砖国家"合作机制、中非合作论坛的实践成果斐然，所带动的会议、论坛、合作联盟等外交活动吸引了各国领导人的参与和各国媒体的关注，主动设置了国际媒体议程。

当然，人类命运共同体的实践并不限于上述重大场合和媒介事件。正如习近平主席对构建"一带一路"的要求，随着人类命运共同体在实践层面的推进，今后要聚焦重点、精雕细琢，从绘就"大写意"转换到共同绘制精谨细腻的"工笔画"。人类命运共同体的传播也须在持续关注重大外交活动的同时，多讲述具体的中非合作故事。例如，中国驻开普敦总领事林静在《开普敦时报》发表的一篇介绍开普敦华人为城市所作贡献的文章，文中介绍了南非宋庆龄基金会、南非华人警民合作中心、华兴艺术团在当地的活动。这些活动既是中南合作的典范，又发生在开普敦市民身边，当地受众读起来自然感觉真实亲切，同时也会对人类命运共同体有了深刻体会。

（三）讲述与南非受众紧密相关的故事，阐述人类命运共同体之道

讲道理不如讲故事。根据媒介效果理论中的扩展的详尽可能性模型（E-ELM），讲道理是说服的核心路径，讲故事是说服的外围路径，核心路径容易激起认知抵抗，外围路径则容易消解认知抵抗。所以，我们要讲好中国故事，如果故事讲好了，故事中的道理也就能达到润物无声的效果了。

不同的故事获得受众的关注也不尽相同。一般而言，地理邻近度是影响注意力的重要因素。很多人对庙堂之上的国际大事一无所知，但可能会对与自己家乡相关的故事了如指掌。例如，在抗击新冠疫情中，中国驻开普敦总领事林静刊文详细介绍了在华南非公民和留学生的情况，讲述了在温州医科大学留学的南非学生布雷特·林德尔·辛格（Brett Lyndall Singh）留在温州抗疫的故事，还介绍了马云基金会和南非华人向南非捐赠抗疫物资的事迹。如此细腻具体的中南合作故事，纵然不讲人类命运共同体，人类命运共同体的理念也会跃然纸上、深入人心。

第三节 埃及主流媒体人类命运共同体报道分析

人类命运共同体这一提法最早出现在2012年，党的十八大明确提出"倡导人类命运共同体意识，在追求本国利益时兼顾他国合理关切"[①]。习近平主席2013年在俄罗斯莫斯科国际关系学院发表重要演讲时正式提出人类命运共同体理念，随后引起国际社会关注。坚持推动构建人类命运共同体，是习近平新时代中国特色社会主义思想的重要组成部分，这一思想体现了中国致力于为世界和平与发展作出更大贡献的崇高目标，是中国为解决当今世界面临的挑战和困境、寻找出路而提出的中国方案。

[①] 胡锦涛：《坚定不移沿着中国特色社会主义道路前进，为全面建成小康社会而奋斗》，《人民日报》，2012年11月9日。

人类命运共同体理念的全球传播：媒体报道视角

迄今为止，人类命运共同体理念已经得到多个国家和地区的认同和响应。经由"一带一路"倡议的实践，人类命运共同体理念已在全球范围内广泛传播。埃及是"一带一路"建设的天然伙伴，也是中国提升中阿政治互信、推动战略对接、加速产业融合、深化务实合作、促进民心相通的主要对象国。本节将运用定量和定性研究方法，对埃及主流媒体自2012年以来涉及人类命运共同体的报道和文章进行传播分析和内容分析，呈现这一理念在埃及真实的传播状况。

一、报道概况

（一）报道趋势分析

本研究以埃及《金字塔报》《华夫脱报》《今日埃及人报》《七日报》4家主流媒体为研究对象，通过在以上4个媒体网站检索关于"人类命运共同体"的相关报道，通过人工筛选无关报道和去重，获得研究文本71篇。4家媒体对人类命运共同体年度相关报道统计数据如图5-8所示。

图5-8　埃及主流媒体人类命运共同体相关报道的趋势

从图5-8可以看出，在四大媒体中，《华夫脱报》关于人类命运共同体的报道最多，达到40篇，全部在2018年至2020年，在2018年之前没有任何相关报道；《今日埃及人报》相关报道共16篇，分布在2012年及

2016—2020年，主要集中在2018—2020年，2018年的相关报道最多，达到7篇；《七日报》相关报道共11篇，分散在2016—2020年，主要集中2018—2020年；《金字塔报》的相关报道最少，仅有4篇，2018年和2019年各有2篇。整体来看，2020年关于人类命运共同体的报道数量最多，2019年和2018年次之，2017年和2016年仅有4篇。此外，除《今日埃及人报》在2012年有过1篇报道外，其他媒体在2016年前均无相关报道。

2016年埃及主流媒体对人类命运共同体理念的关注，始于习近平主席在开罗阿拉伯国家联盟总部发表的题为《共同开创中阿关系的美好未来》的重要演讲。习近平主席在讲话中指出，中国将"积极主动参与全球治理，构建互利合作格局，承担国际责任义务，扩大同各国利益汇合，打造人类命运共同体"[1]。包括新华社在内的多家国内媒体对这一事件进行了报道，埃及主流媒体《今日埃及人报》也转载了习近平主席演讲的全文。之后在北京举办的主题为"命运共同体，合作新格局"的"一带一路"媒体合作论坛再次引发了埃及媒体对于人类命运共同体的关注，埃及主流媒体《七日报》对此次论坛进行了报道。

2018年埃及主流媒体对人类命运共同体的报道出现了第一次高峰。因为在这一年中国迎来了中国—阿拉伯国家政党对话会、中非合作论坛北京峰会、中阿合作论坛第八届部长级会议、中国第一届国际进口博览会等多场主场外交活动，这些活动均以对外开放、打造人类命运共同体为主题，在同年由阿根廷主办的二十国集团领导人峰会以及联合国安理会举行的以"探讨维护多边主义"为主题的公开辩论会中，中方也都在其中强调了构建人类命运共同体的重要意义。此外，2018年正逢改革开放四十周年，习近平主席在庆祝改革开放四十周年大会上的讲话也指出"中国致力于向世界开放，加强建设人类命运共同体"[2]，从而引发了埃及

---

[1] 《中国主席在阿盟讲话全文》，https://www.almasryalyoum.com/news/details/878346，2016-01-21。

[2] 《中国国家主席承诺继续进行改革开放，不争霸不称霸》，https://www.almasryalyoum.com/news/details/1352412，2018-12-18。

人类命运共同体理念的全球传播：媒体报道视角

媒体对人类命运共同体的更高关注。

2019年埃及主流媒体对人类命运共同体的关注度不亚于2018年，仅《华夫脱报》的相关报道就达到12篇。在这一年举办的第二届"一带一路"国际合作高峰论坛、北京世界园艺博览会、中非合作论坛北京峰会成果落实协调人会议、第四届中国—阿拉伯国家广播电视合作论坛等主场外交活动中，人类命运共同体依然是贯穿其中的主线，在14届伊斯兰合作组织首脑会议以及由日本主办的二十国集团领导人峰会上，习近平主席也反复提到了人类命运共同体的理念。同年，习近平主席在与其他国家领导人的会晤中（如与阿联酋王储的会面），以及在对其他国家进行国事访问期间（如访问阿曼、希腊）均指出要"促进建立新型国际关系，建立人类命运共同体"[①]。在中华人民共和国成立七十周年之际，习近平主席在讲话中也再次强调"我们将继续与各国人民共同努力，推动建设人类命运共同体"[②]，此外，我国也在该年以"'一带一路'沿线国家有着共同的命运"等口号推出了一系列与"一带一路"倡议有关的新纪录片，进一步引发了埃及主流媒体在该年对人类命运共同体的关注。

2020年是埃及主流媒体对人类命运共同体报道最多的一年。2020年初暴发的新冠肺炎使疫情下的国际合作以及后疫情时代的国际格局成为全世界人民关注的焦点。尽管国际社会上不乏抹黑中国、将疫情归咎于中国的声音，但在疫情蔓延到其他国家时，中国依然秉持着人类命运共同体的理念，积极帮助其他国家应对疫情，对于埃及等阿拉伯国家更是在力所能及的范围内提供了无私的援助，此举也引发了埃及以及其他一些阿拉伯国家主流媒体的赞扬。截至5月31日，出现的关于人类命运共同体的29篇报道中有25篇与新冠肺炎有关，《华夫脱报》的相关报道就高达18篇。

---

① 《中国主席强调与希腊合作促进互惠互利关系的重要性》，https://m.alwafd.news/ عالمي-سياسي-2634429/أهمية-العمل-والتعاون-زيز-العلاقات-القائمة-على-من-عفة-المتبادلة，2019-11-10。

② 《中国主席：世界上没有任何力量能动摇我们的立场或阻止我们前进》，https://m.alwafd.news/ عالم/2571087-سياسي-يتحدى-القوى-العالمي-يمكنهم-وزن-وأن-تقدمنا，2019-10-01。

（二）议题分析

通过对71篇文本的阅读分析，笔者将其中涉及的议题总结为六大类。分别是新冠肺炎、国际合作、"一带一路"、反恐、国际秩序以及中美关系。其中，将国际合作这一部分又划分为国际会议和国事访问两大类。需要指出的是，往往在一篇报道中会同时涉及两个议题，例如，在报道某次国际论坛强调国际合作的同时，也对"一带一路"或其他议题进行了较大篇幅的报道，因此，图5-9中的各类数据有一定程度的重合，总值大于报道的总篇数。

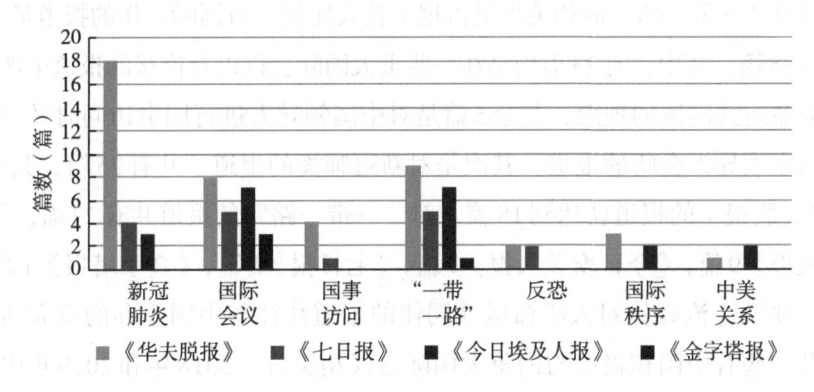

图5-9 埃及主流媒体人类命运共同体相关报道的议题分析

除国际合作和"一带一路"这两大传统议题以及2020年的焦点新冠肺炎外，反恐、国际秩序以及中美关系也是几大媒体在有关人类命运共同体的报道中的议题。对反恐的报道共有4篇，分别是各国在金砖国家政党、智库和民间社会组织论坛上就反恐达成国际协议、阿联酋驻中国大使评论中国提出的命运共同体理念旨在打击恐怖主义促进中东发展、中国驻联合国代表要求制定打击恐怖主义的共同标准、巴格达迪死后中国驻联合国代表呼吁国际社会对恐怖主义卷土重来保持警惕。对国际秩序的报道基本都是围绕着中国呼吁维护多边主义、反对单边主义以及强调支持以联合国为核心的国际体系并呼吁遵守联合国宪章宗旨和原则这几点。至于在关于人类命运共同体的报道中涉及中美关系，则是因为2017年特朗普在其就职演说中表示将奉行"美国优先"的政策，对此中国外

人类命运共同体理念的全球传播：媒体报道视角

交部进行了回应，强调建设人类命运共同体的重要意义；2019年美国不断以人权为幌子炒作香港问题、新疆问题，中方否认了美国的指控，并指出"中国的外交政策建立在和平发展的基础上，中国致力于促进建立新型国际关系和人类命运共同体"①；新冠疫情期间，美国不断对中国"甩锅""泼脏水"，将疫情归咎于中国，为此中国也在多个场合中强调"后疫情时代中美更应和平共处"②，因为疫情使所有人认识到世界人民比以往任何时候都更加紧密地联系在一起，这一重大公共健康危机愈加凸显了人类命运共同体的意义。

在六大议题中对于国际合作（包含国际会议以及国事访问）、新冠肺炎以及"一带一路"的相关报道占据了较大比例。对国际合作的报道最多，达到28篇，其中，有23篇均是在一些重大国际会议以及论坛的报道中涉及人类命运共同体的理念，其余5篇是对中国领导人进行国事访问时及与其他国家领导人会晤的报道。其次是对新冠肺炎的报道，共有25篇，其中，《华夫脱报》的报道就达到18篇。对"一带一路"的报道共有22篇，《华夫脱报》9篇，《今日埃及人报》7篇，《七日报》5篇，《金字塔报》1篇。

埃及主流媒体对人类命运共同体的报道往往与中国主办的重大活动以及一些有中国积极参与的重大国际会议相契合。2018年和2019年中国举办了中非合作论坛等多场主场外交活动，并在二十国集团领导人峰会等各大国际平台上不断提到了人类命运共同体理念。这些活动因为在世界范围内具有的重大影响力得到了埃媒的关注以及报道，埃媒在报道这些盛事时基本上都会客观转述中国领导人有关人类命运共同体的表述。因此，有关国际合作的报道都集中在2018年和2019年，并由于这一时期众多的重大会议形成了有关人类命运共同体报道的小高峰。

对新冠肺炎这一议题下的人类命运共同体的大量报道则是因为我国

---

① 《中国坚决反对美国副总统关于中国人权和自由的言论》，https://m.alwafd.news/عالم/2609523-الصين-ترفض-تصريحات-بايدن-الرئيسي-الأمريكي-بشأن-الحقوق-والحريات, 2019-10-25。

② 《世界不会回到疫情前，中美两国必须找到和平共处的方法》，https://m.alwafd.news/عالم/2987934-الصين-العالم-لن-يعود-إلى-ما-قبل-كورونا-وواعلى-إيجاد-طرق-للتعايش, 2020-05-24。

在疫情蔓延后一直不遗余力地对其他国家施以援手，特别是对非洲国家以及阿拉伯国家，不仅多次赠予其大量抗疫物资，更是派遣了多个医疗队前往阿拉伯国家帮助其抗击疫情。中国对其他国家无私的援助也为中国在美国等西方媒体引导的恶劣的舆论环境中赢得了一些支持，包括埃及主流媒体等一些受到中国援助的发展中国家媒体开始倾听来自中国的声音，对中国多次提出并身体力行的人类命运共同体理念进行了大量报道。如《七日报》在一篇题为《中国帮助发展中国家应对新冠疫情》的报道中就指出："中国本着对国际社会负责的精神，帮助友好国家应对新型冠状病毒，努力在'一带一路'倡议的框架内建设人类命运共同体。"[①]《华夫脱报》在题为《埃及：必须借鉴中国防控新冠病毒的经验》的报道中指出："习近平主席提出的人类命运共同体理念是实现共同发展以及应对世界面临的挑战的一项基本和关键原则。"[②]

值得注意的是，相较于人类命运共同体，埃及主流媒体对"一带一路"议题的报道数量更大，频次更多，原因在于"一带一路"作为中国推动构建人类命运共同体的重要平台和抓手，经常和人类命运共同体一起出现，且中国领导人在提到"命运共同体"时往往也会提到共建"一带一路"，埃媒在进行相关报道时也经常以"在'一带一路'框架下建立人类命运共同体"的叙述框架来呈现。

二、内容分析

（一）态度分析

综观埃媒对人类命运共同体的报道，从图5-10可知，71篇报道中绝大多数均为客观报道，其次是正面报道，无任何负面报道。4篇正面报道

---

① 《中国帮助发展中国家应对疫情》，https://www.youm7.com/story/2020/5/20/صنيقت-مدق-تادعاسم-لودلل-ةيمانل-ةهجاومل-تايفوريسروك-انوروك/4784446，2020-05-20。

② 《埃及：必须借鉴中国防控新冠病毒的经验》，https://m.alwafd.news/لغمتربوب-نيصلا-نورصمل/2884358نم-قسم-تاقلاعلا-ةيصرمل-ا-ةيجب-ةدافتسا-نم-تجربت-ةربتخم-تحفاكمبـانوروك，2020-03-29。

人类命运共同体理念的全球传播：媒体报道视角

中，《华夫脱报》为2篇，《今日埃及人报》与《七日报》相关正面报道均为1篇。

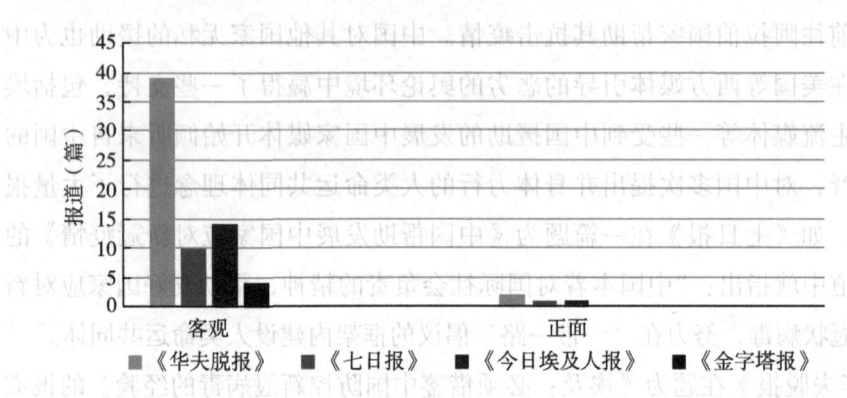

图5-10 埃及主流媒体人类命运共同体相关报道的态度倾向分析

通过对71篇文本的阅读，笔者发现埃媒在提及人类命运共同体时基本都延续了中国主流媒体的报道。例如，《华夫脱报》和《七日报》都直接转载了习近平主席发表在《求是》上题为《团结与合作是国际社会战胜新冠疫情的最强大武器》的文章，或是在报道某一重大会议时直接援引中外领导人的相关评述，例如，《华夫脱报》在进行有关中国—阿拉伯国家广播电视合作论坛开幕式的报道时提道，"阿尔及利亚新闻部长指出必须加强在'一带一路'框架内的合作，建立人类命运共同体，加强合作机制，为各国人民带来福祉"[①]，而鲜少有自己的评价或阐释。

尽管如此，可以从这种选择性的报道中看出埃媒对人类命运共同体的认可态度，埃媒在援引国外政要关于这一理念的评价时均选取了正面而非负面评价，例如，《七日报》报道了友华人士阿联酋驻华大使阿里·扎希里博士对于人类命运共同体的看法，大使指出："这一理念将改变基于两极分化以及施压影响力服务于大国利益的国际关系"；"习近平主席提出的人类命运共同体理念展现了中国领导人的智慧，即基于平等及共同的利益将全世界人民维系在一起，构建一个稳定的世界。我们高

---

① 《阿尔及利亚新闻部长：中阿关系源远流长，稳定坚固》，https://m.alwafd.news/اخبار/2597307--，2019-10-17。

度评价中国国家主席提出的这一倡议及为促进全球稳定与繁荣所做的努力";"人类命运共同体的倡议具有前瞻性,这一倡议在很大程度上将成为我们在中长期有效应对这些挑战(恐怖主义等)的安全阀";"这一倡议(人类命运共同体)将不同的人民都视为一个大家庭的成员,将中国的梦想与世界其他国家人民的梦想紧密联系了起来"[①]。这一有意识的筛选也体现出埃及几大媒体始终秉持的对中国友好的态度以及对人类命运共同体的积极态度。

(二)叙述框架分析

通过对71篇文本的分析,埃及四大主流媒体对人类命运共同体的表述主要可以归纳为以下几大主题。

1. 中国对人类命运共同体理念的秉持以及贯彻落实

这一主题在埃媒的报道中出现最多,大体上以"中国愿与其他国家共同建设人类命运共同体/中国愿为建设人类命运共同体作出贡献"和"中国秉持着人类命运共同体的理念,向其他国家提供帮助/中国援助其他国家体现了建设人类命运共同体的理念"这两大叙述框架出现。

《华夫脱报》在报道第14届伊斯兰合作组织首脑会议时提道:"中国国家主席习近平强调,中国致力于与伊斯兰国家合作,加强政治互信,推动不同文明之间的务实合作与对话,共同努力为中国与伊斯兰世界的友好关系创造更美好的未来,为建设人类命运共同体作出贡献。"[②] 在对2020年"两会"的报道中,《华夫脱报》也提道:"中国欢迎非洲搭乘'发展快车',共同建立人类命运共同体。"[③] 在2019年对二十国集团领导人峰会进行报道时,《华夫脱报》也提到:"中国愿加强与各方的沟通

---

① 《阿联酋驻中国大使:中国的倡议旨在打击恐怖主义,促进中东发展》,https://www.youm7.com/story/2018/1/28/سفير-الإمارات-بكين-مبادرات-الصين-تهدف-لمحاربة-الإرهاب-وتنمية-الشرق/3621500,2018-01-28。

② 《中国主席强调加强与伊斯兰国家政治互信的重要性》,https://m.alwafd.news/عالمي/2396579-رئيس-الصين-يؤكد-أهمية-تعزيز-الثقة-السياسية-المتبادلة-مع-الدول-الإسلامية,2019-06-01。

③ 《中国:中非关系坚实稳固》,https://m.alwafd.news/عالم/2991142-بكين-على-العلاقات-الصينية-الإفريقية-حقيقية-وراسخة,2020-05-26。

215

人类命运共同体理念的全球传播：媒体报道视角

与协调，以便为多边主义、改善全球治理和建设人类命运共同体作出更积极的贡献。"①类似于以这一叙述框架报道人类命运共同体的文章共计19篇。

以中国对这一理念身体力行为框架的报道共计9篇。《华夫脱报》在一篇题为《中国重申支持世界卫生组织》的报道中指出："中国外交部发言人赵立坚强调，中国对其他国家的援助本着全球人道主义精神，本着人类命运共同体的理念。"②在另一篇题为《中国驻阿尔及利亚大使赞扬两国共同努力抗击疫情》的报道中指出："中国驻阿尔及利亚大使表示，中国医疗队充分体现了人类命运共同体的概念，体现了中国人民和阿尔及利亚人民之间深厚的友谊。"③

2. 基于人类命运共同体的前提，各国团结合作具有必要性

埃媒刊登的有关人类命运共同体的文章中，较少谈到人类命运共同体是什么或为什么人类是一个命运共同体，对其进行定义或者阐释的情况较少，将其作为一个既定的事实或者先入为主的情况较多，往往以"人类是一个命运共同体，所以各国只有加强合作才能战胜困难"等类似的叙述框架来呈现人类命运共同体。

《七日报》转载了习近平主席发表在《求是》杂志上的文章，文章中提道："人类是一个命运共同体，战胜关乎各国人民安危的疫病，团结合作是最有力的武器。"④《今日埃及人报》在一篇题为《中国主席：人类可以战胜新型冠状病毒》的文章中提道："习近平主席指出，全人类有着共

---

① 《中国呼吁20国集团帮助非洲，并支持沙特阿拉伯主办下一届首脑会议》，https://m.alwafd.news/عالم/2654945-الصين-تدعو-مجموعة-العشرين-لمساعدة-أفريقيا-وتدعم-استضافة-السعودية-للقمة-القادمة，2019-11-23。

② 《中国重申支持世界卫生组织》，https://m.alwafd.news/أخبار/2905362--，2020-04-09。

③ 《中国驻阿尔及利亚大使赞扬两国共同努力抗击疫情》，https://m.alwafd.news/عالم/2971750-سفير-الصين-بالجزائر-يشيد-بالمكافحة-المشتركة-بين-البلدين-لكرونا，2020-05-14。

④ 《中国主席：团结合作是国际社会战胜疫情最有力武器》，https://www.youm7.com/story/2020/4/15/الرئيس-الصيني-التضامن-والتعاون-أقوى-سلاح-للمجتمع-الدولي-لغلب/4726523，2020-04-15。

第五章　非洲和大洋洲四国主流媒体人类命运共同体报道研究

同的命运,只有通过团结和协调才能克服这一挑战。"①

3. 人类命运共同体理念将为各国人民带来福祉

埃媒提到的有关人类命运共同体的表述中也涉及"人类命运共同体将为各国人民带来福祉"这一主题,尽管出现的频率不高。《金字塔报》在关于第二届中国—阿拉伯国家政党对话会的报道中说道:"埃及自由党人阿米尔·优素福呼吁建立命运共同体,加强合作,实现共同的成功,为各国人民带来福祉。"②《华夫脱报》在题为《"一带一路"倡议寻求用先进工具振兴古代商道》的报道中写道:"埃及前总理、'一带一路'咨询委员会成员沙拉夫博士介绍了该倡议('一带一路'倡议)的全貌,即通过共同的责任、共同的安全、共同的文化、共同的项目、共同的发展和繁荣建立命运共同体,最终为各国人民在基础设施、能源、信息、工业化、文化等领域带来福祉。"③

4. 国际社会应加强对人类命运共同体理念的认识

关于"国际社会应当加强对人类命运共同体理念的认识"也是四大主流媒体报道人类命运共同体时经常涉及的议题。《今日埃及人报》在其2012年的一篇题为《中国呼吁美国进行合作》的报道中写道:"中国外交部副部长张志军指出,中国需要建立一种新型的全球发展伙伴关系,各国也需要提高对人类命运共同体的认识。"④《七日报》在一篇题为《"金砖国家"政党、智库和民间社会组织论坛:就反恐达成国际协议》的报道中写道:"埃及保守党发言人艾哈迈德·汉蒂什表示,该计划('金砖国家'之间的合作计划)的核心内容包括提高对建设人类命运共同体的

---

① 《中国主席:人类可以战胜新型冠状病》,https://www.almasryalyoum.com/news/details/1628878,2020-03-21。
② 《中国的优先事项:建设世界各国人民的共同命运》,http://gate.ahram.org.eg/News/2058920.aspx,2020-03-21,2018-11-25。
③ 沙拉夫:《"一带一路"倡议寻求用现代工具振兴旧的商业道路》,https://m.alwafd.news/ةثيدحتاودأبميدقلاىراجتلاقيرطلاءايحإىعستمازتلابمفرشاماصعفقافث/2523635,2019-08-30。
④ 《中国呼吁美国合作》,https://www.almasryalyoum.com/news/details/268172,2012-12-29。

217

认识。"①《七日报》在另一篇题为《中国总理呼吁东盟"10+3"在抗击疫情中发挥积极作用》的文章中写道:"中国国务院总理李克强表示,东盟与中日韩应当增强命运共同体意识,齐心协力,加强合作,共同应对新冠肺炎疫情。"②《华夫脱报》在一篇题为《中国主张制定统一的反恐标准》的文章中写道:"中国常驻联合国副代表吴海涛表示,国际社会应该加强对人类命运共同体理念的认识,加强注重成果的合作,维护团结,共同面对恐怖主义的威胁。"③

5. 其他国家对人类命运共同体理念的响应与支持

几大主流媒体在关于人类命运共同体的报道中还涉及其他国家对中国提出的这一理念的支持。《华夫脱报》在报道中国第一届国际进口博览会时提道:"肯尼亚总统乌胡鲁·肯雅塔强调,肯尼亚愿与中国合作,促进中非关系的持续发展,共同保护多边主义和自由贸易制度,并为建设人类命运共同体作出贡献。"④ 在另一篇题为《阿尔及利亚新闻部长:中阿关系源远流长,稳定坚固》的报道中,《华夫脱报》提道:"阿尔及利亚新闻部长哈桑·拉贝希强调,必须加强在'一带一路'框架内的合作,建立命运共同体,加强合作机制,以促进各国人民的繁荣。"⑤ 在中国阿联酋建交三十五周年之际,《华夫脱报》对阿布扎比王储·穆罕默德·本·扎耶德·阿勒纳哈扬与习近平主席的会晤也进行了报道,其中提道:"王储表示阿拉伯联合酋长国支持中国主席提出的建立人类命运

---

① 《"金砖国家"政党、智库和民间社会组织论坛:就反恐达成国际协议》,https://www.youm7.com/story/2017/6/11/الملف-ظنيمنتدى-لاول-حال-برابازن-يصن-نيطابل-تفاق-دول-ى/3278686,2017-6-11,باهرا-ةحفكمل.

② 《中国总理呼吁东盟"10+3"在抗击疫情中发挥积极作用》,https://www.youm7.com/story/2020/4/14/ييى-س-وزارء-عامل-يصن-ياسنا-3-نراطمل-ورمالاريباجي-ف/4724913,2020-4-14。

③ 《中国主张制定统一的反恐标准》,https://m.alwafd.news/عالم/2233792-نيصن-ىعدتو-ىلى-ضروعم-ياري-دحوم-يفـةحفكمل-اباهرا,2019-01-12。

④ 《中国主席强调与肯尼亚协调对共同维护多边体系的重要性》,https://m.alwafd.news/أخبار/--2087940,2018-11-04。

⑤ 《阿尔及利亚新闻部长:中阿关系源远流长,稳定坚固》,https://m.alwafd.news/أخبار/--2597307,2019-10-17。

共同体的倡议。"①在一篇题为《中国强调与阿曼进一步探索合作领域的重要性》的报道中，《华夫脱报》写道："中国人民政治协商会议全国委员会主席汪洋指出，人类命运共同体的理念和'一带一路'倡议受到了国际社会的欢迎，为包括阿曼苏丹国在内的世界各国带来了实实在在的利益。"②

三、传播对策

总体而言，人类命运共同体理念在埃及的传播呈现出较为积极的态势。在数量层面上，自2018年以来埃及几大主流媒体对人类命运共同体的报道大幅增加，2020年新冠疫情的发生更是凸显了人类命运共同体的重要性，埃及主流媒体开始比以往更加关切中国发出的有关人类命运共同体的声音。在议题层面上，埃及主流媒体对人类命运共同体理念的报道往往与中国主办的重大活动以及一些有中国积极参与的重大国际会议相契合，也对中国在有关反恐和国际秩序等国际问题上发出的有关人类命运共同体的声音进行了再传播。在态度与立场层面上，埃媒对人类命运共同体的报道以客观报道为主，是对我国有关这一理念的话语的重复和延续，其中往往提到中国如何秉持并践行人类命运共同体、人类命运共同体将为各国人民带来福祉以及人类命运共同体得到其他国家的响应与支持等。然而，我们不难发现在积极形势下隐藏的问题是，埃媒对人类命运共同体理念的报道较为浮于表面。在埃媒有关人类命运共同体的71篇报道中，仅有4篇流露出自身真正的态度。此外，埃媒对这一理念的提及往往也是伴随着对一些重大事件的报道，而缺乏对这一理念的深入阐释。虽然没有西方媒体中的误读或是故意歪曲的声音，但也缺乏其自身真正的声音。

---

① 《阿布扎比王储强调深化与中国的全面战略伙伴关系的重要性》，https://m.alwafd.news/عالمي/2468487-يوليو-عبده-وبظبي-يوكدي-اهمية-تعميق-الشراكة-الاستراتيجية-مع-الصين，2019-07-22。

② 《中国强调与阿曼进一步探索合作领域的重要性》，https://m.alwafd.news/عالمي/2643553-الصين-تؤكد-اهمية-استكشاف-المزيد-من-مجالات-التعاون-مع-سلطنة-عمان, 2019-11-16。

人类命运共同体理念的全球传播：媒体报道视角

从以上分析来看，人类命运共同体理念在埃及的传播依然需要我们持续发力，相比于机械的"扩音"，我们更希望能加强埃及媒体人对这一理念更加深入、更加全面的理解，从而能够发出其自身的声音，并成为辐射整个埃及社会乃至整个阿拉伯世界的"强音"。对此，笔者认为应当从以下几方面着力强化。

首先，要官方民间齐发力。在对人类命运共同体理念进行传播时，我们既要善用主场外交、跨国合作、中外人文交流等活动精准传播人类命运共同体理念，积极分享中国在不同领域建设利益共同体、价值共同体、命运共同体的具体实践，展现中国对外合作交流的开放姿态，也要通过文化艺术、学术交流等文化型公共外交途径，包括电影、音乐等大众文化传播以及中国文化中心、图书馆等机构的文化艺术巡展交流，润物无声地传播人类命运共同体的理念[①]。

其次，构建求同存异的对话议题。在对埃传播人类命运共同体理念时，除了在重大国际政治、经济议题中善于表达，在报道新闻、发表评论时形成自己的风格，还要围绕人类命运共同体展开融通中埃的系列话语，设计具有交流基础的对话议题，比如打造国家间的安全共同体、生态共同体、网络共同体、卫生医疗共同体、农业信息共同体等容易被国际社会普遍接受并有效回应对象国重点关切的议题[②]。因为如果只是单一强调发出"中国声音"，而忽略构建"中国声音"话语体系的共享性和感召力，就无法获得埃方"共情"，无法使埃及媒体人对这一理念有更加深刻、全面的理解，也就无法发出可以辐射向整个埃及社会的"强音"。

最后，善于发动友华、知华的外国人士传达人类命运共同体理念的真实内涵。同样的声音由不同的人发出往往会产生截然不同的结果。相比于我们对人类命运共同体这一理念的大力推介，由埃及人发出的声音才会更有说服力，特别是如果能够发动一些埃及主流媒体记者、专栏作

[①] 高金萍、余悦：《美国媒体视域下"人类命运共同体"理念的呈现》，《新闻爱好者》2020年第5期。

[②] 李淑文、刘婷：《人类命运共同体对外传播的现实困境与实践路径》，《出版发行研究》2019年第5期。

家或是本土网红、意见领袖等为人类命运共同体发声，定会起到事半功倍的效果。对于如何培养更多友华人士并发动他们为中国发声，笔者认为在这方面我国举办的阿拉伯国家新闻媒体官员研修班就是很好的范例。包括埃及在内的许多阿拉伯国家新闻媒体从业者在参加了研修班后，对中国的认识往往会更加客观和全面。他们回国后发表在本国媒体或是个人社交账号上为中国发声的文章往往会具有较强的传播效应，引发大面积关注，能够收到较为良好的传播效果。

第四节　澳大利亚媒体人类命运共同体报道研究

2011年9月6日，中国国务院新闻办公室发布《中国的和平发展》白皮书，提出"以命运共同体的新视角，以同舟共济、合作共赢的新理念，寻求多元文明交流互鉴的新局面，寻求人类共同利益和共同价值的新内涵，寻求各国合作应对多样化挑战和实现包容性发展的新道路"[①]。2012年，党的十八大报告正式提出构建人类命运共同体意识；2013年3月，习近平主席在莫斯科国际关系学院发表演讲，第一次向国际社会指明"命运共同体"的未来走向；2015年9月，习近平主席在联合国成立七十周年系列峰会上阐释人类命运共同体的主要内涵；2017年2月，联合国倡议首次写入人类命运共同体理念[②]。人类命运共同体理念对外传播的过程中，存在接受和赞许的声音，也存在由于制度和意识形态差异等因素导致的质疑之音，如"中国威胁论"、"中国渗透论"和"中国称霸论"等[③]。近年来，中澳关系起伏不定，总体发展态势令人担忧。那么，人类命运共同体理念的对澳传播又面临怎样的挑战与机遇？本研究将基于澳大利亚媒体对人类命运共同体理念的报道，浅析对澳传播现状，并提出相应政策建议。

---

① 《中国的和平发展》，中国政府网，http://www.gov.cn/jrzg/2011-09/06/content_1941204.htm，2011-09-06。

② 《"人类命运共同体"大事记》，人民网，http://world.people.com.cn/n1/2017/0709/c1002-29392217.html，2017-07-09。

③ 王丹、孙敬鑫：《做好人类命运共同体理念的对外传播》，《当代世界》2018年第6期。

人类命运共同体理念的全球传播：媒体报道视角

一、研究现状

对人类命运共同体理念的传播研究分为前后两场。前期学术界主要关注对美传播。2019年，高望来针对美国学术界对人类命运共同体理念的认知情况进行了分析，指出美国学者对人类命运共同体理念认知的整体负面倾向反映了其对中国的战略焦虑呈上升态势[1]。同年，李晨曦对《华盛顿邮报》关于人类命运共同体理念的相关报道进行了文化话语分析，发现其报道存在恶意曲解和误导[2]。随后，高金萍和余悦研究美国媒体视域下的人类命运共同体理念，具体指出了美国媒体对人类命运共同体理念的三种误读，即认为其体现中国野心、与"美国优先"对立是中国全球化主张的体现[3]。

2020年，世界对人类命运共同体理念愈加关注，学界研究也呈现多元化态势。霍娜发现人类命运共同体理念在阿拉伯国家得到媒体的高度关注及政要和学者的赞赏，但各方对于共同构建人类命运共同体的信心还有待提升[4]。袁昊综合考察了人类命运共同体研究文献和俄罗斯主流媒体的报道，发现俄罗斯媒体相关报道虽然数量不多，但是能看出俄方对中国提出的这一理念持支持及乐观态度[5]。唐婧研究了人类命运共同体理念在德国主流媒体与智库的传播，提出对德传播应遵循政治文化上的求同存异与语言上的交流互通的两个原则[6]。尽管关于人类命运共同体理念

---

[1] 高望来：《美国学术界对人类命运共同体认知及中国应对之策》，《太平洋学报》2019年第8期。

[2] 李晨曦：《美国主流媒体对"人类命运共同体"理念的报道——基于〈华盛顿邮报〉相关报道的文化话语分析》，《独秀论丛》2019年第1期。

[3] 高金萍、余悦：《美国媒体视域下"人类命运共同体"理念的呈现》，《新闻爱好者》2020年第3期。

[4] 霍娜：《人类命运共同体理念的对外传播及相关策略——以中阿命运共同体为例》，《天津外国语大学学报》2020年第2期。

[5] 袁昊：《人类命运共同体研究文献计量分析——兼谈在俄罗斯的接受与反应》，《天津外国语大学学报》2020年第2期。

[6] 唐婧：《人类命运共同体理念对德传播的两大原则》，《天津外国语大学学报》2020年第2期。

的国际舆情研究日渐丰富，但是其在澳大利亚的传播情况尚未得到足够的关注。因此，本节将对澳大利亚主流媒体相关报道进行文本分析，并回答以下问题：

（1）澳大利亚媒体对人类命运共同体理念报道频率和信源有何特点？

（2）澳大利亚媒体的人类命运共同体理念报道的议题设置有何特点？

（3）澳大利亚媒体的相关报道使用了哪些报道框架？试图塑造怎样的人类命运共同体理念的形象？其报道又受到哪些因素影响？

基于对上述三个问题的回答，本节为人类命运共同体理念的对澳传播提出对策建议。

二、研究设计

为尽可能地穷尽澳大利亚媒体所有相关报道，本研究综合使用了Factiva及Lexis-Nexis两个新闻数据库数据。检索时间为2011年9月6日至2020年5月31日，媒体范围设为"澳大利亚媒体"。参考"人类命运共同体"这一关键词的多个英译版本，将搜索关键词定为"a community of common destiny"或"a community with a shared future"或"a community of shared future"或"a community of a shared destiny"或"a community with a common future"，前两个关键词分别来自党的十八大及十九大报告的英译文，后三个关键词是在一些英文媒体上出现过的英译文。经过人工筛选无关报道和重复报道后，获得有效报道44篇。

本研究对44篇报道进行了文本分析，涉及报道数量、报道趋势、报道信源、报道议题、报道倾向和叙述框架等维度的考察。为了保证客观性，44篇报道样本均由2名研究员分别对以上信息进行编码。在报道框架元素识别中，界定了四大框架元素：发表日期、议题（分为一级议题和二级议题）、信源（包括行业和国籍）、态度倾向（正面、负面和中立）。两名研究员独立地对44篇报道进行分析，并通过讨论确定最终结果，进行相关数据统计及分析。

人类命运共同体理念的全球传播：媒体报道视角

（一）报道数量分析

在44篇报道中，《澳大利亚人报》对人类命运共同体理念最为关注，报道量约占总数的52%。《悉尼先驱晨报》和《澳大利亚财经评论》对人类命运共同体理念的报道分别约占21%和11%。《时代报》、《西澳报》、《每日电讯报（悉尼）》、ABC新闻也对人类命运共同体理念有一定报道（见表5-2）。由此可见，人类命运共同体理念在澳大利亚媒体（以下简称"澳媒"）的传播中以主流报纸为主，电视台、广播电台对其报道数量相对有限。

表5-2 澳大利亚人类命运共同体相关报道的媒体、报道数量及比例分布情况

报道媒体	数量（篇）	占比约（%）
ABC新闻（澳大利亚广播公司）	3	7
《澳大利亚财经评论》	5	11
《澳大利亚人报》	23	52
《西澳报》	1	2
《悉尼先驱晨报》	9	21
《时代报》	2	5
《每日电讯报（悉尼）》	1	2

（二）报道趋势分析

研究发现，澳媒对人类命运共同体理念的报道始于2014年11月。首家报道人类命运共同体理念的澳媒是《澳大利亚财经评论》。自2014年后，每年都至少有2篇涉及人类命运共同体理念的报道，2017年报道强度达到峰值，此后报道强度总体居于高位，2019年报道数量不多但开始呈现上升趋势（见图5-11）。下文将对报道强度的三个关键节点——2014年、2017年和2019年——展开具体分析。

第一个关键时间点是2014年。2014年，国家主席习近平到访澳大利亚并在澳大利亚联邦议会发表演讲。在演讲中，习近平主席首次提及"命运共同体"，认为"中国坚持共同发展的理念不会动摇。当今世界，

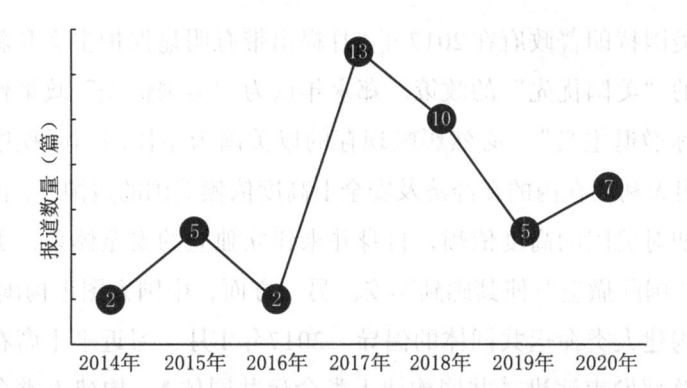

第五章　非洲和大洋洲四国主流媒体人类命运共同体报道研究

图 5-11　澳大利亚媒体人类命运共同体相关报道的趋势

各国人民是一个休戚与共的命运共同体"[①]。该演讲随即被《澳大利亚财经评论》转载，向澳大利亚群众传递习近平主席的声音。但该报道仅是转载，而无进一步评论或阐释，使人类命运共同体这一理念在一开始便是有距离感的、模糊的和抽象的。三天后，《澳大利亚财经评论》在新闻报道《谨慎结盟》中探讨人类命运共同体下澳大利亚地缘政治安全问题，担心中国在亚洲建立所谓人类命运共同体将孤立和排斥澳大利亚[②]。此文总体将人类命运共同体理念视作澳大利亚的外部威胁。笔者认为，澳媒对人类命运共同体的误读可能与澳大利亚首次直接接触这个概念的时机——博鳌亚洲论坛2013年年会有关。时任澳大利亚总理朱莉娅·吉拉德出席会议，会议上习近平主席聚焦亚洲安全及发展提出"应该牢固树立命运共同体意识"[③]。而澳媒在后续报道中对习近平主席的倡议断章取义地解读为"亚洲称霸"和"区域主义"，澳大利亚的这种"入侵焦虑"也再一次投射在关于人类命运共同体理念的报道中[④]。

第二个关键时间点是2017年。2017年是报道剧增的一年，也是国际秩序混乱与重建的一年，其显著特征是美国的"退"与中国的"进"。一

[①] 习近平：《携手追寻中澳发展梦想　并肩实现地区繁荣稳定》，《人民日报》，2014年11月18日。

[②] M. Wesley, "Align with care", *The Australian Financial Review*, November 21, 2014.

[③] 习近平：《共同创造亚洲和世界的美好未来》，《人民日报》，2013年4月8日。

[④] B.Anthony, *Fear of Security: Australia's Invasion Anxiety*, Melbourne: Cambridge University Press, 2008.

人类命运共同体理念的全球传播：媒体报道视角

方面，美国特朗普政府在2017年1月提出带有明显保护主义和新孤立主义色彩的"美国优先"的政策。郑永年认为"美国优先"政策代表美国的"国际撤退主义"，必然影响现存的以美国为主体的国际秩序，也影响包括澳大利亚在内的在经济及安全上高度依赖美国的盟国[①]。澳大利亚由于长期对美国的高度依赖，自身并未建立独立的安全体系，美国突如其来的"国际撤退"使其感到不安。另一方面，中国力图重构国际秩序，加强对构建人类命运共同体的倡导。2017年1月，习近平主席在联合国日内瓦总部发表演讲《共同构建人类命运共同体》，构建人类命运共同体理念随即被联合国写入决议。中国的崛起及对国际秩序的重构影响着澳大利亚在原有秩序下的既得利益，使原本对中国有疑惧心理的澳大利亚更加惴惴不安[②]。不安之下，澳大利亚捕风捉影，无端指摘中国通过实施"政治捐款"干预其内政，并推行《反间谍和外国干预法》(*Espionage and Foreign Interference Act*[③])。整体而言，2017年人类命运共同体理念报道的剧增与复杂多变的国际秩序及澳大利亚国内多疑不安的政治环境均有密不可分的关系。其热度一直持续到2018年。

第三个关键时间点是2019年。2019年，中澳关系仍处于持续低迷状态。间谍指控和干涉中国内政的猜忌使双方政治关系错综复杂，进一步影响经贸关系。该阶段对人类命运共同体报道总体较少，且集中在中澳经济关系和中国政治两方面。在2019年的5篇报道中，4篇为中国的专题报道，内容涉及新中国成立七十周年国庆阅兵、中国召开的世界互联网大会、"一带一路"倡议及中国香港问题；报道的时间集中在下半年，上半年仅有1篇。笔者认为，首先，总体报道数量偏少与澳大利亚国内环境有关。澳大利亚2019年上半年忙于联邦大选，下半年则受困于山火肆

[①] 郑永年：《特朗普与不确定的国际秩序》，《联合早报》，https://www.zaobao.com/forum/expert/zheng-yong-nian/story, 20171219-820081, 2017-12-19。

[②] 许善品、汪书丞：《澳大利亚对华疑惧心理的历史缘由》，《历史教学问题》2019年第6期。

[③] National Security Legislation Amendment (*Espionage and Foreign Interference Act*), 2018, Australian Government, Retrieved from https://www.legislation.gov.au/Details/C2018A00067, 2020-06-10。

虐①，澳媒无暇就人类命运共同体理念展开过多报道。其次，在为数不多的报道中，中澳经济关系和中国政治备受关注与当时的国际环境及中国国内形势有关。2019年，中美贸易战前景不明，美国的盟友澳大利亚与中国的经济关系是否受其牵连的问题受澳媒关注。同时，在2019年，中国的七十周年国庆大阅兵及香港问题受国际社会关注，中国也举办了第二届"一带一路"国际合作高峰论坛、世界互联网大会等引起世界瞩目的会议。从澳媒对中国一举一动的关注可以透视澳大利亚对中国的重视。到2020年，受全球疫情的影响，澳媒对人类命运共同体理念报道数量开始呈现上升的态势，说明人类命运共同体理念作为中国向世界贡献的解决问题方法受到的关注与日俱增。

（三）报道信源分析

信源即是信息的来源，是新闻构建的起点②，一般来说，客观可信度高的新闻会引用更多的信源，以呈现多元平衡的观点③。本研究将报道中对人类命运共同体理念发表直接或间接讨论的信息来源统称为信源。在同一篇报道中涉及关键词的信源可能存在两个以上，报道也可能不存在或不提供信源。本研究涉及的44篇新闻报道中，有13篇报道未说明信源，有7篇报道为多个信源，总信源数为39，平均信源数为0.88，数量偏少。本研究从信源的行业及国籍进行分析。

从信源所在行业来看，可分为政界、学界、媒体及商界。在44篇报道中，21个信源来自政界，12个来自学界，5个来自媒体，1个来自商界。从信源的国籍来看，分别来自中国、澳大利亚及其他国家和国际组织（包括美国、新西兰、阿根廷和联合国），其中，中国信源为20个，澳大利亚信源为12个，其他信源为6个，无信源文章13篇。在含中国信

---

① 《大选、华人参政、中国影响力：盘点2019澳洲大事》，ABC中文，https://www.abc.net.au/chinese/2019-12-20/2019-year-ender-australian-news/11811596，2020-06-10。

② 曾繁旭、戴佳、郑婕：《框架争夺、共鸣与扩散：PM$_{2.5}$议题的媒介报道分析》，《科技传播》2014年第2期。

③ 孙有中、江璐：《澳大利亚主流媒体中的"一带一路"》，《现代传播（中国传媒大学学报）》2017年第4期。

源的报道中，习近平主席、外交部部长王毅、中国驻澳大利亚外交官等政界信源居多，智库学者、中国媒体等占少部分。在澳大利亚信源中，超过一半来自学界，其中，来自澳大利亚国立大学的学者居多，如该校的中国研究专家格雷姆·史密斯及出版社编辑白明等。在其他信源中，来自美国学界及政界的信源占了二分之一，来自新西兰、阿根廷及联合国的信源各为1个，也以政界和学界为主。

由此可见，报道信源行业及国籍上的特点之一是分布不均，主要集中在中国政界和澳大利亚学界。中国政府官员是概念的"定义者"，而概念的"阐释者"则多为澳大利亚学者。中国政府官员的话语体系与澳大利亚学者的话语体系迥然不同，在双方缺少足够沟通而认知又存在差异的情况下，澳媒对概念的误读难以避免。特点之二是虽然人类命运共同体理念涉及政治、安全、经济、文化及生态，但是来自商界及其他行业的信源却寥寥无几。一方面，这意味着澳媒在信源选取上失之偏颇；另一方面，也意味着该理念在商界及其他行业中的传播力度仍需加大。特点之三是存在一定数量的美国及其他国家学界及政界的信源，其中，美国信源占比较高。这说明澳媒对美国政界和学界的声音较为重视，也从侧面反映出美国对澳大利亚的影响力，但澳媒也开始广泛听取来自其他国家政客和学者的声音。

（四）报道议题分析

李普曼在《舆论》一书中指出，公众关于世界的图像是由新闻媒体所构建的，舆论所回应的并不是真实的环境，而是新闻媒体所构建的拟态环境。[①] 基于李普曼的观点，马克斯韦尔·麦库姆斯在1972年提出议程设置理论阐释新闻媒体与舆论的关系：新闻媒体通过设置议程来引导舆论，影响信息接收者思考的内容及思考的方式[②]。新闻媒体的报道议题则是所设置的议程的体现，因此，通过研究新闻报道的议题设置，可了解

---

① 李普曼：《公众舆论》，阎克文、江红译，上海：上海人民出版社，2002。
② 马克斯韦尔·麦库姆斯：《议程设置：大众媒介与舆论》，北京：北京大学出版社，2008。

第五章　非洲和大洋洲四国主流媒体人类命运共同体报道研究

澳媒在报道人类命运共同体理念中的关注点和引导方向。

编码中的一级议题包括国防与外交、经济、政治、社会、生态五个方面。一级议题的设置是基于人类命运共同体理念内涵的政治多极、安全互信、经济均衡、文化多样、环境可续五个维度[①]，并结合澳媒新闻报道进行综合考量。二级议题是一级议题下的各种属性，这些属性在人们脑中的权重影响着人们对问题的思考[②]。国防与外交议题细分为澳大利亚地缘政治及中外关系，澳大利亚地缘政治议题是指涉及澳大利亚外交及澳大利亚国家安全的议题，中外关系议题是指涉及中国外交及中国对新国际秩序进行构建的议题；经济议题细分为经贸合作和网络技术两个二级议题；社会议题细分为人权自由和公共卫生两个二级议题；政治议题的二级议题主要为中国政治；生态议题的二级议题主要为气候变化。研究者对每篇报道的内容进行编码并对二级议题的出现频次进行统计，结果见表5-3。

表5-3　澳大利亚媒体人类命运共同体相关报道的议题分类及频次比例分布

一级议题	数量（占比约）	二级议题	数量（占比约）
国防与外交	26（53%）	澳大利亚地缘政治	13（27%）
		中外关系	13（27%）
经济	10（21%）	经贸合作	9（18%）
		网络技术	1（2%）
社会	8（16%）	人权自由	4（8%）
		公共卫生	4（8%）
政治	4（8%）	中国政治	4（8%）
生态	1（2%）	气候变化	1（2%）

从表5-3可以观察到，在一级议题框架内，国防与外交议题出现的频率最高。在国防与外交议题中，澳媒主要关注澳大利亚地缘政治及中外关系。在经济议题下，澳媒报道的重心在经贸合作和网络技术上。在

---

① 曲星：《人类命运共同体的价值观基础》，《求是》2013年第4期。
② 聂静虹：《论政治传播中的议题设置、启动效果和框架效果》，《政治学研究》2012年第5期。

人类命运共同体理念的全球传播：媒体报道视角

社会议题下，澳媒主要讨论人权自由和公共卫生。关注中国政治议题的报道约占8%，关注气候变化的生态议题仅约占2%。

澳媒人类命运共同体理念报道的议题设置主要呈现出两个特点：一是，对人类命运共同体五维内涵的关注失衡，缺乏对文化交流的相关报道，重点关注国防与外交；二是，对中国的政治行为及外交行为重视程度高于同样与其利益息息相关的其他国际问题，"气候变化"就是一例。根据议程设置理论，大众传媒虽然不能直接决定人们对某一事件的具体看法，但可以通过议题的显著程度左右公众讨论的先后顺序，即为公众提供议程[1]。对于人类命运共同体理念的五维内涵，澳媒凸显国防、外交，忽视文化交流，是出于地缘政治的国家安全考量。澳大利亚拥有独占澳洲大陆的地理优势，但远离西方盟友，保障国家安全是核心战略关切[2]。历史上，澳大利亚建国于对原住民的侵夺上，长久以来，国家保持着地广人稀的状态，对不远处人口稠密而神秘的东方大国，澳大利亚存在本能的防卫心理，担心大量中国人涌入抢夺其资源甚至侵夺这片大陆。文化交流报道的缺乏又与澳大利亚和中国的意识形态和政治理念差异脱不开干系。澳大利亚长期以冷战眼光审视中国，警惕"中国渗透"和"中国政治影响"。例如，中方希望孔子学院成为中外交流的桥梁，为构建人类命运共同体作贡献，但澳大利亚新南威尔士州出于意识形态考量，叫停了州内13所中小学的孔子学院项目[3]。澳媒对中国的政治行为及外交行为关注度明显高于"气候变化"也与中国崛起对其造成的安全威胁有关。尽管"气候变化"与澳大利亚频发的山火及其他自然灾害息息相关，而且人类命运共同体理念也呼吁全球共同应对气候变化，但是澳媒在人类命运共同体理念的报道中对此类议题给予的关注却寥寥无几。这一方面说明包括文化、环境在内的低政治领域议题依然受到高政治

---

[1] 李森：《议程设置与新闻宣传》，《山东视听》2003年第2期。
[2] 马克·比森、李福建：《中澳关系：地缘政治抑或地缘经济？》，《国际问题研究》2012年第3期。
[3]《忧中国势力渗透 澳取消孔子学院中文计划》，澳洲新闻网，https://www.huaglad.com/aunews/20190824/359632.html，2020-06-10。

第五章 非洲和大洋洲四国主流媒体人类命运共同体报道研究

领域关系的影响，另一方面也说明中国在生态、文化方面的话语权仍待提高。

（五）报道倾向分析

媒体对议题的报道倾向会影响公众对议题整体的认知，引导公众对其思考和评价。澳媒对人类命运共同体理念的44篇报道的态度倾向见图5-12。44篇报道中负面报道共26篇，占比约为59%；正面报道为12篇，占比约为27%；中立报道为6篇，仅约占14%。从中可见中立客观报道较少，有明显态度倾向的报道偏多，即澳媒有意引导公众思考的方向。

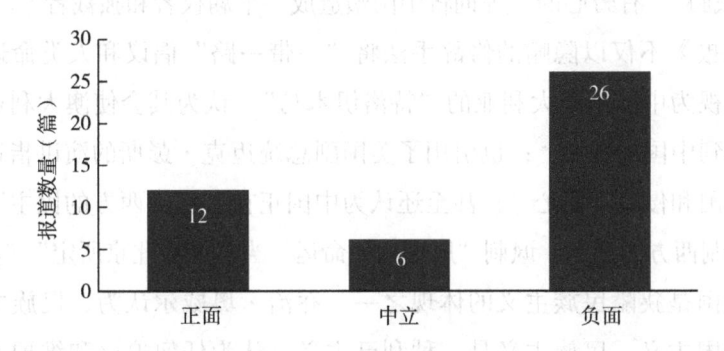

图5-12 澳大利亚媒体人类命运共同体相关报道的态度倾向分析

负面报道的特点是信源以澳大利亚学界为主，议题多与国防和外交相关，认为构建人类命运共同体反映中国企图称霸的野心。中立报道多从经济角度对人类命运共同体理念及"一带一路"进行利弊权衡或仅描述而不表达观点。正面报道以支持中国提出的国际秩序新范式为主，议题与经济的关联性较大。

由此可见，澳大利亚学界在阐释人类命运共同体理念时带有一定的认知偏见，以冷战思维来度量包容世界的人类命运共同体理念，以"中国称霸论"解读国际新秩序。在经济议题下的正面及中立的报道较多说明澳媒对人类命运共同体理念在促进共同繁荣方面有一定的认可，如《澳大利亚财经评论》的《共信促繁荣》、《西澳报》的《中澳合作新时代》等报道，主张拥抱新时代的新变化，适应新的国际环境，与中国加强合作。

（六）叙述框架分析

叙述框架指媒体在报道中进行叙事的核心原则和故事主线，即媒体如何塑造议题，从而影响信息接收者对相关议题的认知、理解和评价。[①]笔者在44篇报道中发现澳媒的报道主要基于以下三个叙述框架。

1. 人类命运共同体理念是"称霸世界"的策略：民族主义的视角

44篇报道中有18篇报道认为人类命运共同体理念是陷阱，是"称霸世界"的策略，将威胁澳大利亚的国家安全。《澳大利亚人报》通过"控制""威胁""有野心的"等词将中国塑造成一个霸权者和独裁者[②]。《悉尼先驱晨报》不仅以隐喻的修辞手法将"一带一路"倡议和人类命运共同体理念视为中国给澳大利亚的"特洛伊木马"，认为其会使澳大利亚国家安全受到中国的威胁[③]；也引用了美国副总统迈克·彭斯的演讲指责中国的"帝国和侵略"野心[④]；甚至还认为中国正在"利用西方的民主"来书写和控制西方的命运，讽刺"所谓的'命运'当然乃为北京所定"[⑤]。恶意揣测他国是狭隘民族主义的体现之一。乔治·奥威尔认为，民族主义不同于爱国主义，民族主义是一种利己主义，认为任何追逐和维护本民族利益的行为无分善恶，并拒绝承担任何义务[⑥]。在民族主义视角下，为了追逐和维护本民族利益，甚至可以损害和牺牲其他国家和民族的正当利益，因而霸权主义也是西方民族主义的主要形式之一[⑦]。在民族主义视角

---

① 聂静虹：《论政治传播中的议题设置、启动效果和框架效果》，《政治学研究》2012年第5期。

② J. Oriel, "EU Signs with Communist for a New World Order", *The Australian*, June 5, 2017; R. Callick, "Xi drives needle into his policy", *The Australian*, November 6, 2015.

③ P. Hartcher, "China's modern Trojan Horse", *The Sydney Morning Herald*, June 19, 2018.

④ P. Hartcher, "Frontline in US-China power struggle reaches Australia's doorstep", *The Sydney Morning Herald*, November 19, 2018.

⑤ P. Hartcher, "Time to wake up to rats in the ranks", *The Sydney Morning Herald*, September 6, 2016.

⑥ G. Orwell, *Notes on nationalism*, London: Penguin UK, 2018.

⑦ 韩民青：《西方国际政治的本质：强势狭隘的民族主义》，《济南大学学报（社会科学版）》2010年第4期。

下，看到的是"中国威胁论"和"中国称霸论"。一方面，此类报道从狭隘的民族主义视角出发，断定中国所倡导的"人类命运共同体"理念无非是一种"称霸世界"的策略，无视中国独立自主的和平外交政策。中国深受霸权主义之害，历来反对霸权主义，因而能超越西方狭隘的民族主义提出人类命运共同体理念，突破民族主义的零和思维[1]。另一方面，澳媒报道中的民族主义也体现出其对中国崛起的焦虑及对自身未来发展的不安，诚如安东尼·史密斯所指出的，"民族主义只不过是真正的'历史运动'暂时和次要的改道，是面对强大变化力量的恐惧和对异乡人无处不在及家庭之根干枯的怨恨反应"[2]。

2. 中国政府并未践行人类命运共同体理念：西方中心主义视角

值得关注的是，澳媒报道中有7篇以西方中心主义视角否定了人类命运共同体理念及其实践。例如，中国倡导的人类命运共同体理念为联合国人权理事会所支持后，《澳大利亚人报》表示中国受的是俄罗斯、埃及等"志同道合国家"的支持，并非美国、欧洲等"自由民主国家"的支持，并使用"可疑的"和"逃脱"等词无端指责中国虽主张构建人类命运共同体理念，却无实际行动保障本国公民的人权自由[3]。中国构建人类命运共同体理念的实践——驰援国际社会进行抗疫，保护人权中的生命权行为也被视为别有用心的炒作，是"利用疫情占据信息制高点"[4]。因人权理念不同而否定中国为保障本国公民人权的努力，举着"人权高于主权"的旗号干涉别国内政是西方标榜"自由民主国家"新干涉主义的体现[5]，认为只有西方世界才能称得上是"自由民主国家"则反映了西方中心主义。无独有偶，《悉尼前驱晨报》就中国香港法律问题表示，有"中国特色"的法律由于不同于西方世界，无西方的法律规则中有"普

---

[1] 王宁：《人类命运共同体对西方狭隘民族主义的超越》，《理论观察》2018年第7期。

[2] 安东尼·史密斯：《民族主义：理论、意识形态、历史》，上海：上海人民出版社，2006。

[3] R. Callick, "UN backs China on human rights", *The Australian*, March 26, 2018.

[4] C. Zappone,, "Beijing pushes coronavirus disinformation in propaganda offensive", *The Sydney Morning Herald*, March 19, 2020.

[5] 吕有志：《论"人权高于主权"的本质》，《浙江大学学报（人文社会科学版）》2001年第2期。

人类命运共同体理念的全球传播：媒体报道视角

世"意义的"三权分立"和"司法独立"，是不公平、不公正的，并一概否定带有"中国特色"的产物，包括维持香港稳定发展的"一国两制"智慧及中国为维护世界和平发展提出的人类命运共同体理念[1]。西方中心主义也体现在澳媒报道中的"双标"上。在气候变化问题上，美国与中国同为碳排放大国，美国退出《巴黎气候协定》的行为并未受过多指摘，但中国为减少碳排放量提议全球禁止新建燃煤电厂和煤矿时则备受指责。《时代报》用一个含混不清的政府信源表达对中国的不满，认为中国碳排量最高，应承担气候变化最大的责任，而中国让澳大利亚和美国与其共担责任的行为是"虚伪的"和"咄咄逼人的"[2]。此类报道从西方中心主义视角出发，展示西方的优越感，认为西方文明是"普世"文明，并以"西方普世标准"衡量世界，排斥异己，对于来自他方的文明产物不屑一顾，对于他方文明的实践更是持一概否定的态度。这与人类命运共同体理念的求同存异价值观相反，人类命运共同体理念突破了狭隘的西方中心主义[3]，主张互相尊重，同舟共济，合作共赢，为人类的和平与发展开拓了新思路。

3. 人类命运共同体理念构建共赢国际新秩序：社群主义视角

44篇报道中有18篇围绕人类命运共同体理念构建共赢国际新秩序的叙述框架展开。在词语的选择上，多选用"稳定的""赞许""有效地"等带有积极色彩的词来描述或评价"命运共同体"及相关实践。例如，《西澳报》使用"坚定地""稳定的"等词描述人类命运共同体理念，支持中国提倡的"人类命运共同体"理念，认为这是"国家间相互尊重、公平、公正、共赢的国际关系新形式"[4]。《澳大利亚人报》引用了必和必拓首席执行官安德鲁·麦肯齐的演讲称赞"中国和东方模式的活力和长

---

[1] J. Garrick, "Hong Kong protests harbour a lesson for Australia", *The Sydney Morning Herald*, August 14, 2019.

[2] R. Harris, "China's Pacific climate pitch angers Australia, US", *The Age*, August 16, 2019.

[3] 熊声波、张丽：《论人类命运共同体思想对西方中心论的破除》，《中共云南省委党校学报》2019年第6期。

[4] J. Cheng, "New era for co-operation between China and Australia, major countries in Asia-Pacific region", *The West Australian*, November 18, 2017.

第五章 非洲和大洋洲四国主流媒体人类命运共同体报道研究

期思维",认为"西方社会和西方公司必须改变","这个勇敢的新世界需要新的思维"①,其中"必须"和"需要"等情态动词的使用加强了语气,突出了其对于中国思维的认同,强调在当下不断变化的世界局势下中国这一全新理念的重要性,体现了西方社会转变思维倡议的迫切性。此外,《澳大利亚人报》也引用澳大利亚财政部长韦恩·斯旺的观点,认为人类命运共同体理念及"一带一路"倡议是中国提供的双赢智慧,"人类命运共同体这一理念与那种令人厌倦的由赢家、输家组成的充满冲突的框架是不相符的……它是双赢的"②。同时,该报还引用了习近平主席的话语,认同人类命运共同体是超越时间和空间的互利共赢统一体③,并呼吁澳大利亚把握新时代机会,拥抱新时代的新秩序④。部分澳媒也通过具体例子来说明构建人类命运共同体的可行性,如《澳大利亚人报》在2015年4月对中巴命运共同体的报道⑤及《悉尼前驱晨报》在2018年9月对中非命运共同体的报道⑥。由此可见,客观和正面报道多把世界视为共同体,重视合作共赢,通过引用多种信源和实例展示人类命运共同体理念对世界新秩序的贡献及对世界和平和经济发展的推动。这些报道的观点实质上是基于社群主义。社群主义是现代西方政治哲学思潮之一,兴起于20世纪80年代⑦,认为正义和权利应建立在共同体之共同利益的基础之上⑧。社群主义作为一种国际关系规范理论,与世界主义相对。将国际社会视为一个规则框架。世界主义出于普遍主义倡导普世性公平正义,因而存在有争议性的人权干预问题,社群主义则出于特殊主义认为世界主义是对国家间差异的不公,认为正义的实施应尊重对各个独立国家(又译为社

---

① R. Callick, "Libs Coming to the Party", *The Australian*, December 7, 2017.
② R. Callick, "China wants Australia to play its part in 'Silk Road' regional economic development plan, *The Australian*, March 28, 2015.
③ S. Murdoch, "Xi vows to boost regional ties", *The Australian*, March 30, 2015.
④ M. Fullilove, "We're moving closer to centre stage", *The Australian*, September 25, 2015.
⑤ A. Hodge, "Xi to give Pakistan $59bn for 21st-century 'silk roads'", *The Australian*, April 21, 2015.
⑥ B. An, "Belt and Road aligns with African nations", *Sydney Morning Herald*, September 21, 2018.
⑦ 孙林、黄日涵:《政治学核心概念与理论》,天津:天津人民出版社,2017。
⑧ 姚大志:《什么是社群主义?》,《江海学刊》2017年第5期。

235

群或共同体）的利益，把国家而非个人视为国际关系的基本规范性单位，优先国家共同体的权利和利益，追求国家共同体的"共同善"[①]。因此，从社群主义视角看人类命运共同体理念，能对人类命运共同体理念中的互相尊重、合作共赢的观点产生共鸣。

三、总结与对策

本研究对人类命运共同体在澳大利亚传播现状进行了多维考察，发现澳媒对人类命运共同体理念报道数量偏少，报道频率和国际政治环境变化和国内对华舆论强度存在相关性。该理念在传播中以主流报纸媒体为主，在电视台、广播电台等媒体上的报道数目相对有限。本节指出，澳媒对信源的使用存在中国官方主导和澳大利亚学者居多，也选取了一定数量的美国政客和学者的情况；态度上以负面为主；议题上以国防与外交为主，对人类命运共同体理念中的生态及文化维度关注不足；叙述框架上尽管存在对中国提出的国际秩序新方案的认可，也存在着认为人类命运共同体理念是中国"称霸世界"的策略，甚至以西方中心主义否定人类命运共同体理念及其实践的声音。

为了提高人类命运共同体理念形象及改善人类命运共同体理念的国际传播效果，笔者根据本研究的发现提出以下三点建议。

第一，多维度阐发和传播人类命运共同体理念，讲好构建人类命运共同体的中国实践。一方面，目前对于构建人类命运共同体理念的宣传集中在理念的解读上，存在"空对空"的问题，即用中国化的一个抽象概念来解释另一个抽象概念的情况。澳媒在报道人类命运共同体理念时，对中国的具体体现和实践了解不多，例如，在生态维度认为中国并没有起到示范作用。因此，中国需要结合具体实践，如在保护环境上的实质进展、中澳节能减排的技术合作促进共同发展等具体事例来阐释人类命运共同体理念的内涵，呈现一个立体可信的"人类命运共同体"形象。

[①] 熊文驰、马骏主编：《大国发展与国际道义》，上海：上海人民出版社，2009。

另一方面,澳媒对于人类命运共同体理念五个维度内涵中的文化报道仍是空白,说明该理念的文化内涵并未能被理解和接受。人类命运共同体理念是中国文化的"和而不同"与"兼济天下"思想观念的体现,但由于意识形态和文化的差异,澳媒本能地过滤中国文化元素,移除"过滤器"的关键则是在跨文化和跨意识形态的语境下,以对象国能接受的方式讲好中国故事。

第二,构建完备的对外话语体系,有效地利用官方及非官方机制进行双轨对话。官方交流受关注程度高、影响力较大,在对外传播中必不可少。在官方交流中,应开拓更多中国官方层面与澳大利亚学者的交流渠道,让人类命运共同体理念在澳大利亚的"阐释者"对话人类命运共同体理念在中国的"定义者"。同时,由学者、工商界人士等主导的非官方沟通机制也应打通,以促进多行业人员对人类命运共同体理念的近距离认知。此外,在对外话语体系的建设中,中央文献及其翻译是重要载体,是对象国的公共舆论领袖,包括政治家、社会精英和学者等了解这一理念的最主要渠道[①],因此,我们需要把控人类命运共同体理念的翻译和阐释的正确方向。44篇报道中存在对中国内容的误读、误译情况。澳媒的"误读"反映出西方媒体中"以误导性词语译介中国,指鹿为马的舆论伎俩"[②]。因此,中国需要掌握翻译的主动权和解释权,建立更完备和更全面的中国对外话语体系。在这个过程中,对中外文化意境与内涵的精准把握是消除误解的重要一环。"人类命运共同体"的译本从最初的"a community of common destiny"(destiny 一词在英文中有宗教中的"命运"意味,并不准确)到当前的"a community of shared future"就是一种有益探索。

第三,有针对性地化解澳大利亚媒体及学者对人类命运共同体理念的偏见和误解。澳大利亚媒体及学者对人类命运共同体理念的误读有两种:第一种是带有冷战思维,采用权力政治视角观察中国外交,将互利

---

① 霍娜:《人类命运共同体理念的对外传播及相关策略——以中阿命运共同体为例》,《天津外国语大学学报》2020年第2期。

② 姚遥:《西方"黑翻译"陷害的不止华为》,《环球时报》,2020年6月12日。

人类命运共同体理念的全球传播：媒体报道视角

共赢的中国方案解读为一种地缘政治构想及中国称霸世界的"策略"，担心会影响澳大利亚国家安全；第二种是陷入西方中心主义，缺乏对人类命运共同体理念五维内涵的全面把握，对中国提出的人类命运共同体理念及其实践一概否定。因此，一方面，中国可以加强与澳大利亚的交流沟通，让澳方接触和了解更多元的观点及视角；另一方面，中国可以通过问卷调查和专家访谈等方式，了解澳大利亚媒体和学者对中国的关注点和偏见，了解澳大利亚公共舆论领袖们对人类命运共同体的认识，帮助我们作出有效、有力且及时的回应。

第六章　全球性社交媒体人类命运共同体呈现研究

迄今为止，社交媒体是人类传播史上最全面地将个人与全球系统联结在一起的媒体。2011年人类命运共同体理念提出之际，全球社交媒体正在迅猛发展，影响力与日俱增。全球数字化转型和创新研究思想领袖之一布莱恩·索利斯在《社交媒体2011年状况》一文中指出，社交媒体1.0发展时代已经结束，社交媒体正在从初级发展阶段走向成熟阶段。大量事实证明，社交网络的影响力在线下的作用往往超过其他媒体。2011年尼尔森调查数据显示，社交媒体已占据人类传播的主导地位，成为人类的一种数字化生活方式。

基于社交媒体陆续增长的影响力及在社会舆论中的引导力，本章以探索人类命运共同体理念在全球性社交媒体上的传播情况为目标，选择Twitter[①]为研究对象。截至2020年7月底，全球有近45.7亿活跃互联网用户，占全球人口的59%[②]，其中，社交媒体用户数量就有大约36亿[③]。得益于跨国界、去国家中心化和去政府管理化等诸多特点，当下国际社交媒体平台已具有建构国际政治现实、影响国际舆论形成与导向的能力。[④]Twitter、Facebook、Instagram和YouTube等社交媒体是国际舆情的主要传播平台，其中，Twitter在政治和新闻领域的作用更加明显。政治家和公民常出于政治目的使用Twitter，很多国际新闻机构和记者也将

---

① Twitter现已改名为"X"，为论述方便，本书仍可使用Twitter。
② J. Clement, "Worldwide digital population as of July 2020", https://www.statista.com/statistics/617136/digital-population-worldwide/, 2020-10-06.
③ J. Clement, "Number of global social network users 2017-2025", https://www.statista.com/statistics/278414/number-of-worldwide-social-network-users/, 2020-11-14.
④ 张开：《新媒体时代国际舆论引导与国家安全》，《南京社会科学》2015年第11期。

Twitter 作为新闻的信息来源与发布平台[1]。因此，Twitter 平台在新闻传播、政治理念传播方面更具研究价值。

2020 年第一季度，Twitter 平台可商业化的全球每日活跃用户（Monetizable Daily Active Usage，mDAU）达 1.66 亿，每天发送推文达 5 亿条，每分钟发送推文 35 万条。本章对 Twitter 上发布的有关人类命运共同体理念的英文媒体推文进行内容分析和语义网络分析，重点关注报道趋势、议题分布、叙述框架和传播态度四个层面。研究发现，这一理念在 Twitter 平台的报道逐年增多，但大多由中国媒体完成。报道内容的主题较为单一，但叙事框架已由抽象转向实际。国外媒体对这一理念的报道态度多为中性偏正向，具体国家的情感态度及叙事框架与该国同中国的关系密切相关。

第一节 人类命运共同体社交媒体呈现研究的现状与目标

2011 年 9 月 6 日，国务院新闻办公室发布了《中国的和平发展》白皮书，"命运共同体"一词首次出现在人们的视野[2]。2012 年 11 月，胡锦涛在中国共产党第十八次全国代表大会上的报告中提出，"要倡导人类命运共同体意识，在追求本国利益时兼顾他国合理关切，在谋求本国发展中促进各国共同发展"[3]。这被认为是中国政府正式提出人类命运共同体理念[4]。八年来，人类命运共同体理念作为全球治理的"中国方案"，经过不断发展与完善，得到了众多国家的认同与赞誉，多次被写入联合国的决

---

[1] J. Ausserhofer & Maireder, etc, "National politics on Twitter", *Information, Communication & Society*, 2013, 16（3）, pp. 291—314.

[2] 中华人民共和国国务院新闻办公室：《中国的和平发展》，http://www.china.com.cn/ch-book/2011-09/06/content_23363169.htm, 2023-01-08。

[3] 中共中央文献研究室编：《十八大以来重要文献选编》，北京：中央文献出版社，2014，第 37 页。

[4] 杨俊峰：《"人类命运共同体"大事记》，http://world.people.com.cn/n1/2017/0709/c1002-29392217.html, 2023-01-28。

议之中[①]。但全球化带来的诸多全球性问题，如难民收容、恐怖主义、金融危机以及流行病传播等问题引发了逆全球化潮流。民族主义、保护主义和本土主义的抬头，使人类命运共同体构想的实现任重而道远[②]。人类命运共同体理念要得到国际社会更充分的理解与支持，国际社交媒体是不可忽视的重要传播平台之一。

一、文献综述

（一）对人类命运共同体理念的研究

通过中国知网检索发现，学界对人类命运共同体理念的研究已有超过7000份文献，其中包括5000余篇期刊文章以及近300篇硕士、博士学位论文。

从写作时间来看，绝大多数与人类命运共同体理念相关的研究都在近五年完成，研究历史相对较短。在2015年以前所发表的相关文献数量不超过100篇。但在2015年后，研究数量迎来了高速增长。2018年和2019年每年所发表的文献数量都超过2000篇，表现出极高的研究热度。

从研究思路来看，与人类命运共同体理念相关的研究主要可以分为三大类。第一大类是研究分析理念的内容本身，如李爱敏探讨了该理念的概念、内涵以及特色[③]，邵发军分析了该理念内容的形成依据与当代价值[④]；第二大类是将人类命运共同体理念纳入马克思主义哲学进行研究，如卢德友关注该理念与马克思"自由人的联合体"的内在共通[⑤]，王飞探

[①] 刘方平：《论人类命运共同体思想的内涵、特色与建构路径》，《大连理工大学学报（社会科学版）》2020年第2期。

[②] 周琪：《人类命运共同体观念在全球化时代的意义》，《太平洋学报》2020年第1期。

[③] 李爱敏：《"人类命运共同体"：理论本质、基本内涵与中国特色》，《中共福建省委党校学报》2016年第2期。

[④] 邵发军：《习近平"人类命运共同体"思想及其当代价值研究》，《社会主义研究》2017年第4期。

[⑤] 卢德友：《"人类命运共同体"：马克思主义时代性观照下理想社会的现实探索》，《求实》2014年第8期。

人类命运共同体理念的全球传播：媒体报道视角

究该理念对马克思主义交往理论的影响[1]；第三大类是从全球治理的角度分析人类命运共同体理念的实用价值，如高奇琦分析了人类命运共同体理念在全球治理解决方案中的角色[2]，刘方平则视该理念为全球治理传统理念的新发展[3]。

总体来看，关于人类命运共同体理念的研究大多围绕概念内涵、哲学定位以及作用价值展开，较少关注其他国家对该理念的认知态度与接受程度。尽管国内众多学者阐明了人类命运共同体理念的合理性以及重要性，但作为一个全球性的理念，它离不开国际社会的认可和支持，因此，研究该理念在国际社交媒体上的传播情况尤为重要。

（二）对人类命运共同体理念社交媒体呈现的研究

相对于以人类命运共同体为主题的庞大文献数量而言，关于人类命运共同体理念在社交媒体上传播情况的文献数量极为稀少。面向国内社会，刘莉莉和刘志提出，应利用社交媒体加强人类命运共同体理念在高校思政教育的效果[4]；面向国际社会，胡正荣曾指出，新兴媒体往往具有极强的连接性，并在内容呈现方式上有着巨大的优势，可以赋能跨文化传播者。因此，人类命运共同体理念在未来必须充分发挥新技术和新平台的传播能力[5]。

可见，学界已经意识到社交媒体对人类命运共同体理念传播的重要性，但暂时还没有看到任何研究聚焦该理念在国际社交媒体上的呈现效果。因此，本章针对Twitter平台英文媒体推文的分析具有一定的突破性意义。

---

[1] 王飞：《人类命运共同体：马克思主义交往理论的最新发展成果》，《辽宁师范大学学报（社会科学版）》2017年第2期。

[2] 高奇琦：《全球治理、人的流动与人类命运共同体》，《世界经济与政治》2017年第1期。

[3] 刘方平：《全球治理视域下人类命运共同体建构》，《西南民族大学学报（人文社科版）》2018年第4期。

[4] 刘莉莉、刘志：《社交媒体时代"人类命运共同体"在高校思想政治教育的价值及其实现》，《黑龙江工业学院学报（综合版）》2019年第2期。

[5] 胡正荣：《人类命运共同体与文明交流互鉴——基于数字时代传播体系建设的思考》，《人民论坛·学术前沿》2019年第9期。

二、研究方法与研究目标

本研究以"命运共同体"概念提出以来，Twitter平台英文媒体账号发布的有关人类命运共同体理念的推文为研究样本。样本数据来源为中国日报－中国科学院自动化研究所"全球媒体云"平台，检索时间范围为2011年9月6日至2020年5月31日，检索关键词为"命运共同体"的六种常见英文表达方式，即"community of shared future""community of common future""community of shared destiny""community of common destiny""community with shared future""community with a shared future"。剔除重复内容，共得到英文媒体账号发布的有效推文样本591条。

本研究通过定量和定性相结合的研究方法对样本进行分析，其中，报道趋势采用频数分析对各媒体及各时间段的推文数量进行统计；议题分布、叙事框架和态度情感主要采用内容分析的方式，通过文本细读来确定推文所属的议题、所采用的叙述框架以及所展现的情感态度。叙事框架部分同时采用语义网络分析的研究方法，通过WORDij 3.0软件对推文进行语义网分析，并运用Gephi软件绘制语义网络图，由此得出不同阶段的叙述框架。

本研究将探究人类命运共同体理念在Twitter平台上的呈现，着重回答以下几个问题：

（1）英文媒体账号对这一理念的报道趋势是怎样的？

（2）这一理念在Twitter平台上的传播与哪些议题交织在一起？

（3）各国英文媒体账号不同阶段对这一理念的叙述框架分别是什么？

（4）不同国家的英文媒体账号对这一理念的传播态度如何？

第二节　人类命运共同体理念在 Twitter 平台的呈现

为了回答上一节提出的四个问题，本研究综合运用多种研究方法，从推文发布者、推文发布时间、媒体报道趋势、不同时间段的叙事框架、不同国家媒体的叙事框架、报道态度/情感六个方面对样本数据进行分析研究。

一、推文发布者分析

本研究分析了英文媒体账号对这一理念的传播趋势。从推文发布者所属机构角度来看，这591条英文推文来自世界75家媒体账号，其中中国媒体37家，外国媒体38家。在发帖数量上，37家中国媒体一共发布531条关于人类命运共同体的推文，平均每家发推约14.35条，而38家外国媒体只发布60条相关推文，平均每家发推约1.58条。可见，对人类命运共同体的相关内容，中国媒体平均发推数量约为外国媒体的9.08倍，双方对该理念的报道热度存在着巨大差距。

具体而言，如图6-1所示，新华社（@XHNews）发推数量最多，高达136条，约占总推文报道数量的23%，排名第一；中国国际电视台（@CGTNOfficial）共发推49条，约占比8%，排名第二；《环球时报》（@globaltimesnews）和《中国日报》（@ChinaDaily）相关推文数量均为36条，约占比6%，排名并列第三。外国媒体中推文报道数量相对较多的为乌干达媒体《新视野》（*The New Vision*）（@newvisionwire），共发推14次，占比约为2%，与《中国日报亚洲版》（@ChinaDailyAsia）排名并列第十一。其他外国媒体的报道数量均不足5条，甚至有30家媒体在过去八年对人类命运共同体理念仅提及1次。

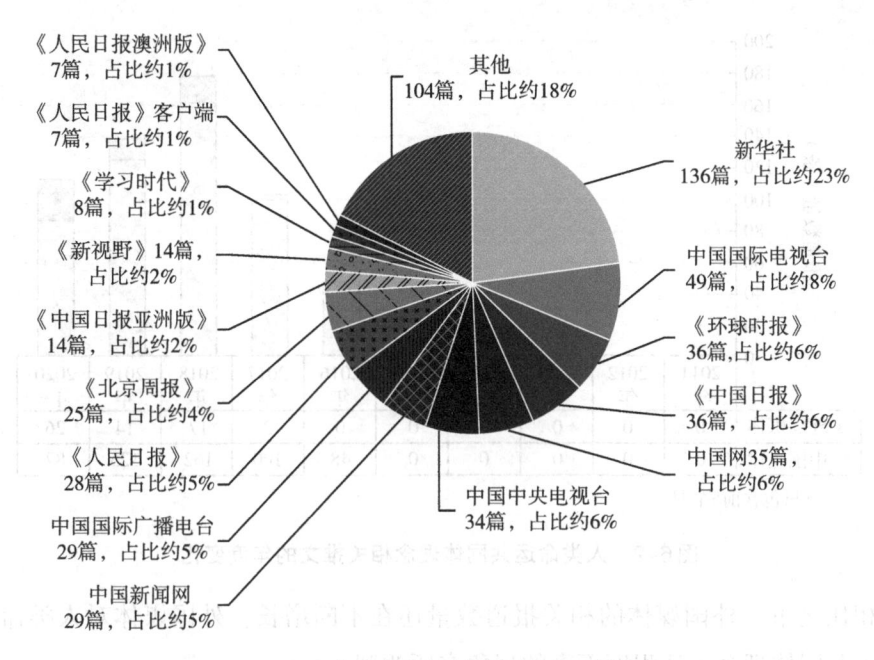

第六章 全球性社交媒体人类命运共同体呈现研究

图中标注：
- 《人民日报澳洲版》7篇,占比约1%
- 《人民日报》客户端 7篇,占比约1%
- 《学习时代》8篇,占比约1%
- 《新视野》14篇,占比约2%
- 《中国日报亚洲版》14篇,占比约2%
- 《北京周报》25篇,占比约4%
- 《人民日报》28篇,占比约5%
- 中国国际广播电台 29篇,占比约5%
- 中国新闻网 29篇,占比约5%
- 中国中央电视台 34篇,占比约6%
- 其他 104篇,占比约18%
- 新华社 136篇,占比约23%
- 中国国际电视台 49篇,占比约8%
- 《环球时报》36篇,占比约6%
- 《中国日报》36篇,占比约6%
- 中国网 35篇,占比约6%

图6-1 涉及人类命运共同体的媒体账号及篇数比例分布

二、推文发布时间分析

从推文发布的时间来看，如图6-2所示，尽管我国政府于2012年便正式提出了人类命运共同体的理念，但与之相关的英文推文报道从2015年才开始出现。这很大程度上是因为中国媒体从2015年起加大了在国际社交媒体平台上的传播力度。在此之后，该理念的报道热度迅速上升，并于2018年达到峰值。值得注意的是，在2017年以前，只有中国媒体发布过人类命运共同体理念的相关内容，不过，当最近两年中国媒体的报道趋势有所下滑时，外国媒体的报道数量依然保持增长。尽管2020年的数据只包含前5个月的推文，但外国媒体的报道数量就已经超过了前三年的数据，达到历史最高。

综合来看，人类命运共同体理念在Twitter平台的呈现主要由中国媒体报道，外国媒体对该理念的关注程度不高，推文数量较少。中国媒体对该理念报道数量最高的年份为2018年，近两年的报道数量有所减少。

245

人类命运共同体理念的全球传播：媒体报道视角

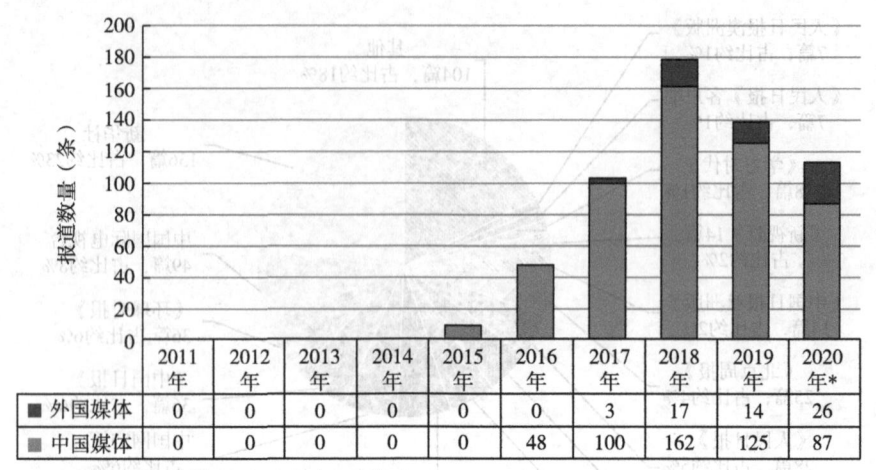

	2011年	2012年	2013年	2014年	2015年	2016年	2017年	2018年	2019年	2020年*
外国媒体	0	0	0	0	0	0	3	17	14	26
中国媒体	0	0	0	0	0	48	100	162	125	87

*只包含前5个月

图6-2 人类命运共同体理念相关推文的年度变化

相比之下，外国媒体的相关报道数量还在不断增长。外国媒体对人类命运共同体理念关注程度不高的现象有所改观。

三、媒体报道趋势分析

为了分析人类命运共同体理念报道在国际社交媒体上的议题分布，本研究对591条媒体推文按照报道类型和议题种类进行分类，结果如表6-1所示。

表6-1 人类命运共同体相关推文的议题分布

报道总量	人类命运共同体理念相关推文（591条，100%）		
报道类型	新闻（481条，约81%）	宣传（74条，约12%）	评论（36条，约6%）
议题种类	国际外交（379条，64%） 国内政治（41条，7%） 新冠疫情（36条，6%） 网络科技（12条，2%） 国防军事（4条，1%） 文化艺术（3条，1%） 宗教信仰（2条，0） 能源安全（2条，0） 社会民生（1条，0） 经济金融（1条，0）	理念阐释（53条，9%） 互动征集（14条，2%） 政策解读（6条，1%） 哲学分析（1条，0）	时事政治（22条，4%） 新冠疫情（14条，2%）

具体而言，与人类命运共同体理念相关的591条推文中，新闻类推文最多，共481条，占比约为81%；宣传类推文共74条，占比约为12%；评论类推文36条，占比约为6%。

新闻类推文的议题分布广泛，包含国际外交、国内政治、新冠疫情、网络科技、国防军事、文化艺术、宗教信仰、能源安全、社会民生、经济金融等多个方面。从数量来看，新闻类推文的内容大多与国际外交相关。这类推文共计379条，约占总推文数量的64%，具体内容通常为中国领导人出访其他国家或参加国际组织的相关会议，人类命运共同体理念作为领导人的发言内容被直接引用。此外，有关国内政治和新冠疫情的专题报道也较为多见，数量分别有41条和36条。相比之下，与人类命运共同体理念相关的推文较少涉及文化艺术、宗教信仰、能源安全、社会民生和经济金融五项议题，这些议题的报道数量均不足4条。

宣传类推文可以大致分为四个大类，分别为理念阐释、互动征集、政策解读以及哲学分析。理念阐释类的推文数量最多，共计53条，着力展现人类命运共同体理念的概念、内涵、来源和意义等内容。除此之外，宣传类推文中还有不少互动征集的内容，共计14条，其中包括中国日报征集体现人类命运共同体理念的卡通漫画以及乌干达媒体 *The New Vision* 征集"My China Story"。

评论类推文的数量最少，一共只有36条，约占总推文数量的6%。评论类推文所涉及的议题也较窄，一类是对热门政治事件进行评论，一类是对新冠疫情防治进行分析。无论哪一类都是基于时事新闻来评价人类命运共同体理念的重要性和必要性。

综合来看，人类命运共同体理念在Twitter平台主要呈现在新闻报道之中，针对理念的评论性推文数量相对较少。议题层面，国际外交是人类命运共同体理念最常交织的议题，其次是国内政治和新冠疫情。相比之下，人类命运共同体理念极少涉及文化、民生、经济等议题。

四、不同时间段的叙事框架

本研究首先利用WORDij 3.0软件分析不同时间段的叙事框架。根据前文所得到的年度变化趋势,本研究将人类命运共同体理念在Twitter平台的呈现分为萌芽期(2015—2016年)、爆发期(2017—2018年)和稳定期(2019—2020年)三个阶段。

如图6-3所示,第一阶段的语义网络中"捷克""尼泊尔""老挝""东南亚国家联盟"等国家名称和国际组织名称作为高频词出现,同时还与"致电""访问""建议""讲话"等动词相连,说明在第一阶段,人类命运共同体与外交活动的新闻紧密相关,往往作为领导人在外交场合所使用的名词出现。

图6-3 2015—2016年人类命运共同体相关报道的语义网络

如图6-4所示,第二阶段的语义网络中具体的国家名称基本消失,取而代之的是"人类""人性""世界""国际""未来""视野"等宏大抽象的词语。在动词方面,关于领导人外交活动的动词数量也有所减少,开始频繁出现"发展""合作""共赢""奋斗"等涉及人类命运共同体理念内涵的词语,说明媒体对该理念的报道已由外交活动的主题描述转向对理念本身的阐释与解读。

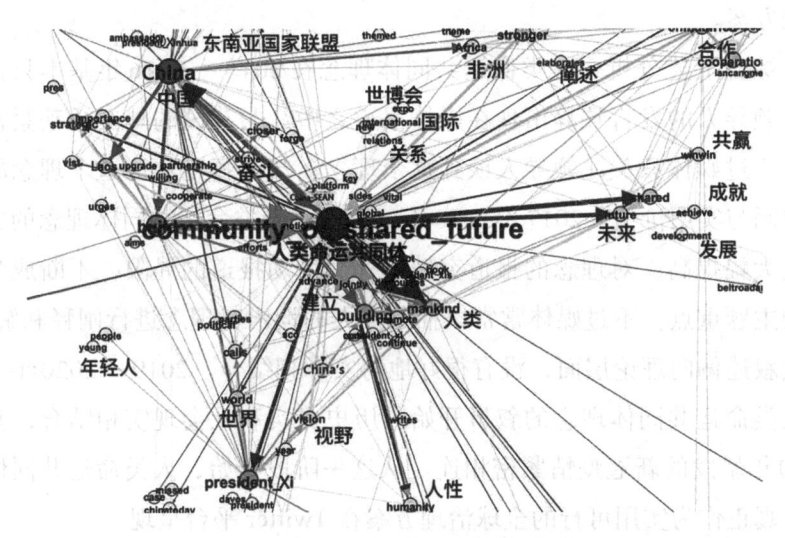

图6-4 2016—2017年人类命运共同体相关报道的语义网络

如图6-5所示，第三阶段的语义网络具有两大明显特征。第一个特征是"东方""西方""古老""文明""智慧"等词语的高频出现，代表着媒体对人类命运共同体理念的报道由利用抽象宏大词语的内涵阐释转向基于历史史实的推理论证。第二个特征是"流行病""新冠病毒""暴发""紧急"等词语的高频出现，指向了2020年暴发的新冠疫情。这说明

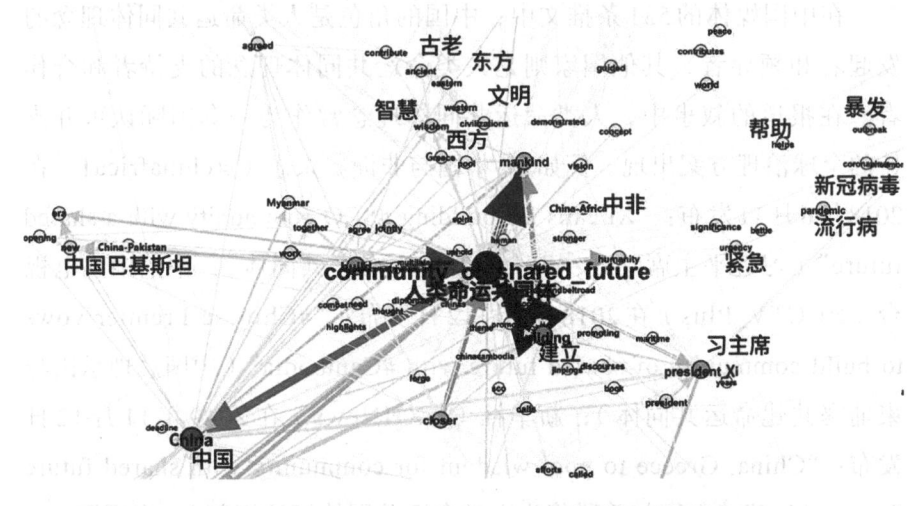

图6-5 2019—2020年人类命运共同体相关报道的语义网络

人类命运共同体理念的全球传播：媒体报道视角

媒体已将人类命运共同体理念与现实问题相结合，将其视为真正实用的解决方案。

综合上述分析，人类命运共同体理念在2015—2016年基本只伴随国家领导人的发言致辞出现在媒体报道之中，与我国的外交活动紧密相连。不过媒体只关注领导人谈到这个理念，却未真正关注这个理念的实际内涵与实用价值。2017—2018年，媒体对人类命运共同体理念的关注程度大幅提高，对理念的报道突破了外交活动报道的局限，不断成为推文的主题重点。不过媒体常常以抽象宏大的词语对理念进行阐释和解读，相关叙述偏向理论层面，没有很好地与实际相结合。2019—2020年，关于人类命运共同体理念的叙事开始与历史史实和社会现实相结合，并与2020年暴发的新冠疫情紧密相连。从这一阶段开始，人类命运共同体理念才真正作为实用可行的全球治理方案在Twitter平台呈现。

五、不同国家媒体的叙事框架

本研究采用文本细读的方式对发推数量最多的五个国家媒体的推文进行分析，发现不同国家的媒体对人类命运共同体理念有着不同的叙事框架。

在中国媒体的531条推文中，中国的角色是人类命运共同体理念的发起者和领导者，其他国家则是人类命运共同体理念的支持者和合作者。在报道的叙事中，人类命运共同体理念常作为一套国际认可并支持的全球治理方案出现。例如，《中国与非洲》杂志（@chinafrica1）在2018年6月11日发布："Xi calls for building #SCO community with a shared future"（习近平主席呼吁在上合组织建立命运共同体）；中国中央电视台（@CCTV_Plus）在2018年1月12日发布："#Chinese Premier vows to build community of shared future with #Cambodia"（中国总理承诺与柬埔寨共建命运共同体）；新华社（@XHNews）在2019年11月12日发布："China, Greece to pool wisdom for community with shared future for mankind"（中国与希腊将为人类命运共同体倾注智慧）；中国网（@

chinaorgcn）在2019年10月10日发布："Xi meets Pakistani PM, calls for forging closer community of shared future"（习近平主席会见了巴基斯坦总理，呼吁建立更紧密的命运共同体）。

在乌干达媒体的16篇报道中，人类命运共同体理念只出现在会议和活动的主题之中。乌干达媒体并未对理念本身进行报道，没有呈现明显的叙事框架。例如，当地的FM 91.2 Crooze电台（@912CroozeFM）在2018年9月1日发布："@KagutaMuseveni has gone to China for Beijing Summit of the Forum on China-Africa Cooperation set for next week 3rd–4th September. Theme: 'Towards an Even Stronger Community with a Shared Future through Win-Win Cooperation'"（乌干达总统卡古塔·穆塞韦尼已前往中国参加下周的中非合作论坛北京峰会。峰会将于9月3日至4日举行，主题为："合作共赢，携手构建更加紧密的中非命运共同体"）。

在巴基斯坦媒体的6篇报道中，巴基斯坦的角色为人类命运共同体理念的忠实拥护者。同时，媒体在叙述该理念时，常以"命运共同体"一词象征中国与巴基斯坦两国亲密友好的关系。例如，巴基斯坦国家广播电台（@RadioPakistan）在2019年6月14日发布："Pakistan, China agree to enhance coordination to build joint community of shared destiny in new era"（巴基斯坦与中国同意加强协作，建立新时代的命运共同体）；巴基斯坦联合通讯社（@appcsocialmedia）在2020年4月28日发布："#PakChina are time tested All Weather Strategic Cooperative Partners & we are committed to building a closer Pak-China Community of shared future in the new era"（巴基斯坦和中国是经历过时间考验的全天候战略合作伙伴，我们致力于在新时代建立更紧密的巴中命运共同体）。

津巴布韦媒体的4篇报道和乌干达媒体的叙事框架非常类似——人类命运共同体理念仅作为国际会议的主题出现，没有表现出明显的叙事框架。例如，PrimeView电视台（@primeviewtvzw）在2020年9月3日发布："Themed 'China and Africa: Toward an Even Stronger Community with a Shared Future through Win-Win Cooperation', the Beijing summit

251

will be held on Sept. 3-4"（主题为"合作共赢，携手构建更加紧密的中非命运共同体"的北京峰会将在9月3日至4日举行）。

美国媒体的4篇报道带有明显的叙事框架。在这套框架中，中国展示着争夺世界领导地位的野心，而人类命运共同体被叙述为极具意识形态特点的国家战略，美国等其他国家将受其威胁。例如，《得克萨斯国家安全评论》（@TXNatSecReview）在2018年12月15日发布帖文中的链接里表示："Beijing believes it must restructure global governance to enable China to integrate with the world while at the same time achieving global leadership"（中国认为其必须重塑全球治理模式以让自身融入世界并实现全球领导地位）；《纽约书评》（@NYRDaily）在2020年1月15日发布："The world should recognize that Xi Jinping's lofty rhetoric about a 'community of shared future for mankind' is really a threat"（世界应意识到习近平提出的人类命运共同体看似崇高的修辞，实质上是一种威胁）。

综合上述分析可知，不同国家对人类命运共同体理念的叙事主要有四种框架。第一种框架是以中国媒体为代表，将人类命运共同体理念视为重要可行的全球治理方案，同时强调中国是该理念的发起者和领导者。第二种框架是以巴基斯坦媒体为代表，将命运共同体视为友好亲密关系的象征，同时支持人类命运共同体理念意味着明显的亲华态度。第三种框架是以美国媒体为代表，将人类命运共同体理念视为中国争夺世界领导权的国家战略计划，并将美国及其盟国刻画为受害者。第四种框架是以乌干达和津巴布韦两个非洲国家的媒体为代表，人类命运共同体理念仅作为会议主题或发言内容被直接引用，对理念本身或中国的角色没有呈现明显的叙事框架。

六、报道态度/情感分析

本研究将情感属性分为正面、负面和中性三类，并对所有媒体推文进行情感分析。

如图6-6所示，英文媒体在Twitter平台对人类命运共同体理念的报

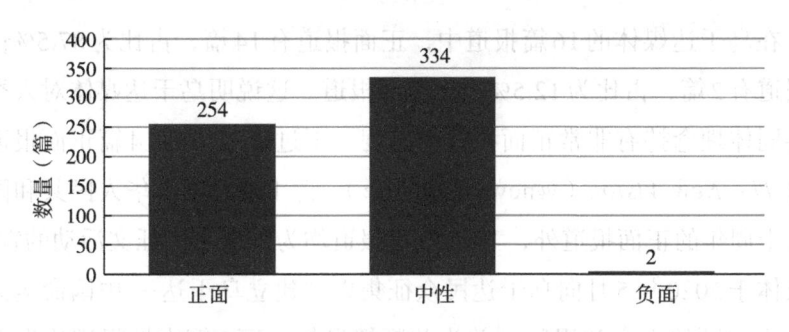

图6-6 不同情感属性的报道数量统计

道中，有254篇报道表达了正面积极的情感；有335篇报道没有明显的正面、负面情感表达；有2篇表达了负面消极的情感。可见，英文媒体对人类命运共同体理念的报道情感总体上是中性和偏向正面的，负面情感极少。

其中，在中国媒体的531篇报道中，正面报道有221篇，约占中国报道数量的42%；中性报道有310篇，占比约为58%；无负面报道。这说明中国媒体对人类命运共同体理念的情感是中性和偏向正面的。正面报道以对人类命运共同体理念的评价为主，例如，新华社（@XHNews）在2016年11月22日发布的"Opinion: China-LatAm community of common destiny will benefit all"（观点：中国-拉美命运共同体将使所有人受益）；中国国际电视台（@CGTNOfficial）在2018年1月24日发布的"Opinion: It's time to build a community of shared future for mankind"（观点：是时候建立人类命运共同体了）。中性报道以国内外新闻为主，尤其是对各类会议、论坛以及外交活动的报道，例如，中国国际电视台（@CGTNOfficial）在2018年1月9日发布的"#XiJinping: #China, #France to work together for community of shared future"（习近平表示中法将共建命运共同体）；《人民日报》（@PDChina）在2019年6月15日发布的"President #XiJinping on Friday called on members of the Shanghai Cooperation Organization (#SCO) to build a closer community with a shared future for the group"（习近平主席在周五呼吁上合组织的成员为集体建立更紧密的命运共同体）。

人类命运共同体理念的全球传播：媒体报道视角

在乌干达媒体的16篇报道中，正面报道有14篇，占比为87.5%；中性报道有2篇，占比为12.5%；无负面报道。这说明乌干达媒体对人类命运共同体理念持有非常正面积极的态度。不过这当中的14篇正面报道均来自 The New Vision（@newvisionwire）。除1条关于中华人民共和国成立七十周年的正面报道外，其余13篇报道均为一场有奖征文活动的宣传。该媒体于2020年5月向乌干达民众征集以"建立乌干达—中国命运共同体"为主题的文章和视频，并为此频繁发帖。而2篇中性报道均发布于2018年9月初，来自另两家乌干达媒体，内容为中非合作论坛北京峰会的召开，人类命运共同体理念作为会议主题被直接引用。

在巴基斯坦媒体的6篇报道中，正面报道有2篇，占比约为33%；中性报道有4篇，占比约为67%；无负面报道。这说明巴基斯坦媒体对人类命运共同体理念持中性偏积极的态度。4篇客观报道中有1篇关于2018年9月中非合作论坛北京峰会的召开，1篇关于2019年6月巴中领导人的会晤，2篇关于2020年5月习近平主席给巴基斯坦学生回信的新闻。2篇正面报道都由巴基斯坦联合通讯社（@appcsocialmedia）于2020年以第一人称发布，表示巴基斯坦要与中国紧密合作，建立命运共同体。

津巴布韦媒体的4篇报道均为中性的态度，由263Chat（@263Chat）和 PrimeView TV（@primeviewtvzw）两家媒体于2018年8月末和9月初发布，内容均与中非合作论坛召开有关，人类命运共同体理念作为论坛主题和主要内容被直接引用。

在美国媒体的4篇报道中，中性报道有2篇，占比为50%；负面报道有2篇，占比为50%；无正面报道。换言之，Twitter平台对人类命运共同体理念的所有负面报道均来自美国媒体。相比于大多数国家中性偏向正面的报道情感而言，美国对该理念的报道情感最为负面。4篇报道中，2篇中性报道分别来自《华盛顿邮报》（@washingtonpost）和 Accesswire News（@AccesswireNews），前者探讨了"美国优先"与"人类命运共同体"两种截然不同理念的历史渊源，后者只是用一句话提到了习近平主席倡导人类命运共同体这一事实。2篇负面报道分别来自《得克萨斯国家安全评论》(@TXNatSecReview) 和《纽约书评》(@NYRDaily)。它们都将人类命运共同体理念视为中国争夺世界霸主地位的国家战略，均认为该理念的实施会对美国及其他国家造成威胁。

综上所述，媒体在 Twitter 平台对人类命运共同体理念的呈现大多为中性或正面的情感，但不同国家媒体的态度仍有差异。差异主要与媒体所属国和中国的关系亲疏有关。巴基斯坦是中国的全天候战略合作伙伴，津巴布韦是中国的全面战略合作伙伴，乌干达是中国的全面合作伙伴，因此，这三个国家的媒体对人类命运共同体理念的报道往往是中性或正面的；而美国长期鼓吹"中国威胁论"，对中国崛起与发展感到担忧，因此，美国媒体对人类命运共同体理念的报道相对负面。

第三节　人类命运共同体在国际社交媒体传播的趋势

通过上文六个方面的分析和阐述，本研究针对人类命运共同体理念在 Twitter 平台的媒体呈现研究告一段落，下文将回答第一节提出的四个问题，总结研究结论。在此基础上，尝试勾勒当前人类命运共同体理念在国际社交媒体上传播的一些趋势和问题。

一、基于 Twitter 平台分析的结论

通过对第一个问题的研究可知，在 Twitter 平台上，人类命运共同体理念的呈现主要由新华社、中国国际电视台等中国媒体完成。中国媒体的相关报道数量从 2015 年开始上升，并于 2018 年达到最大值，近两年有所回落。外国媒体对人类命运共同体理念的关注较少，报道参与度不高。尽管外媒近三年的相关报道数量正逐年增加，但总体数量依然较少，很难引起 Twitter 平台用户的关注和讨论。

通过对第二个问题的研究可知，在 Twitter 平台上，人类命运共同体理念最常出现在新闻报道中。大多数媒体的推文仅仅是提及或陈述这个理念的内容，没有对其进行评价或讨论。此外，在新闻报道中，人类命

人类命运共同体理念的全球传播：媒体报道视角

运共同体理念通常与国际外交和国内政治两项议题相联系，较少涉及经济、文化、民生等方面的议题。

通过对第三个问题的研究可知，在 Twitter 平台上，媒体对人类命运共同体理念的叙事框架经历了三个阶段。最初，媒体只将人类命运共同体理念作为会议主题或讲话内容进行直接引用，随后才逐渐转向对理念内涵的阐释与解读。近两年，面对各类全球性问题，媒体才开始将理念与现实事件相结合，视其为实际可行的全球治理方案。同时，不同国家的媒体对人类命运共同体理念的叙事框架各异，例如，巴基斯坦媒体将命运共同体视为中巴友谊的象征，而美国媒体将其视为极具威胁的国家战略。

通过对第四个问题的研究可知，在 Twitter 平台上，媒体对人类命运共同体理念的情感态度与所属国家和中国的关系密切相关。与中国有着良好关系的国家（如巴基斯坦、乌干达、津巴布韦）的媒体更倾向于以正面或中性的态度对理念进行报道。由于美国近几年常与中国产生竞争与摩擦，该国媒体的报道情感则相对负面。但由于美国对理念的报道数量极少，并未影响国际媒体对理念中性偏正向的态度。

二、人类命运共同体社交媒体平台呈现的趋势与问题

人类命运共同体理念在全球性社交媒体平台的呈现表现出两个积极趋势：一是媒体的叙事框架越发成熟，将理念与现实相结合，逐渐展现了理念的实际优势与实用价值；二是媒体的报道情感普遍呈中性或正面，极少有负面情感，这为未来理念的传播与赢得共识创造了良好的国际舆论环境。

本研究也发现了相关的两个问题：一是绝大多数相关帖文都来自中国媒体，外国媒体的参与度一直较低，这种局面使人类命运共同体理念难以成为平台用户关注和讨论的热点，不利于提高该理念的国际传播效果；二是大多数报道都处在政治议题之下，与各类国际论坛、国际会议以及外事活动的新闻报道绑定，这样的议题设定可能使受众群体较为单

第六章　全球性社交媒体人类命运共同体呈现研究

一，难以触及对政治议题关注度较低的用户群体。未来可供研究的方向包括不同语种媒体账号在国际社交媒体平台上对人类命运共同体理念的传播情况，媒体关于这一理念的网络议程设置是否影响到国际社交媒体受众的认知和态度等。

参考文献

著作

《马克思恩格斯选集》，人民出版社1995年版。
《习近平谈治国理政》，外文出版社2014年版。
《习近平谈治国理政》（第二卷），外文出版社2017年版。
《习近平谈治国理政》（第三卷），外文出版社2020年版。
《习近平谈治国理政》（第四卷），外文出版社2022年版。
曾祥明：《人类命运共同体视阈下中国对葡文化交流研究》，中国言实出版社2019年版。
高金萍：《"明镜"与"明灯"：中国主流媒体话语与社会变迁研究（2003—2012）》，中国人民大学出版社2017年版。
高金萍：《全球传播导论》，中国人民大学出版社2023年版。
李彬：《全球新闻传播史》，清华大学出版社2005年版。
孙林、黄日涵：《政治学核心概念与理论》，天津人民出版社2017年版。
孙有中：《解码中国形象：〈纽约时报〉和〈泰晤士报〉中国报道比较1993—2002》，世界知识出版社2009年版。
孙有中：《美国文化产业》，外语教学与研究出版社2007年版。
熊文驰、马骏主编：《大国发展与国际道义》，上海人民出版社2009年版。
姚大志：《正义与善——社群主义研究》，人民出版社2014年版。
张开：《全球传播学》，中国广播电视出版社2013年版。
赵月枝、姬德强：《传播与全球话语权力转移》，世界知识出版社2019年版。

论文

陈国明：《论全球传播能力模式》，浙江社会科学2006年第7期。

常健：《构建人类命运共同体与全球治理新格局》，《人民论坛·学术前沿》2017年第12期。

陈华明、李畅：《展示政治视域下"人类命运共同体思想"对外传播研究》，《四川大学学报（哲学社会科学版）》2018年第6期。

陈鑫：《"人类命运共同体"国际传播的困境与出路》，《宁夏社会科学》2018年第5期。

陈须隆：《人类命运共同体理论在习近平外交思想中的地位和意义》，《当代世界》2016年第7期。

程曼丽：《论国际传播的底气与自信》，《新闻与写作》2020年第6期。

丁红卫、王文文：《"一带一路"与"印太战略"在东盟地区的竞争格局》，《区域与全球发展》2018年第5期。

丁晔：《马克思恩格斯世界历史理论与人类命运共同体构建》，《科学社会主义》2019年第4期。

冯升：《努力打造中阿命运共同体》，《解放军报》，2018-7-15（2）。

高金萍、余悦：《美国媒体视域下"人类命运共同体"理念的呈现》，《新闻爱好者》2020年第3期。

高金萍：《外媒眼中的中国国家形象与舆论斗争的策略选择》，《中国记者》2020年第4期。

高奇琦：《全球治理、人的流动与人类命运共同体》，《世界经济与政治》2017年第1期。

高望来：《美国学术界对人类命运共同体认知及中国应对之策》，《太平洋学报》2019年第8期。

高望来：《美国学术界对人类命运共同体认知及中国应对之策》，《太平洋学报》2019年第8期。

高亿诚：《中国传统大同思想及当代启示》，《南京航空航天大学学报》2020年第1期。

关世杰：《美国民众对人类命运共同体认知态度研究》，《国际传播》2019年第2期。

郭石磊、孙有中：《在地化呈现与跨文化阐释：南非媒体涉"人类命运共同体"的报道研究》，《现代传播》2020年第12期。

韩博、薄立伟：《阿拉伯媒体十九大报道及中国国家形象研究》，《今传媒》2018年第7期。

韩民青：《西方国际政治的本质：强势狭隘的民族主义》，《济南大学学报（社会科学版）》2010年第4期。

韩青玉：《人类命运共同体理念在英国报纸上的舆论态势解析》，《天津外国语大学》2020年第6期。

韩晓蕾：《人类命运共同体与"中韩命运共同体"：对韩国舆论的分析》，《国际论坛》2021年第1期。

何国平：《中国对外报道挂念的变革与建构——基于国际传播能力的考察》，《山东社会科学》2009年第8期。

胡正荣：《人类命运共同体与文明交流互鉴——基于数字时代传播体系建设的思考》，《人民论坛·学术前沿》2019年第9期。

黄慧：《阿拉伯媒体的"一带一路"报道倾向性研究》，《西亚非洲》2016年第2期。

霍娜：《人类命运共同体理念的对外传播及相关策略——以中阿命运共同体为例》，《天津外国语大学学报》2020年第2期。

江璐：《关于澳大利亚媒体"人类命运共同体"报道的研究》，《国际传播》2020年第5期。

蒋海蛟、牟琛：《人类命运共同体理念的海外传播分析——基于对三家国际主流报刊的数据统计和文本分析》，《对外传播》2019年第8期。

李爱敏：《"人类命运共同体"：理论本质、基本内涵与中国特色》，《中共福建省委党校学报》2016第2期。

李爱敏：《"人类命运共同体"：理论本质、基本内涵与中国特色》，

《中共福建省委党校学报》2016年第2期。

李包庚：《世界普遍交往中的人类命运共同体》，《中国社会科学》2020年第4期。

李晨曦：《美国主流媒体对"人类命运共同体"理念的报道——基于〈华盛顿邮报〉相关报道的文化话语分析》，《独秀论丛》2019年第1期。

李洪峰、赵启琛：《新冠肺炎疫情时期非洲法语主流媒体涉华报道研究——以塞内加尔为例》，《对外传播》2020年第8期。

李敬：《传播学领域的话语研究——批判性话语分析的内在分野》，《国际新闻界》2014年第7期。

李森：《议程设置与新闻宣传》，《山东视听》2003年第2期。

李淑文、刘婷：《人类命运共同体对外传播的现实困境与实践路径》，《出版发行研究》2019年第5期。

李淑文、刘婷：《人类命运共同体对外传播的现实困境与实践路径》，《出版发行研究》2019年第5期。

林元彪、徐嘉晨：《基于语料库的新中国成立70周年外媒英语报道话语分析研究》，《外语教学理论与实践》2020年第1期。

刘方平：《论人类命运共同体思想的内涵、特色与建构路径》，《大连理工大学学报（社会科学版）》2020年第2期。

刘方平：《全球治理视域下人类命运共同体建构》，《西南民族大学学报（人文社科版）》2018年第4期。

刘建飞：《新时代中国外交战略基本框架论析》，《世界经济与政治》2018年第2期。

刘莉莉、刘志：《社交媒体时代"人类命运共同体"在高校思想政治教育的价值及其实现》，《黑龙江工业学院学报（综合版）》2019年第2期。

刘清才、王迪：《新时代中俄关系的战略定位与发展》，《东北亚论坛》2019年第6期。

刘欣路、范帅帅：《沙特〈利雅得报〉关于人类命运共同体理念的报道研究》，《对外传播》2020年第10期。

刘滢：《2019年国际传播理论与实践创新》，《新闻与写作》2020年第2期。

卢德友：《"人类命运共同体"：马克思主义时代性观照下理想社会的现实探索》，《求实》2014年第8期。

吕有志：《论"人权高于主权"的本质》，《浙江大学学报（人文社会科学版）》2001年第2期。

马克·比森、李福建：《中澳关系：地缘政治抑或地缘经济？》，《国际问题研究》2012年第3期。

孟炳君：《沙特阿拉伯主流媒体对"一带一路"倡议的认知》，《外语学刊》2018年第6期。

明浩：《"一带一路"与"人类命运共同体"》，《中央民族大学学报（哲学社会科学版）》2015年第6期。

聂静虹：《论政治传播中的议题设置、启动效果和框架效果》，《政治学研究》2012年第5期。

曲星：《人类命运共同体的价值观基础》，《求是》2013年第4期。

若英：《打造中阿利益和命运共同体》，《红旗文稿》2018年第14期。

邵发军：《习近平"人类命运共同体"思想及其当代价值研究》，《社会主义研究》2017年第4期。

石云霞：《习近平人类命运共同体思想研究》，《学校党建与思想教育》2016年第9期。

史慧琴、李智：《新世界主义视域下"人类命运共同体"理念对外传播的困境和出路》，《对外传播》2018年第6期。

舒远招：《康德的永久和平论及其对构建当代人类命运共同体的启示》，《湖北大学学报》2017年第6期。

孙有中、江璐：《澳大利亚主流媒体中的"一带一路"》，《现代传播（中国传媒大学学报）》2017年第4期。

唐婧：《人类命运共同体理念对德传播的两大原则》，《天津外国语大学学报》2020年第2期。

田鹏颖、张晋铭：《人类命运共同体思想对马克思世界历史理论的继承与发展》,《理论与改革》2017年第4期。

田鹏颖:《历史唯物主义与"人类命运共同体"》,《马克思主义研究》2018年第1期。

王大可、张云帆、李本乾:《基于效果评估的城市形象全球传播能力提升策略与路径——以上海为典型案例的考察》,《新媒体与社会》2017年第4期。

王飞:《人类命运共同体:马克思主义交往理论的最新发展成果》,《辽宁师范大学学报(社会科学版)》2017年第2期。

王宁:《人类命运共同体对西方狭隘民族主义的超越》,《理论观察》2018年第7期。

王雅林:《生活方式研究40年:学术历程、学科价值与学科化发展》,《西北师大学报(社会科学版)》2019年第5期。

王义桅、古明明:《热话题与冷思考——关于"人类命运共同体与新时代中国外交"的对话》,《当代世界与社会主义》2018年第3期。

王义桅:《从〈共产党宣言〉到人类命运共同体》,《文汇报》,2018-2-23(6)。

王义桅:《为何西方开始拥抱"一带一路"?》,《中国金融家》2019年第5期。

王玉波:《要重视生活方式变迁史的研究——读吕思勉史著有感》,《光明日报》,1986-05-02(3)。

王祯、李包庚:《推进"人类命运共同体"理念对外传播问题探论》,《理论导刊》2019年第6期。

温祖俊:《人类命运共同体理念的传播现状与改进策略》,《对外传播》2019年第11期。

吴传华:《中非命运共同体:历史地位、典范作用与世界意义》,《西亚非洲》2020年第2期。

吴思科:《中阿携手向着构建命运共同体迈进》,《中阿科技论坛》2018年第2期。

吴晓斐:《逆全球化背景下构建人类命运共同体的意义》,《南方论刊》2018年第5期。

吴志成、迟永:《"一带一路"倡议与全球治理变革》,《天津社会科学》2017年第6期。

熊声波、张丽:《论人类命运共同体思想对西方中心论的破除》,《中共云南省委党校学报》2019年第6期。

许启启、宁曙光:《国际舆论中的"人类命运共同体"》,《公共外交季刊》2018年第1期。

许善品、汪书丞:《澳大利亚对华疑惧心理的历史缘由》,《历史教学问题》2019年第6期。

许文胜、方硕瑜:《"人类命运共同体"英译在英语社会的传播与接受——基于G20国家新闻报道的研究》,《当代外语研究》2020年第4期。

许涌斌、高金萍:《德国媒体视域下的"人类命运共同体"理念研究——语料库辅助的批评话语分析》,《德国研究》2020年第4期。

薛安泰:《对习近平构建人类命运共同体的探讨》,《岭南学刊》2019年第3期。

姚大志:《什么是社群主义?》,《江海学刊》2017年第5期。

于小琴:《从人类命运共同体视角看疫情下俄罗斯社会对华舆论及中国形象》,《西伯利亚研究》2020年第3期。

袁昊:《人类命运共同体研究文献计量分析——兼谈在俄罗斯的接受与反应》,《天津外国语大学学报》2020年第2期。

詹世友:《康德"永久和平"论题的三重根》,《湖北大学学报》2019年第4期。

张国清、李长根:《协商、尊重和包容:人类命运共同体的观念史考察》,《中国社会科学报》,2020-06-16(2)。

张开:《新媒体时代国际舆论引导与国家安全》,《南京社会科学》2015年第11期。

张克旭:《中西方主流媒体的国际议题话语权竞争——基于"华为危机事件"的实证分析》,《新闻大学》2019年第12期。

张力、刘长宇：《十九大后国际涉华舆论发展形势分析》，《对外传播》2018年第4期。

曾繁旭、戴佳、郑婕：《框架争夺、共鸣与扩散：PM$_{2.5}$议题的媒介报道分析》，《科技传播》2014年第2期。

赵可金、马喻：《全球意识形态大变局中的人类命运共同体》，《国际论坛》2020年第2期。

赵可金、赵远：《人类命运共同体的中国智慧与世界意义》，《当代世界与社会主义》2018年第3期。

赵可金：《人类命运共同体思想的丰富内涵与理论价值》，《前线》2017年第5期。

赵可金：《人类命运共同体思想与中国外交新方向》，《人民论坛》2017第34期。

赵可金：《通向人类命运共同体的"一带一路"》，《当代世界》2016年第6期。

郑华、程雅青：《南非对金砖国家身份的认同感研究——基于主流印刷媒体报道的分析（2013—2014年）》，《同济大学学报（社会科学版）》2015年第6期。

钟点：《巴西主流媒体"一带一路"报道倾向分析》，《国际传播》2018年第2期。

周海霞：《"人类命运共同体"理念在德国主流媒体上的呈现》，《国际传播》2020年第4期。

周琪：《人类命运共同体观念在全球化时代的意义》，《太平洋学报》2020年第1期。

周鑫宇、杨然：《人类命运共同体理念的国际传播》，《对外传播》2018年第2期。

周鑫宇：《中国的抗疫外交：成效与启示》，《国际问题研究》2020年第5期。

周志伟：《中国—巴西关系"风波"与巴美接近》，《世界知识》2020年第10期。

周宗敏：《人类命运共同体理念的形成、实践与时代价值》，《学习时报》，2019-3-29（4）。

朱卫卿：《构建人类命运共同体的治理之道》，《中国社会科学报》，2020-05-20（10）。

外文译著

［德］卡尔·曼海姆：《意识形态与乌托邦》，李步楼等译，北京：商务印书馆，2017。

［德］裴迪南·滕尼斯：《共同体与社会》，张巍卓译，北京：商务印书馆，2019。

［德］诺尔·诺依曼：《沉默的螺旋：舆论——我们的社会皮肤》，董璐译，北京：北京大学出版社，2013。

［法］阿芒·马特拉：《世界传播与文化霸权：思想与战略的历史》，陈卫星译，北京：中央编译出版社，2005。

［加］哈罗德·伊尼斯：《传播的偏向》，何道宽译，北京：中国人民大学出版社，2003。

［加］马歇尔·麦克卢汉：《理解媒介——论人的延伸》，何道宽译，北京：商务印书馆，2000。

［美］埃弗雷特·罗杰斯：《传播学史》，殷晓蓉译，上海：上海译文出版社，2012。

［美］亨利·詹金斯：《融合文化：新媒体与旧媒体的冲突地带》，杜永明译，北京：商务印书馆，2015。

［美］麦库姆斯·马克斯韦尔：《议程设置：大众媒介与舆论》，郭镇之、徐培喜译，北京：北京大学出版社，2008。

［美］曼纽尔·卡斯特：《传播力》，汤景泰、星辰译，北京：社会科学文献出版社，2018。

［美］曼纽尔·卡斯特：《网络社会的崛起》，夏铸九、王志弘等译，北京：社会科学文献出版社，2003。

［美］托马斯·弗里德曼：《世界是平的》，何帆等译，长沙：湖南科学技术出版社，2006。

［美］斯塔夫里阿诺斯：《全球通史：1500年以后的历史》，吴象婴、梁赤民译，上海：上海社会科学院出版社，2004。

［美］叶海亚·R. 伽摩利珀：《全球传播》（第2版），尹宏毅译，北京：清华大学出版社，2008。

［匈］曼海姆：《意识形态与乌托邦》，李步楼等译，北京：商务印书馆，2017。

［英］马丁·阿尔布劳：《中国在人类命运共同体中的角色：走向全球领导力理论》，严忠志译，北京：商务印书馆，2020。

［英］汤姆·斯丹迪奇：《从莎草纸到互联网：社交媒体2000年》，林华译，北京：中信出版社，2015。

［英］尼克·库尔德利：《媒介、社会与世界：社会理论与数字媒介实践》，何道宽译，上海：复旦大学出版社，2014。

［英］史密斯·安东尼：《民族主义：理论，意识形态，历史》，叶江译，上海：上海人民出版社，2006。

外文文献

A. Browne（2018），"China's World: U.S. Cedes Clout to China Under Massive Infrastructure Plan"，*The Wall Street Journal*, 2018-01-31.

A. Browne（2015），"Market Turmoil Drags Xi Jinping's Ambition Down to Earth"，*The Wall Street Journal*, 2015-07-15.

Chen, Chao; Long, Yun（2020），"Statistical Results Show the Timeliness and Effectiveness of China's Measures against COVID-19"，*PR Newswire*, originally from Science and Technology Daily, 2020-04-30.

Cui Tiankai（2019），"Why the U.S. Shouldn't Sit Out the Belt and Road Initiative"，*Fortune*, 2019-04-23.

J. Ausserhofer & Maireder, etc（2013），"National politics on

267

Twitter", *Information, Communication & Society*, 16（3）, pp.291–314.

J. Page, & S. Shah（2018）, "China's Global Building Spree Hits Trouble in Pakistan—To Fund a 70-Nation Infrastructure Initiative, Beijing has Extended Loans in Opaque Deals", *The Wall Street Journal*, 2018-07-23.

Jinghan, Zeng（2020）, *Slogan of "Community of Shared Future for Mankind". Slogan Politics: Understanding Chinese Foreign Policy Concepts*. Singapore: Palgrave Macmillan, pp.1–19.

Noah Bubenhofer（2013）, "Quantitativ informierte qualitative Diskursanalyse: Korpuslinguistische Zugänge zu Einzeltexten und Serien, in Kersten Sven Roth/Carmen Spiegel（Hrsg.）", *Angewandte Diskurslinguistik*, Berlin: Akademie Verlag, S. 109–134.

Norman Fairclough（2010）, *Critical Discourse Analysis: The Critical Study of Language*, 2nd edn., London: Pearson Education, p. 9.

Paul Baker/Costas Gabrielatos et al., "A useful methodological synergy? Combining critical discourse analysis and corpus linguistics to examine discourses of refugees and asylum seekers in the UK press", p. 295.

Robert W. Cox（1989）, "Middle powerman ship, Japan, and future world order", *International Journal*, 44.4: 823–862.

Thekla Chabbi（2019）, Die Zeichen der Sieger: Der Aufstieg Chinas im Spiegel seiner Sprache, *Rowohlt Buchverlag*.

Wang, Danting（2018）, Trend of Community of Shared Future for Mankind in the Perspective of Marx's Thoughts of Globalization. *Education & Educational Research*, vol.18（6）: 3753–3760.

Xu, Fengna; Su, Jinyuan（2018）, Shaping "A Community of Shared Future for Mankind": New Elements of General Assembly Resolution 72/250 on Further Practical Measures for the PAROS. *Space Policy*, vol 44–45: 57–62.

Yan, Karl (2020), "The Railroad Economic Belt: Grand strategy, economic statecraft, and a new type of international relations", *British Journal of Politics & International Relations*.

Yu Haoyuan (2020), "Chorus of a Community of Shared Future for Mankind—China Unite the World to Fight Against the Covid-19", *PR Newswire, originally from Science and Technology Daily*, 2020-03-06.

Zhao, Changping; Xu, Xiaojiang; Gong, Yu (2019), "Blue Carbon Cooperation in the Maritime Silk Road with Network Game Model and Simulation, *Sustainability*", vol.11 (10): 1–27.

后　记

本书付梓之时，人类命运共同体理念已提出十年。若是一个人，十年大约为其人生八分之一，可谓长矣；若是一种思想或观念，十年不过是其传播和实践史中的惊鸿一瞥，可谓短矣。由此，当我们二三十人围绕着人类命运共同体理念过去十年中的诞生、发展、传播和接受的过程孜孜以求时，时时有着"前不见古人"的豪迈感。

2020年新冠疫情倏忽而至，全球200多个国家和地区罹患其疫，这场全球大流行病已改写人类社会的格局，持续近三十年的、以资本为核心的美式全球化迫近转身的路口，以人类命运共同体理念为指引的新型全球化已如晨光熹微，在不远处召唤着我们。在这种并不十分清晰但充满希望的信念和愿景引领之下，二三十位中青年研究者一边授课教学、防控疫情，一边研究文献、监测舆情。虽然有些研究者对外媒涉华舆情的认识还很浅显，但是在短短一年半的时间里，于一次次学术沙龙和舆情监测培训中，团队成员迅速成长起来。有的文章改了三稿、四稿，直到截稿日还在细细打磨；有的文章一年前即已收官，交稿前再度更新数据和观点，犹如重写了一篇论文。功到自然成，一分耕耘自有一分收获，摆在面前的这本书稿就是我们辛勤耕耘的最终产品。

此刻，全球格局风云变幻，中美关系起伏难测，命运共同体理念在全球呈现冷热不均的传播态势。身处这样一个重要历史节点，中国将向何处去？这是当前每一个热血知识分子都在思考的问题。深夜长思，以己之长报效国家发展不是一句空话，而是要利用专业能力为国家谋变提供准确、可靠、充分的信息咨询，让国际传播真正成为国家发展中的软实力。想得很美，做得如何？面对历史的考卷，我们答得对否？期待读者给予评价，期待历史为我们打分。

后　记

　　吃水不忘挖井人，最后要向这一研究的推动者北京外国语大学副校长孙有中教授致以深深的感谢，没有他领衔申报这一重大项目，没有他以个人魅力集结这二三十位同人，没有他每一两个月定期的耳提面命，就不会有这本沉甸甸的书稿。感谢北京外国语大学国际关系学院谢韬教授、张志洲教授和周鑫宇教授，新闻与传播学院章晓英教授，《国际论坛》编辑部主任王明进教授，清华大学赵可金教授等给予子课题三研究团队的指点和鼓励。感谢北京外国语大学欧洲语言文化学院于雪风副教授、徐四海和俄语学院劳华夏三位老师提供的研究报告，为课题组补充了意大利、拉美和加勒比海地区国家、乌克兰等国家的人类命运共同体理念传播现状。感谢博士生许涌斌，他身兼研究和后勤服务之责，不仅积极写作论文，而且参与全书统稿和校对，耐心细致地为研究团队提供帮助。

　　本书的23位作者，从语言研究起步，探入媒体研究和国际关系研究、全球治理研究，从微观走向宏观再复归微观，从黑暗走到光明。观瞻书中的每一个字符，我都能感受作者们苦苦思索、不断摸索时的焦虑和苦恼，念天地之悠悠，拜各位之奋力。

　　虽已十年，人类命运共同体理念全球传播的前景已跃然眼前。期待下一个十年，我们团队会为读者奉上更璀璨的人类命运共同体理念全球传播图景。

高金萍
2023年8月31日

引 言

呢永志化北人。他后来曾问过一位曾经和他同届入学的同学的女儿，你知道你爸爸以家庭的怨恨，曾告诉你我们中推过一个大项目。为你的个人入迷为是二三十名同人。没有错吗一个八月发的名字价值，对不会有人这本尘封的历史。湖北省北京师范大学因际关系系老的同事，先志都发我们看会来知，湖同见话继续学院课章组继先作《国际法院》的编辑生在王明道教授。清华大学批可以被评为李逊于上书题三研究所以的精度和教的。能湖北京师大学因际关系与化学院于曾理见水级。很如清南城高学院的并其它老师提供的帮助等。习课堂推进了意大利、北美和南地等地成员国家。也告兰斯国家的人员也会认识同体理念的传播地，湖南海北上法流血。问身为她的那类无意。不过北南良好体有文。而为北京市会作处通和学友！

......

平明 23 日体察。对信言科发始为。抵入传统体等的究和国际大会或
等。全程志同规划。人讲应先句余现真具为被见。过黑面面见无知
沃期中的每一个每行。有稳恶教受时节可台善意者。不断爱党院的
种语和苦难。倒处为天问之激荡。并看透之努力。

基巴十余年。人类命运共同体理念在全球性的提出既已然以前。如
林下。一个一个。我们因民众对只信益有意上更维选的人类命运共同体
会取得的根本展望。

瑞金莽
2023年8月31日